U0946839

现从事孤独症公益、特殊教育、儿童教育和阅读推广工作。主编孤独症生活类电子杂志《2, April　星日》；已出版《蜗牛不放弃：中国孤独症群落生活故事》，著有长篇童话《仙女灯》等。

责任编辑　刘　娲
封面绘图　白弯弯
装帧设计　郭　艳

我们在一起，互不嫌弃，好好过日子，顺便还改变了一点点别的。张雁讲述的正是这十多年来改变的故事。

——蔡春猪（作家，编剧，《爸爸爱喜禾》作者）

爱与救赎之书。父母和孤独症孩子之间有多少深刻又复杂的羁绊，在挫折与挣扎当中，我们看到无条件之爱的可能性。

——叶倾城（作家，主持人，心理咨询师，情感专家）

我喜欢这本书中那种难得的良善，不是积德行善的善，而是把别人（包括孤独症人士）当人，也把自己当人的良善。这种良善是我们当前所稀缺的，我希望它成为社会的主流。

——史杰鹏（作家，文学博士，古文字学者）

华夏特教掌上书城

电子书在线试读

华夏特教微信平台

新浪微博：@华夏特教

ISBN 978-7-5080-9762-6
9 787508 097626 >
定价：49.00元

图书在版编目（CIP）数据

人类本性与社会秩序／（美）查尔斯·霍顿·库利著；包凡一，王湲译. —北京：华夏出版社，2020.1

ISBN 978-7-5080-9752-7

Ⅰ.①人… Ⅱ.①查… ②包… ③王… Ⅲ.①社会人类学 Ⅳ.①C912..4

中国版本图书馆 CIP 数据核字（2019）第 077556 号

人类本性与社会秩序

作　　者　[美] 查尔斯·霍顿·库利
译　　者　包凡一　王　湲
责任编辑　罗　庆

出版发行　华夏出版社
经　　销　新华书店
印　　刷　三河市万龙印装有限公司
装　　订　三河市万龙印装有限公司
版　　次　2020 年 1 月北京第 1 版
　　　　　2020 年 1 月北京第 1 次印刷
开　　本　670×970　1/16 开
印　　张　20
字　　数　248 千字
定　　价　98.00 元

华夏出版社　地址：北京市东直门外香河园北里 4 号　邮编：100028
网址:www.hxph.com.cn　电话:（010）64663331（转）

人类本性与社会秩序

［美］查尔斯·霍顿·库利 著　Charles Horton Cooley

包凡一 王湲 译

Human Nature & Social Order

译者前言

查尔斯·霍顿·库利（Charles Horton Cooley，1864—1929）是美国早期著名社会学家、美国社会心理学创始人。他毕业于密执安大学，获经济学博士学位，后留该校任教直至退休。他于一九〇五年参加创办美国社会学会的工作并终身致力于将社会学由他所谓的“模糊而原始的学科”改造为一门调查研究的学科。他的基本思想就是：生命为一个单独的整体；要了解它，就必须从整体观察。生命的意义必须在过程中发现。构成社会制度的思想和惯例是互有关系、经常变化的；绝不能用机械的方式把它们固定下来。社会不是许多个体的集合，个人和社会是相辅相成、不可分割的整体。在社会制度无止境的变化过程中，它们经常相互改造。他的这一基本思想，用人类许多习俗的细节和许多心理特征加以保证，贯穿于他著名的三部曲——《社会组织》（*Social Organizations*）、《社会进程》（*Social Process*）以及本书。

本书是由《二十世纪文库》社会学系列编委、中国人民大学社会学研究所高佳同志推荐的。引言、第一至第七章以及第十一、十二章由中国新闻学院包凡一同志翻译，第八、九两章由中国人民大学外国经济研究所王湲同志翻译，第十章由中国人民大学社会学研究所杨榴红同志译初稿，邓正来同志统校全书。

译者在翻译过程中向中国新闻学院常务副院长周立方同志请教了许多问题，北京大学英语系李赋宁先生也曾复信解答了译者的疑难，在此向他们致谢。

目录 Contents

前　言

我想这本书的被接受，主要是因为其中提出了新鲜的观点。我想说的是，这本关于“人类本性”的书不是一位专业心理学家的作品，而只是一个学习社会学的学生——他从未发现有人全心全意地从这一角度来研究过这一课题（只是他个人的感觉）——进行研究得出的结果。

这本书对研究社会学或许是有助益的；为了更好地服务于这个目的，我将此书改写成教科书，增加了题为“遗传和本能”的导言，扩展了“社会和个人”这一章并在其余各章中均增加了一些内容。

查尔斯·霍顿·库利

导论　遗传和本能

进化论的观点；生命的两个渠道；我们从遗传和从社会得到什么；我们的生活方式不会改变我们对孩子的遗传；遗传的选择；优生学；遗传和进步；遗传和社会环境的相互作用；它们是对立的吗；人类遗传的可教育性；长久的婴儿期；可教育的遗传意味着生命的多样性和变化；什么是本能；人类本能的情感；表现本能情感的例子；本能的直接作用不能解释人类行为；理性是可塑本能的组织者；人类的历史；什么是人类本性；它是变化着的吗？

我们近年来渐渐用一种进化论的观点来看待人类生命的一切问题。在这里回顾一下这个词的含义也许是值得的。

它有这样一个意思，即我们的生命是有历史的，事情不会没有联系地发生。我们做的任何事情或者我们已形成的任何状态都是从遥远的过去发展至今的一个过程的一部分。我们的每一句话、每一个动作、每一个想法，都是我们的祖先所说、所做、所想、所感受的结果，不论这种结果以什么方式产生。在我们的生活和他们的生活之间有一个实在的历史的延续，我们在不断地试图追溯这段历史，来探明事物的原委，使我们更好地理解它们并学会怎样去使那些我们所希望的事物出现。

它还意味着如果我们追溯到足够遥远的过去，我们会发现人和其他动物有着共同的历史，即都是从低级形式的生命这一共同祖先那里繁衍下来的；还有，除非我们从动物着手研究，否则就不可能对我们自己的生命有清楚的概念，不可能知道我们是怎样以及在什么方面超越了我们的“堂兄弟们”，如马、狗和猿的境况。生命，是作为一个巨大的整体出现的，是一个由共同的后裔按照共同的生存原则组合起来的大家族。除非我们能起码从大体上看到生命整体与其各个组成部分的联系，我们就不可能弄清我们在其中的位置。

这条生命历史的长河源远流长，支流众多，却似乎是在两条明显分开的河道里流动的。也许我们用一条河流和沿着这条河流的一条公路来比喻这两条生命的传递线更为恰当。河流是遗传或者动物传递，公路是交流或者社会传递。河流里传递的是生物种质，公路上传递的是语言、交流和教育。公路比河流出现得晚：它是一种发展，在早期的动物生命进程中是不存在的，但后来沿着河流出现了模糊的痕迹，渐渐显著和充实起来，最后发展为精致的公路，承受各种车辆，达到和河流相等的运载量。

这种观点如何运用到一个特定的个体生命上——比如你的或者我的？他的身体和他的意识——就这方面说——始于一点极小的、几乎是微观的物质，一个由来自他父母体内的细胞组合成的细胞。它由目前人们还不清楚的方式携带着某种倾向，而这种倾向可以追溯到他的祖父母和年代不确定的更遥远的祖先们。这是他的生命的遗传河道。这种决定遗传的细胞称作种质——显然是生命潮流，以及我们的生命开始时就具备的那些倾向、性情和潜在能力的唯一渊源。

人的社会生命起源于与他人的交流。首先通过他对触摸、音调、手势和脸部表情的感受，而后又通过他逐渐掌握的语言来达到交流。他在家庭成员和玩耍的伙伴那里学到了语言，而他们也都是从他们的长辈那里学到的，所以这就可以追溯到最早的人类历史，更远一些可以追溯到我们的类人猿祖先口齿不清的嗥叫。工具的使用、音乐、艺术、宗教、商业以及其他任何他可能学着去想和做的事情都同样具有历史。一切都是不胜追忆的历史的社会遗传。

也许我们可以举一个例子把这两条历史的线路区分得更加清楚。在这个例子中，两条线路不平行。我们得到社会遗产的道路不是沿着我们得到动物遗传的河流，而是与其岔开。例如，我们设想一个美国家庭抱养一个中国婴儿，并把他带回美国抚养成人。这个婴孩的生命历史仍然源于中国。他会生长出直的黑头发、黄皮肤和中国人的其他体征。他也会具有一切可能属于他们的遗传的意识倾向。但是他的社会性的历史将源于美国，因为他将从他周围的人们那里学到英语和在这个国家里发展起来的习俗、举止和观念。他将成为美国的政治、宗教、教育和经济传统的继承者；他的整个头脑将成为一个美国人的头脑。除了他学习这些事物的遗传倾向和美国儿童的遗传倾向之间的区别（如果有这种区别的话），中国河流和美国道路在他的生命中交汇在一起。

如果有两个这样的孩子——不妨说是双胞胎吧，他们在出生时几乎是一样的。一个留在中国，而另一个被带到美国，他们在体貌上还有脾气上也可能是相似的，好动或者懒散，谨慎或者急躁。但他们在服饰、

语言和观念上将是完全不同的。在这些方面，在美国长大的这个孩子与他的美国小同伴的相似性，较之与他的中国孪生兄弟要大得多。

可是，与我们得之于社会传播的东西截然不同的得之于种质的东西是什么呢？它显然是我们的体态特征。一个黑种儿童无论他在什么社会里成长，肤色总是黑的，而且其他特征如头发、头型、身高等等都决定于产生他的种质的种族。而且无疑，虽然不很明显，但他也从这个源泉里获得他的先天智能①。一个祖先是弱智的孩子通常也是弱智的，而父母都有超常能力的孩子往往易于具备超常能力。遗传不仅决定我们体征的确定的发展形式，还决定我们的能力、性情及可教育的程度和其他一切我们与生俱有的可以称之为模糊的心理倾向的东西。

从社会传播和环境中我们得到刺激和教育，使得这些倾向以固定的形式发展，使得我们操一种语言，产生这样的而不是那样的观念和愿望，产生对美国而不是对英国或意大利的爱国感情。不论我们具备什么样的能力，一切有特殊意义的事情必须通过这种方法学到。当我们说某个孩子天生就是音乐家时，不是说他自然就会谱曲或者演奏。而是说如果得到恰当的教育，他可以在这方面很快地发展他的能力。在这个意义而不是其他意义上，一个人可以天生是个律师、教师或诗人；或者随你的便，天生是个骗子，天生是个窃贼。我认识一个家庭，男孩子在足球上都很有天赋，其中几个后来成为著名的球员，但是肯定，要不是被送进大学而且是鼓励足球运动的大学，他们的天赋是不可能被发现的。

一个很重要的问题是，我们的生活模式会不会改变我们给孩子的遗传，例如，假使我致力于钻研学问是否会影响种质，使孩子具备更高的智能。现行的科学观点认为不存在这种影响。两兄弟中，未受教育但有

---

① Original mental endowment，智能是后天能在社会中发展的，此处指从后智力表现推断出来的先天具备的智力特征。——译者注

相等自然能力的那一个，和他那上过大学、从事知识型职业的兄弟一样有可能生一个聪明的孩子。一个运动员不会因为他自己的锻炼，生出比别的婴儿强壮的孩子。

这个观点的一个很重要的论据是，受伤或生理缺陷，如失去一条腿，是绝不会遗传的。即使这种残疾持续数代，例如过去中国某些阶层的妇女缠足，也是不会遗传的。非遗传性的缺陷，比如腥红热造成的耳聋，也不会影响后代。事实上，尽管有许多研究，但没有人能够提出证据，令人信服地证明属于生活方式的“非先天性特征”可以通过种质遗传。

就这种理论来说，人们认为，种质携带着遗传，这是不受我们特殊生活方式影响的一种特别的细胞。没有任何理由认为生活方式可以影响遗传。人们相信，种质生长出个体类似于果树生长出果实。树对果实不发生影响，它仅仅是负荷着它，使它生育后代，就像苹果包含着它的种子一样。

如果这是真的（证据这样充分，我们至少要把它当作最让人信服的理论来接受），那么我们就不能通过教育父母的办法来改变未来儿童的业已规定了的遗传因素，甚至在某个或所有方面改善父母的生活也无济于事。显然，在任何生命中都存在着发展或一些质的变化，我们自然可以设想种质也不例外。我们不必假定：除了对祖先遗传的因素机械地重新组合以外，再没有什么新的变化。或许是有变化的，只不过是我们还不知道这些变化的特点。如果有人从总体上认为生命是机械的并且是前定的，他就会很自然地把这个观点运用到遗传和其他方面，但如果他认为在某种意义上，生命是自由的、有创造力的，那他就没有理由认为遗传应不在此例。

尽管我们的生活方式对遗传不起直接的作用，但我们仍然可以对遗

传起间接的作用。这种影响的途径就叫作选择。它建立在这样的事实基础上：即使在一个家族内，不同个体携带的遗传种质之间可以有相当程度的差异，在不同家族之间这种差异很大，而在不同的种族间这种差异则更大；尽管他们也许有共同的遥远的祖先。于是，如果我们知道某个个体或者家族或者种族携带什么样的种质，并且能增加或减少继承这种种质的孩子的数量，我们就可以多少改变这种种质相对于其他种质的比例。

举一个涉及两个不同种族的明显的例子。假设在一个南半球的国家里，有五千白人和五千黑人，并且白人家庭和黑人家庭生养的孩子的平均数大致相等。现在，假如你能用某种办法使白人家庭更多地生育孩子，或者使黑人家庭更少地生育孩子，这个国家的人民的肤色就会渐渐地改变。如果白种人对黑种人的比例是三比二，下一代每三个白种儿童对两个黑种儿童（3/2 ×3/2），再下一代就是九比四，如是下去成几何级差比，黑种人在人口比例上将迅速减小。

如果不以一个国家里两个种族为例，我们以纯白色人种为例。白种人内部也存在着标志家族血统的肤色间的可观差异，也会发生类似的变化。如果肤色暗的家族生育能力更强，整个人口的肤色将会变得更暗，反之亦然。甚至同一家族内部在这一方面的差异也可以通过选择来增加或减少。无疑，最初是人种混合的人口，如果能控制交配及孩子的数量，我们就可以生育出暗肤色或浅肤色的人，高的或矮的，蓝眼睛的或黑眼睛的，聪明的或愚笨的，并实际上增加或减少任何明显到足以成为选择标准的遗传特征。

人们认为生活环境无时无刻不产生影响，使一些遗传类型比别的类型产生更多的后代，不被人察觉地在整个群体中改变种质。例如，美国早期历史中开发西部时期的环境有利于产生体格强壮的人群，这不是因为彼时的艰苦对种质有什么直接影响，而是因为体格较弱的人容易在这种艰苦中丧生，不能留下后代来继承他们的羸弱体格，而体格较强壮的人则会传下一个大家庭并且相应地增加他们所携带的种质——换句话说，就是“自然选择”或者“适者生存”。这个过程最终会产生很大的变化。白种人与黑种人肤色的差异（两个种族无疑是从共同的祖先那里繁衍下来的）用自然选择的原则得到了合理的解释。可以这样设想，颜色较暗的皮肤具有更强的抵御阳光和热带疾病的能力，因而在这种气候下这种遗传特征更加明显了，正如我们知道许多动物会变化肤色以利生存。大多数动物，包括鸟类，都有着与其生存环境不易分辨的毛色：这是一种伪装，它们借此逃脱吞食它们的敌人或者接近逃避它们的猎物。

根据达尔文的观点，各种动植物主要是通过自然选择逐渐变得适应它们必须生存于其中的环境。任何想要对进化论有一个基本了解的人都至少应该读一下他的《物种起源》的前六章。读过他的《人类的遗传》的人可以看到，他是怎样在研究人类种族发展中运用这个观点的。

但是为什么不把选择变成一种有意识的理性的行动，就像我们改良家畜品种那样？事实上，一门新的科学，优生学即研究种族改进的科学正在兴起，并且正在寻求某种方法，来刺激繁殖人们希望的人类遗传特征的类型而阻止人们所不希望产生的那些类型。这样做有许多困难，而且我们不清楚能期望获得多少成果，但我们一定并且应该取得某些成果。应该对所有儿童进行科学检验，以查明那些弱智的或者说那些智能绝对低于正常的儿童，然后研究他们的家族，探明这些缺陷是否遗传。如果证明是遗传的，有这些缺陷的个人成年之后就应被阻止生育继承他们低智能的后代。目前，因为我们对此问题的忽视和粗心，大量有缺陷的儿童来到世上，从而影响到社会。

另一方面，受过教育和富有的阶级表现出一种被称为种族自杀的限

制生育数量的倾向。这种限制看来部分是出于为了享受财富带来的安逸和奢侈，部分是因为更大社会抱负和自我发展的愿望。这些雄心和愿望本身无疑是好的，但它要依靠我们的思虑和精力，容易使我们推迟婚姻或婚后养育较少的孩子。因为他们和民主政体一起成长，所以可以说是民主政体减少出生率。

每个家庭需要生养差不多平均四个孩子，以在保持血统遗传数世的基础上保持国家人口——比如美国人口的均衡增长。这是因为不仅仅需要足够的后代代替父母并提供增长，如果有增长的话，还必须有足够的人来补偿不婚不育者和早夭者造成的繁殖上的损失。

上层阶级大大落后于他们的分配额。如果我们认为他们的血统是更优秀的血统，那么我们的民族似乎正在由于他们的减少而受损害。让他们更多地生育不是合乎需要而且可行吗？即便他们的血统不比中产阶级更优秀，难道不存在中产阶级也出现小型家庭倾向的危险吗？法国已经有这种倾向了。许多人吃惊地发现在北部和东部的州，移民血统比本地血统更快地发展，黑人仅仅是因为极高的死亡率才没有超过白人。另一些人考虑得更远。他们看到了东方民族旺盛的生殖力中暗藏着迫在眉睫的“黄祸”。他们认为，东方民族旺盛的生殖能力有威胁白种人的优势和断送白种人文明的危险。

尽管我们生活方式的改变可能不改变遗传，但它绝不因此而无关紧要，或者比优生更不重要一些。事实上，按通常的理解，进步需要的不是遗传的改变，而是在社会进程中出现的知识、艺术和风尚的发展。教育的普及，奴隶制的废除，铁路、电报、电话和汽车的发展，多民族社会的建立以及战争的消除——所有这些都是社会性的并且会在没有遗传改进的情况下永远发展下去。然而，更优秀的遗传会加速进步，因为它给我们提供更多的领导人才和更高的平均能力。许多人认为，我们正面临着更差的遗传的威胁，它会阻碍进步，最终全部断送进步。社会发展和优生应该并驾齐驱。

当我们个体的生命开始的时候，生命历史中产生的两个元素，即遗传和社会，以一种崭新的整体的姿态出现。它们不再是分立的力量。个体所属和所为的一切都不能单独地归因于它们中的哪一个，因为一切都是以习惯和经验为基础的，而习惯和经验是不可分割地结合在一起的。遗传和环境联系到当今人类生活的时候，实际上是抽象物，真正起作用的是整体的或者不可分割的机体的进程。在一个特定时间实际起作用的遗传是依赖这个进程本身的。这个进程发展了某些潜能，并且压抑了另一些潜能。同样，起作用的环境依赖选择和成长中的机体选择和同化活动。如果你希望理解这一点，最主要的事情是研究一下生命史，追溯到个体的胚胎和诞生时期；如果你还想更多地了解一些，你可以进一步研究种制及其由之起源的社会继承。这些给我们提供一个背景，好像一个人的祖先和他的传记最初几章中的早期环境。但是威廉·赛克斯的生活是你要直接研究的东西。关于遗传和环境的任何知识都不会比这个更有帮助。

> 有一个古老的错误观点，但却不断出现，就是说我们可以不顾社会的或者后天的因素来度量人类头脑中的遗传因素。所以某些作者声称军队里进行的智力测验是对独立于社会环境之外的自然智力的衡量。他们还声称他们证明了在被测验者中某些民族的遗传性的次等智力。但是因为大脑的发展完全是一个社会进程,① 所以设想这个进程的结果可以以某种方式独立于进程之外是不合理的。实际

① 参见第三章。

上，这些测试的结果也完全可以用语言、家庭生活、教育和职业的差别来代替遗传而得到合乎逻辑的解释。

语言可以很好地说明动物性和社会性遗传因素的不可分割的结合。它部分产生于语言器官的结构，部分产生于使用这种语言的遗传性冲动。我们可以在白痴和聋哑人喋喋不休时看到这种冲动。对他人的自然感受和与他人交流的需要也在其中起了作用。但是一切表意清楚的语言产生于交流，是从他人那里学到的，因环境的不同而变化，并且有传统的来源。所以语言是社会—生物性的一种功能。雄心和我们的一切社会行为的动机都是社会—生物性的功能。我们生来就要表现自己，可是我们不论是猎人、战士、渔夫、商人、政治家，还是学者，都决定于社会进程给我们提供的机会。

一般来说，认为遗传和社会环境是对抗性的观点明显是错误的，它们在正常情况下是互补的，彼此不能在没有对方的情况下起作用。

哪个作用更大一些呢？哪一个更重要一些呢？这些都是愚蠢的问题。这样的问题清楚地证明了问者对现在讨论的问题没有清楚地了解。这正如有人问，在一个家庭中，是父亲还是母亲更重要一些？两个人都可以说是无比重要，因为他们都是不可少的；此外，他们的作用不同，不能在程度上比较。

那么，我们能不能说，一切关于遗传和环境的关系的讨论都是徒劳的？当然不能。事实是，尽管很明显，它们总的来说是互补的和相互依赖的，但我们通常不能详细地知道在某一特定的事例中，每一方究竟起了什么作用，因而到底是通过机体的作用还是通过社会环境的影响达到发展就可能成了疑问。只涉及总的理论时问哪个更重要是愚蠢的。涉及一个具体的问题时，这种提问则可能是很恰当的——正如在一个具体的家庭中出了麻烦时，你可以问是找父亲解决更好呢，还是找母亲更好。对各种因素的直接度量是不可能的，至少涉及意识活动时是这样，因为各种因素没有独立的存在，然而，间接推理的方法却是可能的，它们给解决该问题带来了希望。

许多种族问题就属于这一类。比如，在日本人和美国人之间有很大的区别，其中语言、宗教、道德准则是社会性的，是可以通过教育改变的。某些如形体、眼睛的形状和颜色，肯定是遗传性的并且不能通过教育来改变。但是，或许这些本身并非很重要。但是是否还存在既是遗传性的又是重要的，可以使不同种族和平共处或者能使它们分出优劣的在性情、智能倾向和天赋情感上的细微差别？我们不知道这个问题的答案，虽然答案是极为重要的。黑人问题也是同样的情况，在多大程度上这个种族目前的劣势可以通过教育和社会发展来挽救，在多大程度上只有通过选择才能改变这个种族？整个黑人—白人的种族问题都以这个问题为转移，而我们对这个问题却不能做出有把握的回答。

罪犯的问题也与此相同。我们在多大程度上，或者是在何种情况下，感到可以安全地信赖用教育的或者威慑的方法来阻止犯罪？我们是否也应该试图阻止罪犯繁衍后代？如果应该，怎样和在何时进行呢？还有天才的问题，我们需要更多的天才。是靠教育来得到还是照优生学的创始人高尔顿①所说的我们首先应使那些有很大才干的人多生育后代？再就是富裕、有权势的阶层的问题。他们是否有自然能力上的以及抚育

① 弗朗西斯·高尔顿（Francis Galton，1822—1911），英国科学家。毕业于剑桥大学三一学院。著有《遗传的智力》（*Hereditary Genius*）、《人类机能探索》（*Inguiries into Human Faculty*）。一九〇四年在伦敦大学教授优生学，并创立优生学实验室。一九〇九年受封爵士。指纹侦探法也是在他的启发下发明的。——译者注

上的优势？如果是，这是公正有益的吗？他们的优势是否基于教育和机会上的社会特权？许多人认为这是不公正的和有害的。每当我们试图寻找改善人类生活的办法时，我们就会遇到这一类未解决的问题。目前我们能做得最好的事情是尽一切努力找到似乎能改进种质和社会进程的办法。

虽然通过种质进行遗传传递在人和动物之间有很大的相同，但是人和动物传递下来的特征种类上的显著区别，在一出生时就能发现。这种区别在于可教育性与可塑性方面。人类婴儿的智力素质首先是可教育的并且当然是不确定的。它包含的不是去做生活中的具体事情的倾向，而是自然倾向或者教育的可能性；在他们未受到教育以前，这些东西没有实际用途。另一方面，动物的智力素质相对来说是固定的，不需要教或只需略教一下就可以让它们进行有效的实际活动。

认识这种区别是理解人与进化过程的关系或者人类本质和人类生活与动物本质和动物生活关系的基础，我们必须尽可能地看到这一点并得出应有的推论。

粗略地讲，除人以外的动物的遗传正像一架手摇风琴：它的构造使它只能演奏极少的曲调，你不用训练或只需很少训练就能一下子奏出这些曲调；你不可能奏出别的曲调。而人的遗传则更像一架钢琴，它不是用来演奏几个固定的曲调的；你若不经过训练，什么也演奏不了；而一个受过训练的演奏者可以在上面演奏出各种曲调。

一只新孵出的小鸡能够四处啄起它根据形状判断为食物的小物体。它不需要什么教育。一个养育员告诉我，孵卵机孵出的小鸡，在除种质以外和它的物种过去的经验无任何联系的情况下，和那些有母鸡看护的小鸡过得一样好。而一个人类的婴儿则需要一年时间来学会走路，要许多年才能学会谋生的本领。肯定，他有吸母奶的固定的本能，但这只是一种过渡性的动物手段，帮助他度过他能更多地发挥出人的能力前的一段时间。概括地说，他的奇妙的遗传性潜能正如一架钢琴在一个刚开始练习的人手下一样无用。

人类遗传的可塑的、不确定的特点要持续一个长久而无法避免的婴儿期；也就是这一点成了人类家庭的基础，因为家庭初级的和基本的功能就是养育孩子。那些由固定的遗传为其幼畜生活提供了充分准备的一类动物根本就没有家庭，而那些在可塑性遗传上和人类更接近一些的动物，至少是有家庭的雏形的。比如小猫，就需要母猫照顾几个月，从它的示范和培养中获益。

更概括地说，这种可塑性的差异表明动物的生命活动相对地是单一和固定的，而人类的生命活动则是丰富和变化的。人类的生活机能是如此丰富和复杂，所以这些机能不可能有固定的作用：它们可以急剧地变化，不仅在个体生命中而且在从一代到另一代的过程中。它们的唯一可能的遗传基础就是一种潜在的智能素质，可以在经验指导下发展以适应生活的需要。

我见过一只食蝇鸟，伏在一根没有树叶挡住视线的枯枝上，它一下子向一只飞行中的昆虫冲去，在它上面盘旋了几秒钟，然后就捕捉，不知捕住没有，然后飞回它栖息的地方。这就是它的谋生手段，它一生都在做这件事。其他百万根枯枝上的百万只食蝇鸟也做着完全相同的事。这也是这种鸟类不知多少年来的生活。它们通过遗传具备这种潜能——锐利的眼睛，追捕昆虫时的轻捷振翼，吞食昆虫时颈、喙的迅速准确的动作——所有这些不需要指导和多少练习就能具备。

人类同食蝇鸟一样，有自然的饥饿感和味觉，有咀嚼、吞咽和消化的自然机能，但是在他一生的不同时期里，他获得食物的方式变化很大，每个个体的方式也不尽相同，从一代到另一代常常在方式上发生某些变化。我们中的绝大多数人在脱离父母的养育后，从我们称之为的“工作”中获得食物。工作是能使一个复杂和变化的社会给予我们足够酬劳的活动。在当前，它一般只占用我们的部分生命，这是我们的祖先闻所未闻的。因而我们的合作，我们发展的力量，我们的艺术和科学，我们的社会习俗和进步等一切最显著的人性的表现都是和人类遗传的非确定性这一特点密切相联的。

当然，在可教育性这个问题上，人和其他动物之间没有明显的区别。后者的行为也不完全是前定的。要做出非前定性的行为必须经过一个学习过程。这种学习建立在遗传的可塑性的基础上。高等动物——马、狗、大象都可以接受训练，甚至参与改变人类社会的活动。如经过训练的狗能拉车、追踪犯人、为迷途者引路或在马戏团表演。而人类不需要努力学习就能掌握的活动，如呼吸、吮吸、婴儿的哭叫甚至走路（不需要指教，只需腿发育得足够强壮就能学会）则是由确定的遗传造成的。

本能在人类生活中占什么位置的问题在这里将仔细考虑。因为它不仅涉及人类遗传和动物遗传之间的区别，而且更涉及我们刚才讨论过的对环境的固定反应和可塑反应之间的区别。

关于本能的定义有许多不同的意见。有些人把它限定为遗传性行为的固定方式，如松鼠埋松果的行为；另一些人赋予它更广泛、更模糊的含义。检查一下这些不同意见是怎样产生的，会给整个问题的解决带来希望。

正如我们所见，动物具备无须学习就能掌握的、有效和固定的行为方式，正是这个特点和人类行为的对比首先引起注意并被称为本能，以区别人类的理性的或者后天学到的行为方式。达尔文在他的《物种起源》中说：

> 我不试图给本能下任何定义……当人们谈到布谷鸟在“本能”促使下迁徙，并把蛋产在别的鸟巢里时，每个人都能懂得这个词的意思。一种只有经验才能使我们做出的行为，由一个动物，特别是由一个没有经验的、年幼的动物做出，并且由不明白这些行为的目的的许多个体以同样的方式做出的时候，通常被称为本能性的行为。但是我可以表明这些特点中没有一个是普遍的。①

按这个词的原始意义说，人类几乎没有什么本能性的行为。但是当研究者开始以进化论的观点，研究我们的行为时，他们发现我们许多行为即使不是严格意义上的本能的行为，也是从本能行为中发展出来的，并且是本能性行为的继续。简单地说，在这个问题上人和动物之间没有明显的界限。再者，尽管我们的外向行为不再为遗传所决定，但我们的内心情感和性情似乎还是由遗传所决定的，并且对我们的行为有巨大的影响。于是问题过去是，现在仍然是：总体上由这些遗传性的情感和性情引导的人类行为是否应被称为直觉性的行为。

那些回答说“是”的人会提出理由说，一个人在饥饿、恐怖、愤怒和性吸引的驱使下总是按本能行动的，尽管他表现这些冲动的方式是很新的。那些说“不”的人会认为，这些行为不是由遗传的机制所确

---

① 《物种起源》第八章。

切地前定的，因而不是本能性的行为。通过种质传播的行为是他们检验的标准。关于本能在人类生活中的位置的不同意见就是这样产生的。如果我们要给这个词以较广泛的意义，它就必须按前一个意义使用，即它是一个内向的而非外向的过程，它必须被限制在解释动机上而非解释个别的行为上。

当涉及绝无动物本能的固定性的大多数人类活动时，避免使用“本能”这个词而换上“直觉情感”这个词是一条合理的中间道路，因为我们行为的情感内容清晰地带有在各种表现形式中依然故我的遗传因素。

我们尽管这样考虑，但仍然会发现对关于存在哪些本能性情感以及它们如何起作用的问题，几乎没有一致意见。缺乏一致意见的原因在于，我们有关这个问题的经验尽管多么真实和生动，但依然难以限定和概括并可以有各种各样的解释。爱情正因此而成为文学作品和人们交谈的陈旧的话题。我们大多数人都体验过爱情，在他人身上也看到过爱情的表现并且愿意透露我们所知的关于它的知识；然而谁能清楚地说出它基本的现象是什么或者这种激情从本能那里继承了什么？这种继承是怎样在经验中被唤醒、被改变和发展的？这些是难以回答的问题，或许将永远是个谜。关于恐怖、愤怒和悲哀等情绪也有类似的问题。学生们会看到许多书籍旨在阐述这些生命现象，分析和描述我们的各种情感模式，追溯它们可能存在的动物本能的起源，但这些著作中的观点彼此是大相径庭的，其中没有一种观点是结论性的。

很明显，我们至少有六种特征明显的本能性情感的表现，它们是社会性的，因为它们直接关系到我们对他人的态度。我们可以举出也许是最明显的情感如愤怒、恐惧、母爱、男女性爱、自我肯定或者自我表现的情感。我们可以接受这些情感是本能性的情感。因为：

1. 它们在人类中是普遍的，如普遍的观察、思考、文学中累积的例证，还有诸如那些精神分析学家多少有些科学性的研究，都表明了这一点。这种普遍性本身不能证明它们是本能性的情感，它们可以归因于普遍的社会条件。然而这极大地增强了其他理由的说服力。

2. 因为它们联系着身体的反应或者表情的模式，这很难是非本能性的东西。其中有许多种情感在人类中确实是普遍的，而且某些情感在猩猩身上也能发现。愤怒时握紧拳头，咬紧牙关，露出牙齿，仿佛准备撕咬，即是证明我们观点的一个例子。达尔文在他的《情感的表现》中探索了这些问题，但是他相信习惯是遗传的，所以他没有像我们所期望的那样清楚地辨明遗传性的和向他人学到的表现方式之间的区别。

3. 因为它们符合和促发不仅在人类而且在动物身上也能发现的确定的、长期存在的功能；简言之，它们是如此深地根植于动物的进化中，以致它们若不是遗传性的就不可解释。比如，人类的愤怒促发他和对抗他的人或其他人的矛盾，在功能上近似于两只正在角斗的动物的显然是本能性的愤怒。同样，恐惧促使逃脱危险，不论是我们人类还是要逃脱危险的动物，情况都相同。这些本能性的情感所决定的不是个别的行为，而是某种程度上适应环境的功能。

显然，与遗传性情感一起出现的一定有遗传性的神经机能来把情感和唤起情感的刺激联系起来。有些人认为弄清楚这一点是困难的。但如果是这样，那么应该是心理学家解决的问题。适应功能的普遍的形式，如人际冲突，确实能唤起某些特殊的情感，比如愤怒，而这些情感又产生了这些功能。

除了这些能够清楚地予以说明的遗传情感外，还有无数种情感，虽然也同样是清楚的，却大多不易把握、未经概括并且关于它们有许多争议。再者，所有这些表现，包括我们已经提到的，都在迅速地发展和转化，和社会经验交织在一起，变得极为复杂，没有人能让人满意地总结清楚。而实际上，这些情感随着社会的变化而发生变化，再要给它们最后明确地下结论是不可能的。每个时代和国家都多少有些独特的感情方式，正如每个时代和国家都有独特的思想方式一样。在这个领域没有最终结果。①

尽管我们做的一切事情都带有本能性情感，但我们带有本能性情感的方式却使我们很少或从来不能仅用它来解释人类的行为。在人类生活中，使得行为具体化的，根本不是某种动机，而是由教育和社会环境决定了其表现形式的本能。它只能够通过复杂的社会决定的思想和情感方式起作用。

例如，如果我们说“战争归因于好斗的本能”，那么我们所说的就没有总结出任何真理。我们忽略了那么多，因此这句话实际上是错误的。战争根源于许多本能的倾向，而这些本能的倾向因为教育、传统、社会组织转化了，因此要研究它的根源就必须研究整个社会秩序。这首先需要对历史和社会进行详细分析。把战争归因于好斗，朝这个方向研究问题不可能得出正确的结论。没有比这样对待知识的态度更粗暴的了。

一种设想的“群集本能”或者“群体本能”的作用，同样也被用来解释众多的现象，如在人群中的兴奋、惧怕孤独、追求时髦和盲信宣传。这些现象像战争一样，弄清楚它们需要对社会前提进行详细的研

---

① 麦克·道格拉斯教授所著《社会心理学》已出版几年了，现在被认为是这一领域的经典著作。

究。这正如菲德莱教授所说的："是一种简单的实用的解释方法，而该现象的真正原因和作用远比解释者设想的要复杂"。① 确实我不知道像存在恐惧、愤怒的本能一样，还存在着诸如群集本能这种东西。许多人认为用来支持群体本能这种说法的例子可以用同情和联想；而非一种特别的本能来解释。在我看来，这是个体心理学用探索某些个别的动机来解释集体行动的一种假想前提。如果你把人性看作基本上是社会性的，你就不需要这种个别的动机。②

在心理学家、心理分析学家、生物学家、经济学家、论证教育的作者和其他一切对关于本能问题有兴趣的人中，确实存在着一种普遍的倾向，他们很高兴地避开历史学和社会学，简化事物的因果关系，把本能直接联系在社会行为上，却不进一步分析曲折复杂的社会进程。在这个真实的世界上，本能通过社会进程运动着、转化着。那种普遍的观点犯了片面主义的错误，它只用一个个别的现象来解释复杂的整体。

我们怎样来理解本能和理智的关系呢？这依赖于我们已经讨论过的观点，即本能是否意味着行为的固定模式，它是否还包括表现在可塑性的行为中的本能情感。如果我们将其限定于前者，那么理智和本能就是相互排斥的，因为理智的根本特点就是根据环境的变化调整行为；但如果我们承认本能指后者，理智和本能就可以协调地起作用。固定的本能不需要一个总体的控制：生活撳下按钮，其余就由遗传性的机能自动完成。但是可教育的本能需要老师。它们必须被引导、发展、协调和组织，才能有效地起作用。这是理智的作用。理智一方面是大脑工作的组织者，它是适应多样的和变化的生活要求的智能组织。它把本能性情感

① 《社会学引论》(*An Introduction to Sociology*)，第 72 页。

② 把集体行动解释为"群集本能"的作用的观点似乎主要出自尼采。他是带着傲慢的态度使用这个术语的，借以为他的反民主的哲学服务。

作为提炼的原料，就像一个军官对新兵一样，他指挥他们、训练他们，直到他们能协同执行他的任何命令，并能根据不同的条件采取不同的方法来执行命令。如果一个人想要一个妻子，理智就会教导他在当时的情况下怎样去求爱，怎样去得到她，并且在得到她以后如何去养活她。当然他的行为都是部分地受天生情感支配的。

然而理智并不能代替本能，正如上尉不能代替普通士兵；这是更高一层的控制系统，是控制和转化本能的力量。确实，从广义说，理智本身也是一种本能倾向。它是起着鉴别和组织作用的大脑活动。动物在某种程度上也具备理智，但只是在人类才发展到这样的程度：它可以比喻为一个从士兵队伍中成长起来的指挥员。

人类历史之不同于动物的历史正是我们刚才讨论过的这些人类心理特征的结果。只有具有可教育的本能倾向的种类才有可能经历这样的历程。这种可教育的本能倾向部分地由理智组织起来，变成一个可塑的、发展的社会性整体。这个整体对外部世界的反应可以有多种方式，并且在内部还包含着各种各样的潜在力量，不断推出生活的新形式。我们若认为这种新的形式胜过旧的形式，则把它称为进步，反之则把它称为倒退。这些变化不需要我们本能力量的任何变化。作为遗传基础的本能的并且可教育的潜能是相对稳定的，因此，没有什么理由认为我们由之繁衍出来的条顿血统现在要比恺撒大帝遭遇、斗争并描绘的条顿民族血统更好一些。如果我们可以把一个那时候的婴儿放在我们现在的摇篮里，也不会产生什么明显的区别。他们会以我们现在的方式长大成人，他们会驾驶汽车而不是战车。他们会读报，会玩我们今天都玩的游戏。

最后，我们说的“人性”是什么意思呢？这个词是被含糊地使用的。但是它至少有三个意义可供确切地辨识。在我们明确人性的同时，我们可以解答一个古老的问题。

它的第一个意义是人类的由种质产生的严格的遗传特性，即我们推论的在人类出生时即具备的各种无形的冲动和潜能。我们关于它们很少有确切知识，因为它们只能作为社会发展中的一个因素表现出来。这种本性的变化看来是极其缓慢的，并且我们没有理由认为我们出生时和我们的祖先，就说一千年前的祖先吧，有什么不同。

它的第二个意义是人类在亲密联系的简单形式或称“首属群体”①中，特别是在家庭和邻居中发展起来的社会性本质。这种“首属群体”随处可见并且随处对个体发生着大致相同的影响。这种本性主要包含着某些基本的社会性情感和态度，比如在人际关系中的自我意识，喜欢别人的赞同、怨恨、非难、竞争心理，以及在一个群体中形成的社会是非感。这在我看来非常接近于普通语言中这个词的意义。我们所指的是要比遗传倾向明确得多的东西。我们大多数人对它知之甚少，然而它却是基本的，在人类生活中即便不是普遍的，也是较为广泛的。在远古民族的历史和记载中，在此地此时却能发现。所以当我们谈到约瑟夫因最得其父宠爱而遭兄弟嫉恨的故事②时，我们说：“当然啦，这是人性嘛。”这种社会本性较之遗传易变得多，如果说，我们常说的“江山易改，本性难移”自有它的道理的话，那则是因为形成这种本性的亲密组织大致相同的缘故。如果这种组织从本质上变化了，人类本性也会随之变化。

第三个意义并不是不常出现的，特别是在讨论人性善与恶的时候。这是不易概括的，需要辨别行为的特殊类型。如在金钱上吝啬或慷慨，好战或平和，能干或平庸，保守或激进，好斗或温和，等等。换句话说，它不同于一般的概念，而是涉及了特殊的环境和风俗的作用。在这个意义上，人类本性是最容易变化的，因为导致行为的本性，随着外部

---

① “首属群体”为作者首创的概念，在他的其他著作中有详尽论述。——译者注

② 这是《圣经》中的故事。——译者注

影响的变化而在道德或其他意义上都是变化的。现在是自私、无能、好斗和保守的本性，几年以后在另一个环境里可以变成慷慨、有为、温和和进步的本性；一切取决于本性是如何被唤醒和运用的。在理解这层关系上最常见的错误也许是认为人类本性是不变的，它起了恶劣的作用并将永远起恶劣的作用，因而人类不变的本性给我们带来了战争，使我们在经济上贪婪并且将永远给我们带来这样的恶果。事实正相反，因为在一定的条件下这些恶劣的东西消失了或是被控制住了。我们可以总结说，在这个意义上人类本性是可以变化的。

然而从更一般的意义上应该说，人类本性最基本的特点就是可教育性，它的变化并非是为了成为人们行为和社会习俗的变化的不尽源泉。如果我们理解人类本性，我们就可以让它按我们的意愿发挥作用，就像一个聪明的机械师，运用物质和运动的普遍规律来为他的目的服务。

第一章　社会和个人

组织关系；它们是同一事物的不同方面；把它们对立起来的错误；这一错误的各种形式；熟悉的问题以及答案。

“社会和个人”实际上是这本书的主题，而不仅仅是第一章的主题，我的主要目的是在把个人看作社会整体中的成员的前提下，从各种观点考察个人；而这一章则是就此问题提出一些在我看来是绪言性的陈述。在下面几章里给予更详尽的解释。

如果我们接受进化论的观点，我们就会发现社会和个人之间的关系是一种有机的关系。就是说，我们发现个人是与人类整体不可分割的，是其中的活生生的一份子。他把全人类作为一个整体而通过社会和遗传的渠道从中吸收生命的养料。他不能脱离人类整体；遗传因素和教育已经构成了他的生命。而另一方面，社会整体也在某种程

度上依赖每一个个人，因为每一个人都给整体生活贡献了不可替代的一部分。这样，我们得以在较为广泛的意义上使用“机体”这个词，意即由具备独特功能的不同成员组成的生命整体。

广义的社会，的确是这样的一个生命整体，它可以指全人类，也可指任何个别的社会组织。比如一个大学，就是一个有机的整体，由学生、教员、官员和其他一些人组成。每个成员或多或少地依赖别的成员，因为所有的人都参与着共同的生活。注意，正是由于他这个人，他与其他人不同的作用，使每一个他在整体生活中都具有特殊的意义。一位教古生物学的教授起着其他人不可替代的作用，而其他所有的学生和教员，尽管可能不那么明显，但也都起着独特的作用。机体的观点既注重整体，也注重每一个由其他个体的存在而显示出来的个体的价值。橄榄球队若没有四分卫还叫什么橄榄球队呢？它毫无用处，正像一个没有球队的四分卫一样。一个健康发展的个人只能在一个健康发展的群体中产生和生存，反之亦然。

这似乎是一个很简单的观念，的确是的，但这与我们乐于保持的某些思维习惯是格格不入的。因此我们需要花点力气，从不同的角度来检讨这个观念。

独立的个人是在经验中不存在的抽象物，同样，脱离个人的社会也是如此。只有这样的**人类生活**才是真实的：它既可以从个人方面考虑，也可以从社会，即普遍的方面考虑；而且，事实上它永远包含着个人的和普遍的两个方面。换句话说，“社会”和“个人”并不代表两个事物，而只表示同一事物的个体方面和集体方面。这两个词之间的关系正如其他一些成对的词语之间的关系——一个表示群体，另一个表示群体中的成员，如“军队”和“士兵”，“班级”和“学生”，等等。任何社会集合体不论是大是小，本质上都是一样的，如一个家庭、一座城市、一个民族、一个种族或者是全体人类。不管一个社会组织多么广大、多么复杂、多么持久，也没有任何充足的理由认为它在这方面与最小、最简单或历时最短暂的群体有什么根本的不同。

因此，这两者之间若有什么差别，那一定是存在于我们的观念中而非存在于我们看见的对象中：当我们使用“社会”或其他表示群体的词汇时，我们脑子里出现的是对一群人的总的看法；而当我们谈到个人时，我们就忽略了总体的方面而把他们当作独立的人来看待。这样，尽管“内阁”包括林肯总统、国务卿斯坦顿、国务卿西渥德等人，但当我说到“内阁”时，我头脑中的概念与我一一数出内阁中这些先生时的概念不同。在普通的观察中，社会或任何复杂的群体，作为整体时和将其成员区分开来看时结果大不相同——比如观察格兰特将军①指挥的军队的人在他逐个观察每一个士兵后会得到不同的印象。再如一张油画。你可以在画布上分出许多一英寸见方的面积；你若是挡住其他部分一块一块地看，即使每一块都看过了，也不能说**看全**了这幅画。这些例子说明，一个整体所体现出的系统和组织在整体的某个部分是不明显的。只是在这个意义上而非别的意义上，社会和构成社会的个人才存在着差别；差别并非存在于事实本身，而是存在于有视觉限制的观察主体。对社会的**全面**观察等于对所有个人的全面观察。反之亦然；在全面的观察下，两者之间没有区别。

正是因为任何社会或群体都是众多个人的集体表现，所以任何个人都应被视为社会群体的特殊性表现，他没有独立的存在；作为其中一名成员的个人由于生命中的遗传和社会因素，与社会整体紧密相联。把他

---

① 尤利西斯·辛普森·格兰特（Ulysses Simpson Grant，1822—1885），美国南北战争时期的北方将领。一八六八年和一八七二年作为共和党人两次当选为美国总统。——译者注

与社会脱离开来考虑和把社会与个人脱离开来考虑同样是荒诞的。

如果以上所说成立，那么把社会和个人分裂并将它们置于对立的位置上这样一种普遍的观点是一极大的错误。“社会”一词至少在三种明显的意义上被使用，但没有一种意义显示出可以将社会和个人对立起来的理由。

这个词最广泛的意义是指人类集体的一面，即最广泛和最模糊意义上的社会。它的意思是，所有的个人和他所能具备和给予的都是社会性的，因为他们都以这样或那样的方式和总体生活发生着联系，并且成为集体发展的一部分。

“社会”的第二种意义指人们直接的交流，包括交谈和有具体对象的同情——简言之，就是交际。这个意义就和第一个意义大不相同了，但它与个人绝无对立的意思；正是在人际关系中个性才最明显地存在和表现出来。

这个词的第三个意义表示增进集体福利，因此它差不多成了道德的代用词，比如当我们说犯罪和沉湎于感官享受是非社会或是反社会行为的时候；但是在这里，这个词的意义与个人仍然不是对立的——因为邪恶肯定不比正义更加个性化——它和不道德、野蛮、自私或其他一些带有伦理意义的词有明显的区别。

在普通的语言中，有一些词汇恰恰染有这种对立的色彩，如“个人主义”和“社会主义”①、“排他主义”和“集体主义”②。这些词意义十分模糊，使用这些词的人必须阐明他是在什么意义上使用它们的。我

---

① 此处“社会主义”一词非共产主义理论中的社会主义，而是指将社会与个人对立起来并强调社会的重要性的一种观点。——译者注

② 还有“自由意志”、“决定论”、“唯我主义”、“利他主义”，按我的观点，同样都是意义不清楚的概念。

无意对具体的用词吹毛求疵，只要能用这些词来表现生活中的事实我就不反对。对于目前流行的“社会主义”和“个人主义”这一对表示相反意义的词组，我的意见，与对省去这两个“主义”的那一对词的意见一样。我没有看到生活有两种分离的、相互对立的倾向，当然更没有两种分离的和对立的实体，“社会”和“个人”，来体现这两种倾向。通常被称为“个人主义”的现象，作为总体生活中某些倾向的表现，倒不如说是“社会主义”的；而相反，某些被称为“社会主义”的现象却明显地带有“个人主义”的性质。这些词汇以及一些类似的词汇可以很方便地被用来为目前的一些理论和宣传服务，但它们对认真研究的目标是否合适则是有些可疑的。如果使用这些词汇，按照我的意思，它们的意义应该被更严格地限定。

比如，按照这样或那样的理由，欧洲历史的所有时期都可以（大多数时期已经被）说成是具有个人主义性质的。这里使用的“个人主义”一词和普通的用法并没有区别开来。如果说集体精神的衰退和人人为己的感情和行为形成了个人主义，那么没落的罗马帝国则是个人主义的，随之而来的政治混乱时期也是个人主义的。封建制度也常常被认为是个人主义的，因为小的政治单位有相对的独立性和封闭性——这时的意思和前面的意思就大不相同了——在此之后便是文艺复兴和宗教改革，却也经常因为这样或那样的理由被说成是个人主义的。然后是十七和十八世纪，这两个世纪是怀疑主义的、超越主义的，并且又是个人主义的；我们所处的现代，则更被人认为是一切时代中最个人主义的时代。人们不禁感到奇怪，这个词怎么可以代表这么多的事物，简直是无所不指。

表示社会和个人总的对立的用语常常是意义混乱的，甚至在作家的意思十分明显的时候也是这样：说一个个人和其他许多个人对立，或者社会中的一个部分和其他部分对立会更精确一些，这样就避免重复使用

一个词以混淆生活的两个部分。对爱默生所谓社会是对其中每一个个人成员的独立性的合谋扼杀，我们应该作这样的理解，任何个人代表的特殊性倾向多少与组织起来众多的人代表的总的倾向不同，但一个人代表的倾向并不比众多人代表的倾向更加个性化或者更少社会性。一千个人正像一个人一样地富有个性。一个看上去似乎是独立的人，也是从总体生活中汲取生命养料的，这与他作为一千个人中之一员的情形同样地真实和必然。创新和保守、天才和平庸都是同等程度社会性的。区别不在于个性和社会性之间，而在于普遍和个别、必然和偶然之间。换句话说，你在生活中发现社会性的时候，也就是你发现个性的时候，反之亦然。

于是我认为，社会和个人之间的对抗的说法，不论是作为人际关系的普通描述还是哲学陈述，都是荒谬和空洞的。

大多数人不仅认为社会和个人多少是分离和对立的，而且还认为个人是社会的前提。个人组成社会一般被认为是理所当然的，可是社会造就了人这个观点却使许多人吃惊，尽管我看不出认为生活的个别的方面比集体的方面更带本质性有什么恰当的理由。这种普遍的印象看来是因为生活中个人的表现是诉诸感官的，因此我们能够非常自然、非常容易地把握它。而群体、民族和全人类的实际存在只能通过积极的或促发的想象来了解。我们即使是认识到了社会的存在，也常常模糊地把它看作是一种物的存在，是许多肉体的聚合体，而非它原本是的生动的整体；因此，我们自然不会认为它也可以是基本的或是第一性的。确实，许多人把“社会”和其他一些抽象的术语多少看作是神秘的，并且倾向于怀疑它们代表任何真实的存在。

关于个人主义的天真的想法，并不使人关注个人多于关注社会。这种天真的思想是我们所有人在传统教育培养下形成的。这种思想极难摆脱。因此有必要更加明确某些时候流行的浸透着这种思想的思考方式。

任何同意本章中讨论得出的正面结论的人都会认为这些思考方式是错误的。我这样做的目的是为了进一步澄清随后的章节里将出现的基本观点。我无意于就这些思想方式作彻底的讨论。

如此，首先让我们看一看**纯粹的个人主义**。在这里，个体的因素几乎被分离出来考虑而集体的因素则被视为是第二位的和附带性的。每个人都被看作是分离的一份子，而全部社会现象被认为是起因于这些份子的行为。个体是独立的、唯一的源泉。尽管这种看待事物的方法近些年来受到进化论科学和哲学有力的挑战，但它绝没有被根除，甚至在理论上也没有被根除，而是实际上以这样或那样的形式成为许多目前流行的思想的基础。它自然地发源于已经固定的思考方式。我认为它与看待事物的物质观念是类似的，并且由于神学和其他传统思想而得到确认。

第二个是**双重始动**的思想，即社会和个体是分离的、各自是独立的原因。这种观点常常以各种形式在社会和伦理的讨论中出现。它在哲学意义上不比前面提到的观点先进。它与前面的观点有相同的前提，即个体是分离的、互不关联的份子；它的对立面是模糊意识到的普遍或集体的利益和力量。这表明人们是如此习惯于将他们自己视为没有原因的原因，小范围内的特殊创造者，当他们无法回避普遍现象的存在时，他们就把这些普遍现象看作是附带的、分离的并或多或少是与个体对立的。这两种力量的命运真可谓变幻莫测，有时思考者同情这一方，有时思考者同情另一方。而思考者们也就相应地成了个人主义者或是社会主义者。通常由这些术语阐明的各种教义，涉及生活的本质观念时，区别仅在于究竟站在这值得怀疑的对立双方的哪一边。社会主义者认为普遍的或者集体的力量应该获胜；个人主义者持相反的意见。两种主义都没有提供立场的变化和开拓的思考度。就思考度来说，一个人完全可以既是

个人主义者又是社会主义者或集体主义者，因为这二者在哲学上是同出一辙的，尽管在表现上是对立的。如果一个人对这三者都不赞同，他可以认为这样以错误的人类生活的观念为基点所进行的争论，只能在垃圾堆里找到自己合适的位置。

第三，是**原始的个人主义**。这个字眼用来描述这样一个观点。即时间上，社会在个人之后，并且是发展的附带产品。这种观点是前述观点的一种变相，也许是个人主义的偏见与粗糙的进化论哲学的混合体。个体性通常被认为是低于道德水准并在时间上是先行的。人是纯粹的个体，人类是这些个体的纯粹的集合，但是人们逐渐变得社会化了并进步成一个社会整体。从道德上说，个性是坏的，社会性是好的，我们必须推行消灭前者树立后者的工作。

我的观点当然是个性既不在时间上先行也不在道德标准上落后于社会性。它们永远作为同一物的互补的两方面并列存在，进步的轨迹是两者从低级发展为更高级而非从一者发展到另一者。如果社会性这个词被用来指更高层次的智力生活，那么，它应该像已经指出的那样，与动物性、感官或其他一些表示智力和道德缺陷的词对立而非与个体对立。如果我们倒退到我们远古祖先的某一时代，我们就不能将那种状况称之为社会性的，也不能称其为个体的或个人的，这就是说，他们无论从个体的角度还是从集体的角度看都劣于我们。对此表示怀疑，就是对人类生命的生动组织表示怀疑。

人类的生命如同其他物种的生命一样，应该是永远既有普遍性又有特殊性，永远既有它的群体表现又有个体表现。人类生活水平的逐渐提高永远是伴随着我们所提到的这两方面的因素。这两个方面发展为一体，在高级思维的高级活动中可以看见它们的结合。现在如此，将来也如此。例如莎士比亚，从某一点看是独特的和卓越的个体，从另一点看

是人类普遍生命的绝好表现；区别不在他本身，而在于我们选择的观察他的方法。

最后是**社会官能论**。这个词可用以表明这些观点，即社会仅仅包括个体的一部分，并且常常是一个相当固定的部分。人类本性就这样被分为社会性的与个体的或是非社会的倾向或官能。于是，某些情感，如爱情，是社会性的；其他如恐惧、愤怒是非社会性的，或是个体性的。某些作者甚至把智力当作个体的官能，而仅仅把少数情感或感觉看作是社会性。

如果我们在与交谈或亲密感情有关的意义上使用这个词，那么这种关于特属于社会性的本能或官能的观念是正确的。在这个意义上，亲密感情确实比恐惧更具有社会性。但是，如果它的意思是这些本能或官能本身在道德上高于其他本能或官能，或者说，只有它们才和集体性生活有关，我认为这种观点是很值得怀疑的。无论如何，我所持的希望在本书中更完整地解释的观点是，人类情感的表现是不能分为社会性的和非社会性的；但广义上，一个人是完全社会性的。完全是人类普遍生活的一部分，他的社会的和道德的进步，与其说是由于个别官能和本能的扩张以及对其他官能和本能的压迫而造成的，不如说是我们为了适应进步的生活结构的要求而在意识中产生的理智促成的。

某些本能或倾向可以增加它们的重要性，加强它们的功能，而同时其他本能或倾向却减少重要性。各部分的增减似乎就是进化的总面貌。我们没有理由认为我们的智力发展不是这样的面貌。但是，即使不是全部的，也是大部分的官能或功能，同时在集体生活中和个体生活中起作用；在各种官能之间是没有明确的界限的，进步是由于旧器官逐渐适应新的功能来实现的，而不是器官的废弃和衰退。

要弄清在理论上机能的观点是什么，我想提出几个问题，比如有些

人在讨论社会和个人的关系时提出了一些问题，我想根据我的想法，对如何回答这些问题提出建议。

一、社会是否仅仅由个体构成而不是由其他构成?

我要说，是的。很明显，是日常可见的人性而不是其他什么神秘的东西形成了社会。

二、社会是否在总和上大于个体?

在某种意义上说，是的。在任何一个社会整体中，总有一个组织，一个生活的程序，你不能分别地在个体中看见它。逐个地研究它们，然后把它们堆在一起来理解社会，会把你引向歧途。这就是“个人主义”这个词的不好的意义。若这样去分析完整的科学，如政治经济学或重要的机构，如教会，都不会得出正确的观点。你必须把你们的群体、你们的社会程序视为它们本来就是的活生生的整体。

三、个体是社会的产物吗?

在人的一切都有社会历史这个意义上说，是的。如果我们考虑产生人的生命的两个源泉，遗传和交流，我们发现它从种质中获得的东西有社会历史，因为它必须使自己适应过去的社会以求得生存；我们生而具有的特征似乎可以说是经历过我们祖先生活的社会考验。他从交流中所获得的——语言、教育及其他东西——是直接从社会中来的，甚至对身体有影响的东西如食物和天气，也是不会不通过社会环境的改变和接受而直接作用于我们身上的。

四、我们可以把个体从社会分开吗?

只是从表面上看能。如果你独自生活在荒野，你的思想仍然是在社会中形成的，你靠记忆和想象或者书籍继续进行着社会交流。你通过这种办法，也只能通过这个办法，才能保持人性的活力，你失去了交流的能力，你的头脑也就衰退了。忍受长期孤独的人，如西部平原上的牧羊人或囚禁的犯人，常常出现低能。未受教育者在此情况下更容易变为低能，因为他们没有材料很好地构成记忆来进行想象的交流。

在基督教时期和其他宗教的历史时期中，有的隐士居住在荒漠中，但他们总是要与外部世界保持某些联系。他们中的某些人，如圣·哲洛姆①成为著名的书信作家。他们中的每一个人都属于一个社会系统并从中获得理想和道德的支持。

一个离弃社会的人若不能保持对社会的想象中的把握，他就只能像一头聪明的野兽那样生活，在周围的自然环境中锻炼他的大脑，但他明显的人性的官能肯定会消失，或者停止发生作用。

五、个人能从某种意义上说是自由的？还是仅仅是社会的一份子？

是的，照我考虑他是的，但这是一种机能性的自由，他在与别人的合作中获得不可以脱离社会行事的自由。这是一个协作系统。他有用自己独特的方法发挥功能的自由，像一个橄榄球四分卫那样，但是他总是以某种形式扮演生活安排的角色。

进化论的观点鼓励我们相信生活是一个创造性的进程，我们确实正在创造着新价值，而人类意志则起着重要作用。每一个个人在这一创造性进程中都占有一席不可替代的位置。虽然他的生命由遗传和社会历史构成，但他的生命却是一个新的整体，是对生活的新鲜的组织。从前没有任何人能具备你所具有的能力和机会，你可以用自己的方式自由地运用这些能力和机会。

当然，我们只能在与他人的合作中行使自由，这不过是个常识。如

---

① 哲洛姆（Jerome，340—420），出生于达尔马提亚（今属南斯拉夫）与潘罗尼亚（今属罗马尼亚）之间的斯特莱德。三六〇年去罗马，由教皇施洗礼，随后修行于叙利亚荒漠并学习希伯来语，三八五年将《圣经》译成拉丁文。——译者注

果你参加了一个社会团体——比如说一个戏剧俱乐部——你希望这个组织能增加你的自由，给你的个人力量以新的刺激和表现机会。难道我们对社会不是同样有这样的要求吗？正是通过社会发展，人类才从动物世界走向有机制的自由的境地。我们目前享有的自由虽远非完善，但也是美好的。

第二章 暗示和选择

这两个术语的意思及其相互关系；意志或选择的个人方面和社会方面；儿童受到的暗示和他们的选择；人们通常低估了暗示的范围；主动选择的实际限制；对人们行动的环境的分析；阶级气氛；我们缺乏时代意识；选择活动的多少反映了社会状态；易受暗示性。

暗示和选择之间的对立是另一个虽然熟悉但常常不清楚的观念。这个观念本来应该更清楚一些的。

这里使用的“暗示”一词，是指以相对机械的即反射的方式起作用的一种影响。它不涉及大脑的选择或意志的更高级的活动。被催眠者按照实施催眠者的话做出没有意义的行为就是受暗示控制；有人发现自己下意识地模仿了别人说过的话和做出的行动，这也是受暗示的影响。不止是这些例子，这个概念几乎可以包括一切简单的，不涉及选择的念头和行为。在强烈感情支配下，人的行为是受暗示影响的；群众的行为也是受暗示影响的，习惯是一种暗示，等等，不一而足。

我认为这个词比“模仿”恰当。有些人在模仿或者与其相近的意义上使用这个词。“暗示”比“模仿”一词好是因为后者的内涵，照通常理解，在某些方面包含太少而在另一些方面又包含太多。在普通用法中，它的意思是某个行动导致了可见或可闻的相似行动。虽然我们对他人影响的简单反应大多属于此类，但也绝不都是如此。比如一个孩子在出生后的六个月中的行为就很少是模仿性的。另一方面，模仿产生的可见的相似性可以是一个相当复杂的有意为之的过程，如绘制很需要技巧的肖像画。但是我们使用哪个词汇关系不大，只要这个词汇有正确的意义。我绝不是要给如波德温教授和塔德先生这些作者挑错。他们采用了这个词汇并赋予它丰富的特殊含义。然而对我的目的来说，使用与其普通意义相去甚远的词汇是不方便的。

我认为，暗示和选择之间的区别不是分离的和极为不同的两物之间的区别。它们只是分别表示了一个系列中高级和低级的层次。我们所说的选择和意志看来是错误地概括了原本更广阔的活动领域中更艰难的精神活动。它和不自觉的意识是不能明显区分的。事实上，意识活动和社会以及其他一切有生命的整体都是不能截然分割的，它们只表现出从一物到另一物的逐渐的转化；在这些领域里是没有分界线的。我们说暗示是机械的；但是看来有可能所有肉体生命都在进行选择，或在某种意义上说，在进行挑选。意识和意志的萌芽可能在最低级的生命的最简单的反应中被辨认或被推测出来。我们自己的大脑中相对简单的意识绝非是单一和原始的，而是转化着的小型生命，是由对更简单元素的选择和综合形成的“意识流”的一部分。从另一方面说，我们最完善、最富有

意志决断的思想与行动在此意义上也是暗示性的，即这些思想和行为不是凭空而起的，而是对旧有材料的创造性的综合和组织。

所以，区别在于程度而不在于性质。选择与暗示比较，突出的是人性的智力组织或智力综合的相对完善的过程。我们对此是通过反省意识到的，它是我们思考的复杂性造成的。它的社会性表现在，我们所有的选择或大多数选择都以某种方式和社会环境相联系——它是相对复杂的社会关系的组织。正是由于从我们周围的环境中产生的观念变得复杂起来，我们被迫思考、选择与总结，以便选择有用和正确的生活方式。总的说就是过一种更高级的智力生活。当生活简单的时候，思想和行为也相对机械和富于暗示性；若更高级的意识不被唤起，反思的意志就不会发生作用；船长躺在船舱里，船员却操纵着船只。但生活一旦分裂，思想也随之分裂。意识必须获得更高的综合，否则就得忍受分裂给它带来的特殊痛苦。简言之，暗示和选择的问题只是社会关系中的一致性和复杂性问题的一种表现。

意志或选择，与其他智力生命的功能一样，既可以从个别的角度去看，也可以从普遍的角度去看。因此，我们根据不同的观察点：从个体角度考虑行为或从群体角度考虑行为，得出个人意志和社会意志的不同概念。但是它们之间不存在真正的界限，它们是同一事物的两个方面的表现。我们能够做出的任何一个选择都是以某种方式对普遍生活中产生的诸多暗示的综合；选择对生活又产生作用。所以选择既是原因又是结果，因而是社会性的。如果我买下一顶草帽，你可以把我的行为看作是个人选择，也可以把它看作是社会对草帽的需求的一例，也可以把它看作是为了反对其他人草帽式样的单调，等等。这里没有什么神秘的，它迷惑不了那些懂得以不同角度看某一事物会有不同结果这个道理的人。他们明白，这就像看一个四面漆成不同颜色的邮箱，从不同角度可以看

见不同的颜色。

理解肤浅的读者会以为心理学家们和社会学家们正在贬低意志，或者在真正的进化论科学和哲学领域里存在这样的倾向。他们错了。来自传统的关于意志的普遍观点的错误不在于它夸张了意志的重要性，这种观点也许是不可能强调意志的重要性的，它认为仅仅存在于个性领域，而根本没有看清事物的真相。很明显，选择行为同时是普遍生活的原因和结果。第二点，传统观点常常看轻不自觉力量的重要性，或者至少将它与选择分离并使它们对立——如同让船长独自驾驶轮船或者不是让船员们协助他工作，而是与他对抗。就这些观点进行抽象的争论是没有用处的；如果读者被这样的争论困惑了，转而从这种形而上学中脱身出来，下决心亲眼看看事物的本来面目，他就会对这个问题有健康的理解。

很容易理解，谁若是同意了前面一章里关于社会和个人之间关系的论述，就不会问个人意志究竟是自由的还是永远被决定的这样的问题。这个问题的前提是错误的，即人类个体性表现与集体性表现脱离。这个观点表示了这样的意思，即生命是可分的，一方面是意志，另一方面是生活的总体环境。这个问题也就是问，这两个对立的力量中哪个是主宰。若意志是主宰，则它是自由的；若环境是主宰，则它是被决定的。似乎每个人的意识都像被敌人包围住的堡垒，而问题问的是敌人会不会攻陷堡垒抓获盘踞者。很难看出若对实际的社会关系进行直接观察会产生这样的理解事物的方法。举议会的议员为例，或者举其他能推理、感觉并互相影响的人群为例，其中一个成员是独立于与他人关系之外，还是被其他人控制？这个问题毫无意义。他既被他们影响自己也影响别人。既然他绝非与他们的力量无关，那么他只是“通过”他自己的意志被控制而绝非与自己的意志无关。显而易见，在个人和民族，或者个人与全人类之间都存在着与此相似的关系。如果你认为人类生命是一个整体，个体是其中的一员而不是可以与之脱离的分子——按照我的意见，只要你的思想建立在对社会的直接观察上而非建立在形而上学和神学上，你就一定会认为意志是否自由的问题毫无意义。个体将作为普遍的生命的一个特殊的部分出现，多少与其他部分是有差异的并可能是有斗争的，但是这种差异是它的功能的一部分——正如议会里的一个议员通过提出自己的意见来为这个机构服务——但总的说来，它不是与生命整体分离而是把自己与它联在一起。因为经常需要考虑到个人与他人或占主导地位的倾向之间的对立，为了方便就把他说成是与周围的生命分离的或对立的，但是这种分离和对立是偶然的，就像为拉断一根绳子左右手向相反方向拉，但这并不能延伸为一个普遍的或哲学的命题。

在某些意义上，意志的自由仍然是有趣的；但是据我看，研究社会关系的学生最好把它当作已经解决了的学术争论而置之不顾。最好当作已经完全解决，就不用把它当作以这样或那样的方法得到定论的问题，而是干脆把它当作完全没有意义的问题。

为了说明这些总的论点，我要先谈谈儿童的选择和暗示，然后再进入到成年人的选择和暗示以及选择和暗示对职业的影响。

有一个看来是非常普遍的印象，即儿童远比成年人更易受暗示或模仿的控制；换句话说，他们的意志力比成年人弱。我完全没有把握作出判断说：儿童的选择通常比我们成年人的选择更少稳定性和持久性，他们的意志缺少组织的确定性，因此他们的行为显得缺少理性和易受外界

影响；而在另一方面，他们更不易于因性格固定而机械地属从于习惯。选择是一个成长的过程，是对由生活提供的材料进行选择和积累的发展着的智能组织力，这个过程无疑在儿童和青年的意识里是最富有活力的。意识的选择和组织的活力在一个人二十五岁以下时是最有活力的，中年人的意志在它更富有持久性这一点上要比儿童和青年的意志更强，但它却没有快速地发展，而是更多地依赖习惯，因此更少进行新的选择的能力。

我对那个似乎有道理但让人迷惑的所谓儿童的意识和原始人相似的说法颇感怀疑。这样联系意味着儿童的意识和原始人的意识的简单和迟钝。现代的儿童在十几年中获得的智力发展远远超过野蛮人。假设他们确实在某种意义上体现了人类的进步，他们肯定以跟原始人大不相同的速度进步，并且伴随着智力生活的强化。即使不是从出生时起，也是在出生后一年，他们就进入了我们的社会组织。我们如此快地把他们引进复杂的生活，他们的意识也许就和我们的意识有同样多的新奇和丰富的内容提供给大脑进行综合。

确实，认为儿童的行为在他们出生几个月以后几乎完全是机械模仿的研究者听了这个意见会吃惊的。我略翻了一下一八九三年以前几年儿童研究的书籍，也许不是很正确地得到这个印象的。一八九三年正是我的第一个孩子出生的那一年。他是个男孩——我在此称他为 R，照一般理解的模仿在他身上出现得异常地晚。直到他两岁半以后我才发现他的明显的模仿行为。在可见或可闻地重复他人行动这一意义上说，模仿始于说他出生第二年学会的大约六个单词。仔细地观察，加上对观察的更清楚的目的，会有助于我们发现更多的事实，但是仍然没有清楚地发现 R 特别注意些什么东西。唯一明显的是他不断地试验着、反应着，以及他于此得到的缓慢而奇怪的结果。比如在两岁半的时候，他学会很熟练地用叉子。希望使用叉子也许出自一种模仿的冲动，但他的方式却是自发的、长期的、独立的、富于思索的试验。他的技巧是通过他经常玩一枚帽针，把它插在软垫和童车的缝隙而练就的。叉子虽然是作为帽针的一种有趣的变化而非是像他人那样用来取食物的工具被想到的。由于一条腿有些瘸，他学习爬和走很慢，而且也经过了相似的一系列迂回的试验，显然与他看见他人所做的没有关系。

他到两岁零八个月才开始说话——除了我们已经提到的那几个词；尽管他像这个年龄的其他孩子一样能听懂别人的话，但他自己拒绝在说话中寻找快乐。他宁愿通过哼哼叫或者手势来表达自己的愿望。他不喜好模仿别人而是明显地更喜欢做出与其他人的暗示没有直接联系的行为。

我常常想引起他的模仿，但没有一次成功。比如，在他费力地想用积木摆出个什么东西来的时候，我就参与进去，向他示范，怎样按照我的办法来完成，但是这些启发，在我的记忆或记录中，无一例外地遭遇冷淡或反抗。他喜欢自己安静费力地摆弄而别人示范他怎么做似乎破坏了他的兴致。但他也会以他自己独特的方式在对别人的观察中获益。我侦察出他采用一些最初他似乎毫不理睬的意见。他厌恶思考和推想的改变。突然地、粗暴地阻断他思考的事情出现时，也许都会使他表现出厌恶。他在儿童应学会的技能方面如此落后的同时，却通过其他途径表现出在比较和思考方面发展良好。这也许没有必要描述了。这种对独自的试验和思考的专注和不愿意向别人学习无疑是他发展缓慢，特别是在语言方面发展缓慢的原因。他的语言先天素质使他在开始真正地说话时发音清晰，表达流畅。

模仿是突然出现的，他似乎是突然明白了这是解决许多事情的捷径，于是采取了这一方式。他不仅仅是以机械的或暗示的方式进行模

仿，而是有意识地、理智地把它当作达到目的的手段。模仿的行为本身成了目的，成了他的思考官能的有趣的练习，起初这些练习与其他事情没有多少关系。在发音以及后来的拼写练习中，他都是对这些行为本身发生兴趣，而不把这些行为当作交流工具。

在我的第二个孩子 M（女孩）身上，我观察到了另一种类型的意识活动。就模仿而言，这是普通得多的一类。两个月零七天就观察到当她母亲用一些变了音调的语言逗她时，她也发出一些声音来回答。因为她在其他时候很少发出这些声音，因而她的发音虽然是模仿性的，但并不是机械地模仿，这些发音伴随着意识的努力以及成功的快乐。八个月以前只能观察到这些幼稚的语言的模仿，直到有一天注意到她敲打椅背上的一枚铜钉才发现了她第一次对手的动作的模仿。在此之前，她已经试验性地做过了这个动作，现在的这个模仿只是因看见她母亲这样做或是听到声音受到暗示而进行的重复。在这以后，她的模仿行动的发展以经常描述的通常的方式进行得很快。

这两个孩子的事例，给了我很深的印象，即在儿童和成年人的比较中，儿童比通常设想的要更少地受暗示影响，而更多地运用意志和选择。在可见或可闻的重复行为这个意义上，他们的模仿不像我以前设想的那样频繁地出现，并且当模仿出现的时候，它们在很大程度上是理性的和自觉的，而非机械的。去做别人做过的事情不需要智力上的努力，这种设想是很自然的，但是这个设想用在幼儿身上肯定是极大的错误。除非他们学会怎样去做这一行动，否则他们是不能模仿这个行动的。一个孩子学会一个词的困难程度就像一个大人要学会一段难度很大的钢琴曲。最初的模仿行为绝不是机械的，而是充满艰辛的自觉行动，它伴随着努力和成功的快乐。我想象所有同情儿童的观察者对儿童努力模仿时的智力紧张和集中都会有很深的印象。这些努力，与成年人的努力一

样，会给人带来成功后的快慰。

> 儿童的模仿行为受到父母的模仿行为的刺激。一个婴儿不能对固定的声音作出反应，但是，喜爱儿童的家庭，渴望与孩子建立交流。父母们不断地模仿某些声音，希望孩子能够重复。他们常常不能达到目的，但是这种练习可能使孩子注意到声音的相同并为模仿做好准备。也许这样说是妥当的，一直到孩子满周年，父母比婴儿更多地做出模仿行为。

“模仿本能”有时被说成是一种神秘的东西。它可以使婴儿不自觉地、没有准备地做出对他们来说是全新的行为。当人们思考这个问题的时候会发现，如果他们做出的行为不是我们的祖先已经做出过的，而是在我们的听觉、视觉范围内随便做出的，我们就很难判断——普通的模仿就是这样——本能或遗传倾向的本质究竟是什么了。无论在遗传还是在经验上都没有准备而做出新的事情，似乎显示出智力和神经系统具备一种特殊的创造力，但儿童的模仿没有这样的特点。模仿显然是一种先天的能力，但如果被模仿的行为是复杂的，那么学习的过程将要包括许多思考和意志。如果存在着模仿的本能，很明显，它必须表现在对重复的兴趣上，这种重复的兴趣刺激了学习的欲望，而且没有任何别的本能倾向来代替这种兴趣。这种重复的兴趣看来在实际上是存在的，至少在大多数儿童身上是存在的。即使是这一点也可以有充足理由被解释为按照不矛盾的观念行动的普遍意识倾向的表现。心理学家们一个普遍的教义是，一个行动的观念本身就是那个行动的动机，并且固定地导致那个行动发生，只要不出现其他事情来阻碍。如果是这样，那么我们似乎总是有冲动去做我们看见别人做过的行为，只要我们充分理解这个行为，能够形成怎样进行这个行为的固定的观念。

> 同样，表现自己的行为是对感受和理解这一行为的神经中枢的刺激。除非这一行为被意志或反刺激抑制住了，儿童们必然要进行或多或少地重复一个行为的原本式样的活动。①

我倾向于这样的意见，即没有必要假定人有一种模仿的本能，正如皮雷尔（Preyer）和其他一些人用儿童的例子说明的那样："模仿是为了模仿行为本身带来的快乐，而不是因为所谓模仿的特殊的本质。"②一个聪明的孩子模仿是因为他的官能渴望运动，而模仿是开始运动的关键：他需要做出行动而模仿给他提供行动的机会。这说明与他人行为的可感觉的相似性不是他们的主要目标。我们看下面的例子就清楚了：M有把双手举过头顶的习惯，只要她有这样做的兴趣。不论是出于模仿，还是为了回答"M有多大"这个问题，她都会做这个动作。但是她在第二种即非模仿情况下更容易做出这个动作。这个例子很好地说明了我为什么宁愿用"暗示"而不用"模仿"这个词来描述这些简单的反应。在这个例子中，M做的动作与导致这个动作的"M有多大"这句话没有形式上的相似。若称这个动作是模仿性的，意义就晦涩了。只须说存在暗示就可以了。我们只须指出在孩子的头脑中有一种东西与做出行动有联系就行了。不管这种联系是通过可感觉的相似性，还是通过非形体的渠道建立起来的。

在可见的、外表的模仿和经过反思的模仿之间似乎存在着对立。有

① 基丁斯（Giddings）：《社会学原理》（*Principles of Sociology*），第110页。

② 斯坦利（M. Stanly）：《研究感情的进化论心理学》（*The Evolutionary Psychology of Feeling*），第53页。

一类儿童被感觉上的相似所吸引，因而他们很早就能进行明显的模仿。如果某些行为已经学会了还以新的努力为代价，保持着机械的模仿，那就是迟钝甚至智力缺陷的迹象了。某些痴呆者就做出这样愚蠢的模仿行为。另一类儿童专注于更细微的思想活动。这一类思想活动通常不会引起明显的模仿。这些儿童通常在积极官能的发展上落后，除了对他们的思想特别感兴趣的事物外，观察能力较差。以 R 为例，可以看出这些孩子在分辨声调方面也是迟钝的。他们的呆板麻木都是因为感受力差，不能迅速与周围环境协调。

因此，我们不能清楚地发现儿童总的来说比成年人更习惯于模仿，或更易于受暗示影响。我们觉得他们显得更习惯于模仿或更易于受暗示影响主要有两个原因。第一，我们没有发现他们在模仿过程中运用思考和意志所作出的努力。他们所做出的行为在我们也已经变成机械的了，我们就认为这些行为在他们也是机械的，尽管更仔细的观察和思考会看出相反的情形。这些行为大多是积极的试验，是对先前获得知识的艰苦综合，和我们最用心的努力不相上下，而与我们生活中不用思考的惯常行为相去甚远。我们没有看到模仿别人说话并非是愚蠢的重复，而是艰难的、动脑筋的语音器官的练习。儿童们的模仿行为很多是因为他们还有很长的成长过程，而模仿是成长的关键手段。任何年龄的人都一样；一个人越是进步和富有活力，他越是积极地去学习他人并取益于他选择的模特。

第二个原因是成年人的模仿行为范围更大，因而他们的行为模仿特色就不很明显。他们和更多不同类型的人接触，那些人却大多互不相识。他们还有能力在书本中获得种种启发。就这样，因为我们看不清他们的模仿对象，他们就戴上了富有独立性这样一个具有欺骗性的面具。

尽管我们容易夸张儿童和成年人在受暗示影响方面的差别，但是我

们强调暗示在生活中起的作用是不会有什么错误的。那些对此没有专门研究的人的普遍印象是，暗示在有理智的和成熟的人的生活中很少起作用；虽然在人们的语言和举止风度中，在社会时尚、风气等等中，可以看出不自觉的冲动在起着作用，但是没有看出它对更重要的行为有什么影响。然而事实上，我们思想的主要部分来自生活中无目的选择的冲动，或者是来自遗传的本能，或者由于习惯而形成；而更高一级的思维或者意志的功能是组织和运用这些冲动。再回到我们前面已经作出的那个说明，自觉的意识与不自觉的意识的关系和船长与船员的关系非常相似。船员们的工作不是与船长的工作完全不同，而只是在智力上低一级的工作。船长在合作过程中执行着更高级的任务，但是行动的大部分是由意识中低一级的组织完成的。

人们普遍更重视自觉的思想和行动而倾向于看轻不自觉意识的原因在于，选择是有明确意识的，因此它本质上必定是反省意识的核心。因为他是一个个体，代表着一种特殊的、有竞争心的精神力量。因此他很自然地会有自己的意志，以尽可能地达到自己的目的。如果我们感到一件事情不重要，我们就不会想去做它。我们觉得在别人的生活中自觉意识看上去十分显著，在我们自己的生活中因为相同的原因，自觉意识也显得很重要。积极的、明显的、突出的事情，和造成可见效果的事情总是处于显著的位置，它们自然引起了注意。我们只有通过区别对比才能认识事物，但是暗示的机械控制，在很多方面的影响都很相似，因此常常不被意识到。正如我们不会注意到空气，恰恰因为我们周围无处没有空气。同样的原因，我们对一种普遍的衣服式样也不会注意。我们对我们的方言、普遍的服饰是不在意的，对存在于我们的时代、我们的国家、我们平时环境中的普通的事物，也是不大在意的。选择是我们注意的行动，它处于视域里明亮的中心区，而不自觉意识是包围着这个中心区的黑暗无边的背景。或者说，选择就像地球一样，我们不自觉地把它看作是宇宙的中心。仅仅因为它是我们兴趣的中心和我们能有所作为的地方。

选择是有范围的。这首先是因为它作为选择和组织的力量的特殊性质，它以相对简单或易受暗示的意识为原材料。第二是因为它吸收着很大的能量。由于这一点，它的活动常常集中在有不同意识竞争的地方。只要一个观念与其他观念是不矛盾的，那么我们就会觉得它是当然的。虽然这是事实，但我们很难意识到：如果我们生活在但丁的时代，我们就会像他一样相信有实体的地狱、炼狱和天堂的存在；我们对此以及其他许多在那个时代被奉为真理的思想的怀疑与我们天然的智力无关，是知识的增长使得我们产生矛盾的观念，才有可能和必然地对此产生怀疑。我们特有的意识或意志是缓慢成长着的一个整体的一部分，在任何一个特定的时间里都根据这个整体的状况，尤其是整体中与这些意识或意志联系最紧密部分的状况而被限制在一定范围内。我们的思想从来不是孤立的，而是对来自我们环境的影响的某种反应，所以我们不太可能有什么思想不是由交流引起的。于是，意志——自由的意志，如果你愿意用这个词——是一个协作的整体而非各部分没有内在联系的聚集体。个人的自由是法律限制下的自由，是一个优秀公民的自由，而不是无政府主义的自由。我们通过意志的练习学习语言，但是谁也不能说，一个只能听见法语的婴儿可以自由地学习英语。因为暗示是众多的、互相抵触的，所以我们觉得应该选择；作出这些选择是意志的功能，选择的结果就是生活向前进了一步。如果你愿意，你可以说这是自由或者创造的行为；但是，如果暗示是单一的，例如信仰时代的宗教教义，我们只能受它摆布。我们看不到这些限定，是因为我们没有站在具有优势的观点上来观察和衡量思维的总体状况，没有东西可以拿来和它比较。只有当它发生变化的时候，当互相竞争的暗示进入我们头脑使我们从中看到新的观点并就此检查我们思想状况的时候，我们才注意到暗示对我们产生的作用。①

选择和下决心使人耗费心神是人们普遍的经验。智力综合以某种形式收集意识中众多而杂乱无章的东西，按秩序整理。智力综合要消耗大量的能量，精神疲劳的常见症状是害怕作出决定和害怕承担责任。在我们复杂的生活中，意志只能在我们力所能及的范围中控制相互竞争的暗示中的很小一部分。我们大家都被迫挑选我们为了某种原因认为最有意思的或是最重要的活动领域，于其中实施我们的选择；而对于其他一些事物，我们采取的保护自己的方法大多是用机械的控制——如某些已被接受的个人权威、地方习俗、某些职业传统等等。确实，要知道何时何地限制意志的活动以保持它的生命力，以便发挥最重要的功能，是很重要的生活知识。无节制地进行选择活动会使人精疲力竭，许多人因此一蹶不振，以某种形式完全屈服于纪律和权威；还有更多的人则时而希望这样做，沉湎于托马斯·肯比斯②式的精神状态，或称“基督教徒的幸福生活秘诀”里。耗尽了自我设计的力量而被任性的激情所左右的人不

① 歌德多次比较了现代艺术和文学与希腊艺术文学在这方面的区别：前者表现了个性特点，后者表现的是一个种族或者一个时代的特点。在给席勒的一封信——“歌德、席勒通信第631号”——中，他谈到《失乐园》，“在这首诗及所有现代艺术的作品中，实际上是个性的表现引起了兴趣。”

在这个观点里面是否真理掺杂着错误呢？这个例子是否说明与我们的思维、习惯越近，越能反见个性特点，而越模糊越能看见普遍性？是不是古代的希腊看待每个艺术家就和我们现在看待一个作家一样，都看到许多对艺术家是独特的东西而很少看到对大家是普遍的东西？正是由于同样的原则，所有的德国人在我们看来都差不多：我们看见的种族与我们常见的种族区别如此巨大，但只有生活在这个种族里，才能完全区分出个体间的差异。

② 托马斯·肯比斯（Thomas Kempis，1380—1471），德国作家、修道士，作品包括历史、传记、布道文、赞美诗等。——译者注

在少数。有许多路径导向衰退，许多热切、奋发的人走上了这样一条衰退的道路。

从大学生活到毕业后在社会上谋生的变化是证明社会环境的潜在力量的普通例子。在大学里，一个学生会觉得他处在宽广的天地中，如果他有一点想象能力的话。他可以受到所有时代和国家的最智慧的思想的教诲，也可以有，或是应该有时间和勇气，用他自己的方式去探索这个广阔的社会。他的职责是思考、追求和进步；如果他有能力的话，他就这样做。哲学、艺术和科学以及一切改善人类状况的方法成为他生活的真正兴趣所在，这主要是因为他身处图书馆中的更高级思维洪流中。现在让他毕业后进入，比如说喀喀林地区的木材商业，在这里他发现真实的存在领域大半被这个行业的具体细节占据——在某些方面对他是有益的，但容易变得过分。这一类事情不断地重复，灌注进他的生活，他不得不相信这些生活中的实实在在的事情；其他的东西都慢慢变得模糊起来，失去对他的影响了。他不能让那些没有进入他的经验的事物变得真实起来。如果他想反抗逐渐狭小的环境，他必须通过书本、个人交往和想象，保持和更广大的世界的联系。马可·奥勒留①说，他可以自由地按他的选择思考，但是看来他是通过他周围的书籍实现这种自由的，这些书籍启示着他选择要去思考的思想。只有在这里所说的情况下，马可·奥勒留的断言才是真实的。

在类似这样的事例中能够很容易地感受到环境的作用。这是因为这些事例中出现剧烈和决定性的变化，还因为在某一类意识已经屈服于另

---

① 马可·奥勒留（Marcus Aurelius，121—180），罗马皇帝，斯多噶主义哲学家。他改善奴隶待遇，实行政治改革，与侵略罗马帝国的其他民族进行了长期、有效的战争，在军营和政务间隙时间写作的《沉思录》中表明他个人对当时社会普遍的堕落是抵制的。——译者注

一类意识很久的情况下，想象仍然保持着原来的状态。但民族习惯和民族情感就不是这样了。民族情感和习惯是如此紧密地包围着我们以致我们几乎意识不到它们的存在。一个人越是彻底美国化，他就越是不能感受到美国习俗。他体现着这个习俗，他所做、所说或者所写的一切都带着美国习俗，但是他绝不能真正地看见它，因为他没有从外部进行观察的机会。如果到了欧洲他就能通过对比得出模糊的看法，虽然他不可能看出是什么东西使得他不能通过努力来使自己显得像个英国人、德国人或者是意大利人。我们的面貌对别人正如我们的声音一样，我们听到的和别人听见的不完全一样，用录音机录下来自己会觉得陌生。

我们通常相信我们看待社会和经济问题的方式是一种自然的方式，是美国方式，是正确的方式，而没有意识到这种方式受了与我们交往的人的种种暗示的影响，这许多暗示决定了我们思考的前提。一个希望看到国家团结的人会对不同阶级的人彼此所持的傲慢和冷漠的态度感到震惊。商人或职员阶层的人对于工业工人的奋斗和渴望很少有真正的理解，而本地人对移民、白种人对黑人傲慢的态度必然也会遭到怨恨。这种误解和偏见是因为缺乏真正的交流。除非理解别人，良好的愿望才能变成现实。新闻界本应帮助各个阶级互相理解，但他们本身也分出了阶级阵营。富有的人阅读的报纸和杂志更加坚定了他的阶级偏见，而手工业者也因为劳工和社会主义的刊物加强了偏见。大多数学校也没有培养儿童的更宽广和富有同情心的胸怀。

这一切的结果是使宣传家得以在动荡的时刻煽动危险的阶级之间的怀疑和敌对情绪。大战后随即出现的紧张时期就是一个例子。如果我们在阶级和民族之间友好合作，那么我们必须开始追求更多的理解。

形成决定某一历史时期的时代特点的较大的思想感情潮流对社会的控制现在仍然较少出于理智而不能以意志为转移。只有富有想象力的学生，在他的最佳时刻，才能真正地解放自己——而且也只是在某些方面——在他的时代的限制下，站在一个高度看待事物。以往历史时期的人们在我们看来大多显得奇怪、陌生或是有些神经不正常。我们几乎不可能摆脱这样的思想，即我们习惯的生活方式是正常的，而其他的生活方式都是怪异的。西迪斯医生认为中世纪的人们处在一种准催眠状态，因此他们发动十字军东征，对跳舞狂热地爱好，① 等等。可是问题是，如果从同等距离处看我们现在这个时代的生活，是否也会看见不正常的受暗示影响的迹象呢？对物质生产的狂热，城市生活的紧张和繁忙，以宽广、丰富和美为代价，把生命在单一的渠道里发泄，不也显得像十字军东征一样疯狂吗？或者是更低一级的疯狂？芝加哥大街上熙熙攘攘的人流不是轻微但普遍的精神失常的有力证明吗？

对我们的时代意义显著的事物缺少意识表现在这样一个事实上。那些参与了重大变革的人很少对这些变革的意义有了解，即使有了解，也是极为模糊的。也许在艺术上，在我们现在看来，没有比哥特式建筑在法国北部的突然兴起更辉煌、更有戏剧性了。巴黎的圣·丹尼②教堂是哥特建筑的顶峰：然而诺顿教授谈到建造这座教堂的索格修道院长和他的传记时说：“在他细心和智慧的监督下，这座教堂成了这个世纪最辉煌、最有意思的建筑；但对于什么使得这座建筑具有特殊意义并使它成为中世纪建筑的顶峰，不论是关于它的记录还是他的传记以及同时代的其他任何作品中都只字未提。”③ 对索格和其他那个时代的哥特人来说，这座建筑仅仅是建造教堂的一种新的和改进了的方法，是一件技术上的

---

① 见《暗示心理学》的后几章。

② 狄奥尼西斯·丹尼（Dionysius Denis），法国第一任主教，公元二七五年被罗马教廷处死。——译者注

③ 《哈泼月刊》（*Harper's Magazine*），第七十九卷，第770页。

事情。他对这技术上的事不太关心，他只注意工程是否按照设计进行。这座建筑是由许多默默无闻的设计员和手工艺工人完成的，他们在建筑过程中各自体会到了建设的愉快，但谁也没想到这是历史性业绩。我们的时代无疑也是这样，布赖斯①吃惊地注意到，那些在美国西部建立城市的人们根本不了解他们的努力对历史产生了影响并且值得纪念。②

我已经讲过或是运用过这个道理，即意志的活动反映了社会秩序和状态。意志力的持续、艰苦地运用，表现出了产生暗示的生活环境的复杂性，而在简单的社会里选择被限制在较小范围，生活也是相对机械的。社会交往的多样化或者与此相同的社会组织的复杂性决定了选择的范围；随着近来生活明显呈现出来的紧张和领域扩大的特点，意志的领域也相应扩展了。这个变化与交流的扩展有密切的关系。交流的扩展使相互对立的暗示通过多种渠道进入我们的意识。我们仍然依赖着外界——生活永远是根据周围环境条件决定下的给予和获得——而外界正在变得越来越宽广，对有想象力的人来说，它可以包括各种族过去到现在的生活带给人类的全部思想。这给集体选择和某些个人的发展提供了机会，但同时也带来了大量的精神涣散和疲劳。人们想逃避精神的大量消耗和沉沦，就越来越需要稳定，越来越需要有力地反抗过多的材料。选择像一条河流——它通过历史延续下来，虽然它总是有岸——它变得越宽，就有越多的人淹死在里面，需要越来越强的游泳技巧，缺乏活力和自我依靠性格的人越来越容易沉沦。

以机械的或者条件反射的方式屈服于冲动的倾向称为易受暗示性。

---

① 詹姆斯·威斯康特·布赖斯（James Viscounf Bryce，1838—1922），英国历史学家、政治家，曾任驻美大使。著名著作有《神圣罗马帝国》（*The Holy Roman Empire*）、《美国政体》（*The American Commonwealth*）。——译者注

② 见《美国政体》第二卷，第705页。

可以这样推测，易受暗示性的强弱在不同的人身上及同一个人的不同状况下有很大的不同。对不正常的易受暗示性已经有了许多研究，现在关于这方面有大量有价值的文献。关于这一点，我只想重申几条意识正常的、处于社会生活中的学生应记住的著名原则。

我们对暗示和选择的关系的分析——自然得出这样的结论：易受暗示性不过是意志、思考综合的中止。这种功能发挥不正常，思想和行动就被分离并失去目标；就像船长无能，船组人员分崩离析，没有任何纪律约束。因而不论是什么东西损害了理智，都会破坏意识的完整与和谐，造成某种形式的易受暗示性。兴奋就是受暗示影响，就是倾向于本能的服从与兴奋情绪和谐的观念。一个愤怒的人也是受暗示影响。他服从谴责、威胁等暗示。一个嫉妒的人服从怀疑或是服从其他情感的暗示。

群众的易受暗示性是环境限制选择的一种特殊形式，我们已经讨论过这种限制。这是一种持续时间短暂的环境，它的力量不是来自理智，而是来自极容易凝聚的模糊的潜在的情绪。密集的人群本身就是一种兴奋的表现，而理智更进一步地因为个人的微不足道、环境的陌生以及通常缺乏反映独立性的特殊目的而麻木。一个人就像一只船，他只能通过航行才能保持航向。如果他漂流，他就任凭轻风吹到四处；在人群中的人通常是在漂流着的，进行着不是由他的知识和习惯指导行为方式的行为。这种状态下的意识，加上由一系列特别的暗示左右下的强烈情绪，成为群众的野蛮并且常常是破坏性行为的源泉。比如一个演说家，他首先用幽默或是感情来调动听众的情绪，如果他还算有技巧，就能够随心所欲地对付他们，只要他不违反他们固定的思维习惯。愤怒，是一种常常潜伏着的情感，容易被激发起来，许多流行的演说就常常制造这种产品。在一定条件下，它会表现为扔石头、放火和动私刑。恐惧这种情绪

情形也差不多。格兰特将军描述夏伊洛战役①时给我们展现了这样一幅图景：几千个人匍匐在山坡背后不敢移动，甚至不顾把他们当作胆小鬼在原地枪毙的警告。可正是这些人，第二天却英勇地作战并取得了胜利。他们此时显然又受到另一类暗示的控制，即包含军事条令作用的暗示。②

精力殚竭和紧张造成的易受暗示性是我们许多人经常遇到的情况。可能每一个用脑多的人都时不时有“累得停不下来”的感觉。超量工作的大脑丧失了放下负担的能力，似乎除了把痛苦而无益的工作过程持续下去而外一筹莫展。一个人可以知道，他的工作是徒劳无益的，在这样的意识状态下做出的工作肯定是糟糕的，“这是发疯的做法”，然而他虚弱得无法反抗，被链子锁在他思维的车轮上旋转，只能等车轮跑得散架。这种意识状态，不管是怎样引起的，给各种形式的无理性冲动带来了机会，也许还包括某些粗鄙的情绪如愤怒、恐惧和酒瘾发作。

根据泰勒（Tylor）③ 先生的意见，绝食、隐居以及跳舞、喊叫或被鞭笞造成体力衰竭的嗜好，是野蛮人经常用的带来反常意识状态的方法。在意识中的这种状态里，易受暗示性——选择沉睡，潜意识起控制作用——总是可以见到。早期基督教信徒斋戒、守夜和鞭笞后产生的幻觉、出神的喜悦感看来按心理学分析也属这一类型。

易受暗示性受习惯的限制，或更确切地说，习惯本身就是暗示的不尽的源泉，它给新的暗示规定界限和条件。这是人人皆知的。一个绝对的戒酒者会拒绝喝酒的暗示，一个诚实的人会拒绝去做任何不高尚的事

---

① 夏伊洛战役（Battlle of Shiloh）是美国南北战争中一次重要战役。北方获胜。此次战役发生在一八六二年。——译者注

② 《美国总统格兰特回忆录》（*Memories of U. S. Grant*）第一卷，第 344 页。

③ 见泰勒的《原始文化》（*Primitive Culture*）第二卷，第 372 页。

情。人们在他们熟悉的事情上有习惯作指导因而最不容易服从非理性的暗示。一个士兵站在队列里，视线里是他的上尉，会向死亡迈步而没有什么具体的感情，这仅仅是因为他有服从军令的习惯；还有消防队员、警察、海员、行刑队员、外科医生，他们都能学会处理生死像读报纸一样平静。对他们来说，处理生死不过是按日常惯例行事。

不同的人的易受暗示性的强弱不同，但是不能在正常和非正常之间划出明显的分界线，这仅仅是高级智力组织的功能强弱问题。也许大多数人都有很强的易受暗示性，根本没有力量会尝试对生活提供的素材进行更深刻的理解，而仅仅是接受一些范围狭小和简单的暗示并衷心地服从。无数精力充沛的人在智慧上却是萎琐的——他们会一往无前——有精力的人都是这样——但前进的方向则完全取决于偶然出现的暗示。基督教和慈善事业的一些组织如救世军、乡村教堂祈祷会和城市教会里充满了这样的人。他们对问题不作推理分析而只是信仰、工作。当代对知识探索的成果对他们不发生直接的影响。过去的某一段时期，或是情绪冲动的某个时刻，某样东西触动了他的意识以后就一直主宰他的意识，直到他死去，在平时则成为他行动的指南。对哲学家来说这些人是盲目笃信者，可是他们的功能与哲学家的功能一样重要。他们是道德力量的保持者——而哲学家在这一点上是欠缺的——他们是带来基督教并将它世世代代传下去的人们。这是人类中相对机械的类型。若理智表示耐心地、开放地尝试思考生活的普遍规律，那么理智是，也许永远是，极少一部分最智慧的人的禀赋。

第三章　社会交往以及对他人的观念

本章的主旨；儿童的社会交往；想象中的对话及其意义；交流欲望的本质；真实的人和想象中的人没有区别；思考和交流也是相同性质的；对儿童的表达方式的研究和解释；对他人的观念的特征或感觉方式；他人造成的气氛；文学艺术创作者在作品中表现出来的个体容貌特征；社会群体；对他人的观念中的情感因素；对他人的观念是直接的社会存在；社会必须在想象中研究；肉体上死亡的人是可以真实地存在的；把个性看作是物质的观点和以对他人观念的研究为基础的论点的对比；个人之间的对立；进一步的阐述，重申本人关于个人和社会的观点。

在这一章里，我希望展示个体意识中社会观念和感情的起源及发展情况，还有我们可以发现的包含在这些观念和感情中的某些社会本质。

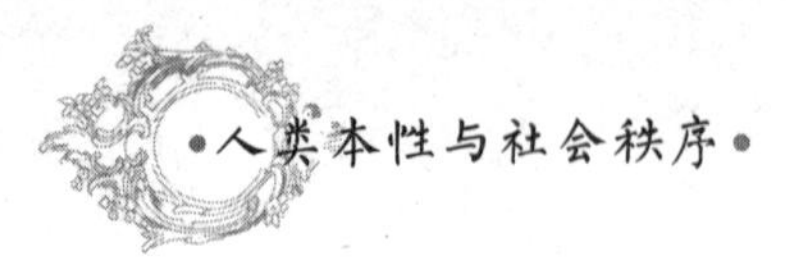

如果这一章似乎得出结论说，人类意识是社会性的而社会又是意识性的——简言之，社会和意识是同一整体的不同方面，那么这实在不过是第一章里提出的观点的发挥。

除了母亲之外，任何人都很难将新生婴儿看作是人。婴儿看上去更像奇怪的小动物。他确实有意思，连指甲在内的身体各部分都已精致地长成；但是，婴儿是神秘的，他唤醒了我们忽略了的对初生生命形态的新鲜意识，然而他不让人感到可亲可爱。必须过些日子，婴儿才表现出亲善的本性，并且发展到可引起同情，可以给予其对人的照顾、关怀的地步。这最初的迹象是微笑和咿呀学语。这是研究社会感情起源的极生动的现象。

在生命的第一个星期中，婴儿痉挛似的笑或脸部的抽动就出现了。起初这些表现似乎不表示什么特殊意思。我曾观察过一个一星期大的婴儿。在他脸上，一系列的表情，如微笑、皱眉等很快地交替出现，似乎这个婴儿正在排练全部本能的表情。一旦和某些确定的事物发生联系，他们这些初期的微笑就显示出满意的迹象。摩尔夫人说她的孩子在出生第六天“感到舒适时”微笑了，而“这在孩子感到疼痛时从未出现”。① 皮瑞兹（Perez）发现一个出生十天的婴儿在喂奶后睡着时微笑②，这些婴儿迅速地开始把自己和可感觉的事物相当确定地联系起来，如鲜亮的颜色、声音、运动和爱抚。同时，笑也逐渐从脸部抽动发展成更细腻、更富有人情味的表情。皮瑞兹博士看来是研究了大量的儿

① K. C. 摩尔（K. C. Moore）：《儿童智力发展》（*The Mental Development of a Child*），第 37 页。

② 《感觉和意志》（*The Senses and the Will*），第 295 页。

童，他说他观察的所有两个月大的婴儿都在愉快时微笑①。一个婴儿，比如说五个月的婴儿，无疑会继续保持笑的功能，而此时笑就是因运动、声音、触摸和不管什么面孔的出现而带来的喜悦的表现。我的两个孩子都把他们早期的交往范围扩展到非生命的物体上，比如红色的日本屏风、摆动着的灯泡、闪光的门把手、一个橘子，等等，有时他们会对着这些东西笑并咿咿呀呀很长时间。M 到了三个月以后常常在深夜睁眼躺着，一边笑一边咿咿呀呀地说话。我们由此得到的总的印象是，儿童早期交流的现象并没有成年人想象的那么多的人际感情，而主要是因为种种形、声、触摸的刺激而产生兴奋的表情；或者，换一种说法，从一开始就存在的亲善之情，是模糊而宽泛的，这种情感并没有固定在恰当的对象上，而是流溢到孩子在他周围发现的一切愉快的事物之中，正如圣·弗兰西斯②在《赞美太阳》里所写的那样。他称呼日月、星辰、风云、火、地球和水为兄弟姐妹。确实，在人际感情与其他感情之间并不能划出明显的界限；在这里我们看到的不是隔离，而是逐渐地过渡，逐渐地变化。

我不认为早期的笑是模仿性的。我曾仔细观察过我的两个孩子，看他们的笑是否是对别人的笑的反应。在他们不满十个月的时候我得到的是否定的答案。婴儿不全是由于模仿而笑，他们是由于愉快才笑。在出生后头一年里，让他愉快的往往是对感官的非常明显的刺激。如果你想笑，你只有通过合意的努力才能使自己笑，假笑是无益的。许多人相信这样一个事实，即一个成年人出现在一个婴儿面前时，他们往往相对而笑。但是尽管他们是同时笑的，他们中的一个也不必成为另一个笑的原

---

① 《生命的头三年》（*First Three years of Childhood*），第 13 页。

② 圣·弗兰西斯（St. Francis of Assisi，1182—1226），意大利阿西西人。中世纪著名传教士。因热爱自然，热心帮助穷苦、落难的人而享有盛名。——译者注

因。许多观察使我认为，对婴儿来说，成年人笑与不笑是没有太大关系的，婴儿还未学会欣赏这么细致的表情。

自此以后，儿童身上明显出现的在伙伴之间感到的快乐，可以部分地归因于社会情绪或社会情感，而部分地归因于需要刺激性的暗示，以使他们能满足种种精神和肉体活动的本能需要。后者的影响表现在他们喜欢活动中的人，喜欢愿意和他们一起玩的成年人——只要他们配合得体——尤其喜欢别的孩子，这个特点贯穿终生；一个人独处就好像没有火柴的爆竹：他自己不能放出火花而只能成为无聊的牺牲品，成为因没有竞争者而在他头脑中形成的一系列枯燥无味的思想的囚徒。一个好的伙伴带来解放和新鲜的活动，给予原始的快乐以更丰富的存在形式。孩子也是这样：其他小伙伴来了是多么高兴啊！他需要表现自己，而一个伙伴使他得以表现自己。他展览出他的玩具和他的一切技巧。远处一个孩子的呼叫给了他用呼叫响应的快乐。

但是这种需要不止于肌肉和感官的活动，还有感情的需要，交流活动可以释放充沛的人际情感。一个孩子一岁大的时候，从起初不能把感官快乐和社会感情区分开来发展为更加专注于人。从此以后，由感情交流而满足感情需要就成了他生活的主要目标。也许在此摘引两三条生活笔记不算是不恰当的。

> M现在把她拿到的东西举起来，比如一片花瓣、一根小棍，她还用哼哼或尖叫声来吸引你的注意，当你注意她，作出反应或赞叹时，她就笑了。
>
> R（四岁）一天到晚不停地说话，有伙伴听，他就对着真人讲；若没有伙伴听，他就对着想象中的人讲。今天早晨我坐在台阶上的时候，他似乎希望我分享他的全部思想和感觉。他描绘着他所

干的一切，尽管我能看见。比如“我正在挖起这块小石头”等等。我应邀看着蝴蝶，抚摸三叶草茎上的绒毛，我还得对着蒲公英喊叫。这时他又回忆起以前发生的一些事，告诉我他和别人做的事和说的话。他一边想一边把他想的说出来。若我显得没有注意听，他很快就会发现，然后走近我，抓住我，弓着身子，仰视我的脸。

R（大约在同时期）若有人和他一起看图片，欣赏、嘻笑，他会极度地兴奋和愉快。他自己总是十分好奇，得到结果后会夸张喜悦的感情。当B来玩时，R就拿出他的图片盒，这里面有变换图片的带孔纸板。当他准备玩的时候，他确实是处于全身心的热切状态——显然是等待着惊奇的结果。

我观察了E和R（四岁半）在沙发上玩麦肯迪牌，猜哪一张牌会翻起。R处于高度兴奋状态，头和四肢不停晃动。他的情绪高昂，但不完全是纯粹的好奇或惊奇。

我据此认为孩子具有遗传的慷慨本性和对社会感情的需要，但它过分模糊和带有可塑性，因而很难赋予它像“爱”这样的字眼，它与许多未被区分出来的特殊的本能情感不尽相同。也许，交流欲是描述它的最好的词。

这种交流欲，像其他所有本能一样，与社会经验联系在一起，并随着时间的推移，组合成一个不断发展、变化的意识整体。在这个整体里，其中的社会感情在某种程度上根据生活本身的复杂性而相应发展。这是一个有机发展的过程，其中包含着不断的变化和交织，正如我们在人类本性的其他方面所看见的那样。

在儿童和头脑简单的成年人身上，对人友爱的感情可以非常强烈而又非常天真，很少认识他人的情感状态。一个非常善于交往的孩子抑制不住结伴的快乐，似乎根本感受不到常常由交往带来的痛苦、否定和委屈。换句话说，这是一种除了他人身体的出现及对比偶尔表示关注之外，向他人要求极少的交往。而且即使是这些也常常可以用想象来弥补。这种对世界的理解似乎是完全或者相当独立的。它是真正的同情的起点。我的两个孩子都非常喜欢交往，但在对他人情感状态的敏感的意义上说，R 的同情能力很差。

这种表现交流欲望的简单形式是天真的，是无自我意识的欢乐，是原始的和无道德感的。这种情感与恐惧、愤怒、欲望等情感交替出现时，在白痴和低能者的脸上表露无遗。去一个有着许多低能者的福利学校参观的人，会像我一样，对这一事实留下很深的印象，即他们无一例外地充满友爱的情感。有些人几乎认为这是人类获得幸福的唯一的需要。有这样一种不寻常和动人的现象，我想主要表现在女病人身上，友爱的情感如此强烈，常常歇斯底里般地激动，管理人员不得不板起面孔喝斥以压抑这些人的激动。正常人和低能者在这方面的主要区别在于正常人也多少有这种简单的友爱的情感，但同时他们的社会情感也根据复杂的生活关系和功能相应地发展，产生无数复杂的激情和普通情感。

当孩子独自待着的时候，他们通过想象和伙伴一起玩耍而继续享受交往的快乐。虽然观察过孩子的人一定都注意到了这一点，但只有仔细和持久的观察才能使人发现想象的方法究竟被采用到什么程度。这种想象不是偶尔为之的练习，而是思想的必要形式。思想是源于生活的一条河流，作为生活主要意义之所在的人际交流和社会感情是航行在这条河流上的船只，而其他感情只是这条河上的漂浮物。某些孩子似乎从差不多出生后第一个月起就生活在对他人的想象中；另一些孩子在早期婴儿阶段主要是专注于用积木、图片和其他物品进行孤独的实验，他们的头脑里无疑充满了这些物品的形象。但不论是哪一类孩子，在他们学会说话、了解到社会的丰富多彩以后，头脑就像开了窍，想象如泉喷涌，所有的思想就都变成了对话。他从来不是独处的。有时候，一个不闻其声的对话者以一个玩耍伙伴的形象出现，有时候这个对话者则是纯属虚构的。三岁的 R 独自玩耍时总是大声说话——因为他是长子，所以他常常独自玩耍。大多数时候，他除了“你”不用别的称呼，也许是在头脑里没有固定的人。听他说话就像是听一个人在打电话时说话一般，尽管他偶尔也充当说话双方的角色。又有些时候，他会用一些真名，如爱西尔特或者多拉西或者他自己创造出的一个奇怪的人名 Piggy。他的每一个念头似乎都要说出来。如果他母亲喊他，他会说：“我现在得回家了。”有一次他在地板上滑倒，我们听见他说：“你摔跤了吗？没有。是我摔跤了。”

这里要注意的主要一点是，这些对话不是想象偶尔的和暂时的发挥，而是意识社会化的天真的表露，这是长久的，是今后一切思考活动的基础。想象中的对话从小孩子的有声的思考发展到更完满和更通于世故的思考，但是想象中的对话是绝不会停止的。成年人像儿童一样，通常没有意识到这些对话。我们年纪大了一些，大多数思考就不再说出声来。我们中的某些人，进行着大量的显然是孤独的沉思。但是更笼统地说，成年人和孩子是一样的，我们的意识都处于永久的对话中。这是我们很少注意的一件事情，因为我们对此非常熟悉，我们这样做是不自觉的，但只要我们尝试，我们就可以意识到。如果一个人在自由思考时突然停下来注意他的思想，比如当他正在干着一件简单机械的工作的时候，他会发现他的思考采取了模糊的对话形式。当一个人联想到社会环境而激动时尤其如此。当他感到受迫害或者被怀疑的时候，他很可能对一个假想的听者为自己辩护或者供认。有罪的人为了“抛掉心头的负担”而供认，即是说，思想激动不会停留于原地而必然牵发表达的冲动，产生要告诉某人的强烈愿望。爱冲动的人在激动时经常大声说话。我们看他们“对自己说话”——我们看见没有别人在场，因而这么说。人们也可以对他们能找到的随便什么人说。梦的大部分内容也是假想的对话，至少有一些人在临熟睡前的半醒状态下，意识里进行着对话。还有其他许多我们熟悉的事实符合这种解释——例如，某些人用书信或对话的形式较用其他形式更易于创作。正因为这个原因，这类体裁的文学作品在各个时代都很普遍。

歌德在谈到他怎样用一系列信件的形式创作“维持”时，以他一贯的明确流畅讨论了这个问题，让我们看到了他的思想是怎样习惯地运用对话形式。他用第三人称说自己：“他习惯于在与人交往中愉快地度过他的时间，他甚至想把独自思考也变为对话。他是这样做的：他有一个习惯，在独处时在意识中把熟人唤在眼前。他接待的客人和他一起散步，站在他面前和他讨论他所想的问题。客人根据情况需要回答提问，他也用自己的惯常手势来加强自己的肯定或否定——每个人都有自己独特的手势。然后说话者继续说一些让客人满意的话，或者限制并且更加严密地论述那些客人不同意的意见。最后，他非常礼貌。放弃了自己的观点……这种对话和书信已经很相似了，但只有在后者，人们看见自己的声音得到了回答；而在前者，人们给自己创造出回答，它是新的，总在变化着的，得不到回报的。”“习惯于在交往中愉快地度过时间，甚至把沉思默想也变成对话”不是个别事例，而是普遍的事实，一切思考活动大致都采取这一形式。事实上，语言通过人际交往由一个种族发展起来，又以同样的方式分授给了个人，因而语言不能在意识中与人际交往脱离。高级思维运用语言，总是一种假想的对话。语言和对话者是互相依存的。

交流的冲动不是思想的结果而是它的不可分离的一部分。它们的关系如同树根和树枝，是共同发展的两个部分，一个部分死亡，另一个部分也随着死亡。心理学家现在教授这样一个道理，每一个念头都有积极的冲动作为它的本质。相对于更复杂和具有社会化发展形式的思想，这种冲动表现为说话、写作等的需要；如果说话、写作等形式都不能实现，这种需要就产生了纯属想象的交流。

蒙田对人性能力的理解也许不亚于任何当代人，他曾经说过："没有交流对我来说就没有快乐：我独自产生的生气勃勃的，却又不能告诉他人的思想无一不使我痛苦。"① 无疑，他有许多思想别人不知道也无从欣赏，因而他采取了写作散文的方式。各时代各民族不被理解的人都存有日记就是这个道理。因此，总的来说，在文学或艺术中的真正的创作冲动，在某一方面是这种简单的、孩子般的对出声思考或告诉别人自己想法的需要；把想法倾诉于一个想象中的伙伴，还可以使自己的思想更加精练和生动，从而也锻炼作为思想的本质的交流素质，没有这种交流素质，思想就不能生存，不能发展。许多作家承认他们写作时总是想着某些人，我也倾向于相信这多少是确实的，尽管作者本人未必意识到。爱默生曾在某个地方说过："一个人只有一半是他自己，另一半则是表达。"这句话是正确的。一个人要成为一个人，必须要经过某种表达，若脱离表达，就不可能有更高的存在；表达不论以实际的或是想象的形式，在一切时候都存在。

所有人都是孤独的，比如梭罗。② 这是思想和生活与交流不可分离的最好证明。我可以说，任何同情他的作品的读者，都不能把他沉湎于

---

① 《论虚荣》（*On Vanity*）。

② 亨利·大卫·梭罗（Henry David Thorean，1817—1862），美国作家，出生在马萨诸塞州的康科德。创作形式以日记和散文为主。——译者注

山林、田野视为缺乏交流欲望的表现。他这样做正是因为他的感官过分敏锐，他需要休息，用一种特殊的生活方式来保护这些感官并采取间接的和细致的文学形式来表达这些感受。没有人像他那样为了交流如此忘情地劳动，去进行和接受充分的表达。我们在他著作中的每一行都能体会到这一点。他的日记也记录下了他的努力："我愿给人们送去我的财富，我衷心向他们奉送我最珍贵的礼物。我愿像蚌那样为人们分泌珍珠，像蜂那样为人们产下蜂蜜。我要为大家筛选每一道阳光。我知道我不会保留任何财富。我除了为大家服务的能力外别无任何私有财产。这是唯一的个人财富。每个人都能这样天真地富有。我包藏起珍珠，将它养育长大。我愿将生命中我愿意再次度过的时光赠送给大家。"① 梭罗的话里的确有许多社会学的真谛。

既然交流的需要是如此原始和基本的人性特点，我们就不能把它看作是与思考和生存的需要分离的或是它们的附加物。每一个人都在自然的活力驱使下努力向别人表露他愿意表露的那一部分生活。这是自我保护的手段，因为没有表达，思想就不能存在。想象中的对话——即进行没有可视可听的反应的刺激的交谈——可以在很长的时间里满足意识的需要。确实，对思想活跃但十分敏感的人来说，限制交流是有益处的。因为在这种情况下，思想比在批评和反对的持续干扰下更能清楚地表达，更能独立地发展。正因为如此，艺术家、文学家和一切爱思考的人都喜欢独自完成他们的作品，直到作品完全成熟。当然，迟早必须要有反应才行，否则思想本身就会消失。如果没有新的经验的哺育，想象最终会失去创造出对话者的能力。如果艺术家发现他的书或图画没有欣赏者，他就不太可能创作出新的作品。

---

① 《马萨诸塞的早春》(*Eealy Spring in Massachusetts*)，第 232 页。

在想象交流的生动性上，人们的差异很大。思维习惯越是简单、具体、富有戏剧性，他们的思维就越是容易在有声有形的对话者参加的实际对话中进行。在这方面妇女惯常比男人做得更生动，没有文化的人比受过抽象思维训练的人更生动，我们称之为情感型的人比那些冷静型的人更生动。再者，假想的对话者是个富于变化的人，容易以我们最近接触的印象最深的人的面目出现。我注意到，若我拿起与我交谈过的性格鲜明的有趣人物的著作，我就容易在字里行间听见他的声音。其他如意见、道德观以及体貌特征都能在想象中再现。总而言之，作为思想和生活的一半的假想的对话者是从实际环境中选取的。

这里值得注意的是，真实的和想象的人之间没有区别；在社会意义上，被想象了的实际上就成为真实的了。我很快会指出这一点。对进行想象的意识来说，一个想象中的人要比一个真实的人更真实；可感觉的外表并不一定是头等重要的事情。一个人在我们眼里的真实性只能按照我们想象其内心生活的程度来衡量。我们同样也有内心生活，我们暂时以此来揣度他。可感觉的外表的重要性主要在于它刺激我们去想象。在这个意义上，所有真实的人都是想象的。如果我们有时在幻觉这个意义上使用想象这个词，那是说想象不符合事实，但我们很容易看出可感的外表并不会消除幻觉。我在汽艇上遇见一个陌生人，他堵住我，要告诉我他的私生活。我对他的私生活一点也不感兴趣，他也差不多知道这一点；他仅仅把我当作一尊雕像来获取合乎心意的同情的幻觉。若我不在，他同样会对想象中的听者倾诉的。同样的原因，交际中的风度主要是想象的友好关系的产物，是一种人们乐于视以为真的假同情，尽管我们略加思考就知道这不是真的。我们出于与意识不可分离的本能的享乐的倾向，总是不自觉地去设想我们的伙伴对我们的友爱，对此做出至少是看上去态度友好的赞同，被人认为是良好教养的表现。总是拿出真诚

的态度会粗暴地摧毁这种愉快而大体上无害的幻觉。

一个三四岁的孩子天真地创造和表现想象中的伙伴关系，是正常人的基本并且几乎是普遍的特点。实际上，思想和人际交往可以被视为仅仅是同一物的两个方面：当促使我们行动的暗示是通过脸部表情和其他体征因素被意识接受的时候，我们就称它为人际交流；而当引起我们行为的暗示通过记忆并且经过思想更完善地加工的时候，我们则称之为思考。但这两者都涉及意识和人。因为人的形象与我们几乎所有的高级思维的起点都密切相联，因此与记忆不可分离。我们的意识不是隐居者的草棚，而是待客和交际的客厅。我们没有真正离开他人的高层次的生活；正是通过想象别人，我们的人格才得以形成；丧失想象别人的能力就成了白痴；意识缺乏这种能力的程度就是它衰退的程度。没有这种意识中的交往，就没有智慧、力量和正义，就根本没有高级的存在。意识的生命基本上是交流的生命。

现在让我们来仔细考虑一下人们的思想在头脑中形成的方式，并尽我们的努力来发现它们真实的本质和意义。

孩子为学会理解人的表情而进行的观察，在很早就开始了。我发现M在她第十二天的时候就曾注视她母亲的表情，她凝视了一段时间以后，似乎是被母亲的眼睛所吸引，非常专注地盯着看。第一个月后，对脸的研究变得非常频繁，而且持续时间很长。毫无疑问，任何注意过婴儿的人都会多次地看到下面观察到的现象：

> 十八个星期的M，躺在母亲的膝上盯着她的脸，紧锁着眉头，一副专注和探究的神情。很明显，眼睛和嘴唇的运动、牙齿的闪光和显示表情的脸部皱纹是她认真研究的对象。哄她的声音也让她

愉快。

她现在（四个月二十一天）似乎把注意力全部放在眼睛上。她会用最专注的眼神看着别人的眼睛，长达一分钟或更久。

眼睛似乎受到最多的注意。正如皮瑞兹所说：“眼睛是所有注意对象中最有趣、最富有吸引力的；瞳仁在眼白的衬托下闪闪发光。那温柔的神色，水灵灵的透明体迷住了孩子……”① 嘴也很受注意，特别是当它正在运动的时候。我曾经注意到，一个孩子起初盯着别人的眼睛，而当那个人开始说话时又转向他的嘴盯着看：牙齿的闪光增添了趣味。声音也是仔细注意的对象。孩子倾听声音的专注，他迅速学会区别不同声音和同一声音的不同声调的能力，以及语音模仿先于其他各种模仿的现象，都表明了这一点。不可能不打动观察者的是，婴儿对这些外部特征的观察并不是随意的，而是费力的研究。他们经常皱着眉，带着极为专注的神情。此时意识中某种重要、热切和自愿的东西被调动起来了。这个“某种东西”看来很可能是对那些表情的储存、安排和理解。这些表情成为对人的想象的起点。

眼睛和嘴周围的皱纹也许是脸部最有表现力的部分，虽然不会像眼睛、嘴唇和牙齿那么受注意，但它们总是处于视野之内，最终因为它们具有表情活动中心的意义而被注意和研究。M 在第十个月底时显示出她完全能理解微笑并会因微笑而愉快。在这个月的第二十六天，发现她第一次明确地对微笑作出反应。即使在这个时候，微笑也不是模仿性的——在自觉地重复他人的动作这个意义上说，它仅仅是愉快的不自觉的流露。脸部表情是到后来才被模仿的，原因很明显，小孩子能听见他

① 《生命的头三年》，第 77 页。

自己的声音，看见他自己的手，然而他不能注意到他自己脸部的表情，因此也就不能控制它，用它进行自觉的模仿。只有当他在镜子中研究了自己的面貌以后才能进行表情的模仿。孩子最早在两岁的时候才开始模仿脸部表情，我们可以看见他们常常在镜子前面练习做各种怪相。

对微笑或其他任何脸部表情的理解，显然与对其他事物的理解一样，需要很多练习才能获得。婴儿从第一个月起就对脸部表情进行研究，这使他最终把微笑的皱纹与愉快的经验——抚爱、哄逗、给予玩具或奶瓶等联系起来。这样，微笑就被确认为愉快的先兆，也就被报以微笑。而笑容的消失却与冷淡联系起来。在第五个月的月底，M 有一次似乎注意到了别人脸上从微笑到皱起眉头的变化，自己也停止了微笑。然而，第十个月的一些观察表明，即使在那个时候她是否会仅仅因为别人笑而自己也笑，依然是个疑问；我已经说过，第一次明显的例子是在这个月的月底发现的。

我认为这些从对儿童的直接观察得出的例证并没有证实人们对脸部表情有确实的本能的感受力。不管存在什么样的遗传因素，我猜想都是十分模糊的，并且没有经验的加入不可能产生什么作用。我对自己的孩子和其他几个孩子板起面孔、装出凶相，给他们看拍摄脸部的相片，也对他们试以微笑——以便诱导对表情本能的理解，但是头一年里，这些举动都没有实在的效果。十五个月大的 M，有一次同我一起玩耍时，被我装出的凶恶的表情吓呆了。也就在这一段时间里，她对皱眉变得敏感了。给我留下的印象是，一个孩子懂得把笑脸当作慈爱的举止来期待以后，他就会对别人脸上笑容消失感到困惑不安和吃惊，他更通过经验懂得了皱眉头和板脸意味着不喜欢和不赞成。我想象孩子们不能理解任何对他们来说是初次见到的表情。一种不熟悉的表情，比如凶恶的表情会引起模糊的吃惊，只是因为这种表情是陌生的；对于习惯于得到慈爱的孩子，这种表情或其他任何脸部扭曲的表情被理解为一种新的游戏，因而引起欢笑。我肯定这些观察会消除认为存在理解表情的“确定的”本能的观点。

关于确定的遗传问题我还要指出，我的孩子从未表现出对动物的本能恐惧，而有些人相信对动物的恐惧是根植于人类心理的。我的长子 R 直到三岁仍然很喜欢动物。他去动物园看见狮子、老虎时很平静，也很有兴趣。但后来显然是因为受了小狗的欺负，变得极为胆怯。据我所知，M 从未害怕过任何动物。

至于声音，我们对之无疑有模糊的本能性敏感。我们至少能感受到什么是尖厉刺耳的声音，什么是表示悲哀的声音。一个月以下的婴儿听到这些声音会出现痛苦的表情。即使是出生第一周的婴儿，尖叫或响亮的喇叭声也能让他们拉下嘴角哭。

达尔文记录他的一个孩子的同情心：“在他六个月十一天的时候就很好地表现出来了。他看见他的保姆假装要哭，于是满面忧戚，嘴角下垂。”①

有些人相信儿童对别人的个人品质的直感比成年人更迅速，而且更加信任。如果真是这样，那么那种认为有同类相亲本能，而且这种本能不仅不需要经验且会被经验所损害的观点就有了有力的证据。我个人认为，对两岁以下的儿童的细致观察得出结论说明，对他人的印象是在经验中发展的。然而也有可能三岁或更大一点的儿童对某些心理的判断，如诚挚和良好的意愿，要比成年人更准确、更迅速。只要这是事实，就可以这样解释：孩子们看见的面庞大多带着爱和真诚的表情。在今后的生活中，即使是最幸运的人也不再看得见这些表情了。我们可以相信这

---

① 见其《婴儿及其意识观察记录》(*Biographical Sketch of an Infant*, *Mind*)，第二卷，第 289 页。

些形象在儿童的意识里树立起了什么是真诚和慈祥的表情的观念，而用这个观念去判断别人是否缺少真诚和慈祥很有效果。他看出虚假的微笑的破绽；因为这副嘴脸不符合他意识中的形象，某些线条缺少了，某些线条夸张了。他不懂什么是冷酷和不诚实，但是冷酷和不诚实的表情使他困惑和警觉。成年人丧失了这种关于爱和真诚的简单而又明确的观念以及根据这个观念进行准确判断的能力。大量混杂的经验俗化了他的感觉。他牺牲了孩子特有的自发的反应，换来了对更丰富、更复杂的事物的内部认识，他评判和研究着许多儿童根本不知晓的事物，认为大体上我们在儿童时代比现在更了解人的观点是不够严肃的。

我提出这些零星的观察，只为了它的小小的用处，并不是为了否定达尔文和其他伟大的观察家相信的特殊本能的存在。我的观点并不是说理解脸部表情的遗传性潜在能力是不存在的——无疑有某种本能作为起点——但我认为它是逐渐发展的，并且不明显地依靠在经验中获得的知识。

显然，脸部表情是构成对他人印象的材料，是同情的感性基础。它们之所以有吸引力，首先在于感官的丰富和生动，正如闪光的、运动的和发出声响的物品富有吸引力一样，对它们的感知是本能和观察交织在一起进行工作而逐渐形成的。这种感知只是联系着感觉经验的观念体系的发展。比如对愤怒表情的感知，包括预见愤怒的语言和行为的能力，以及由之产生的怨恨和害怕的情绪等等，简言之，这种感知是我们对这种表情的整体的意识反应。感知可能部分地来自意识的同情能力，即根据自己的意识状态推断别人的意识状态的能力，但还不只限于此。这些使表情特征——如怨恨或恐惧等表情特征——丰富起来的观念无疑都有本能为基础；我们生而具备这些情感的粗糙的原材料正是在交流行为中，在某种社会性的交往中得以发展，并且得到进一步的限定和组织。通过与他人的交往我们扩展了我们的内心经验。换句话说——问题的实质也在于此：人的观念的产生和发展源于感觉材料，或者说感觉材料基础上的思想和感情，源于由无数交流活动组成的社会。

当我们想到一个人的时候，我们到底想些什么呢？我们思想的核心会不会是上面提到过的某种形象，即表情特征的形象？它可能是嘴和眼睛周围的线条或者是对其他仪态、姿势或手势的记忆；它也可能是某个声音的反响。我也许没有能力回忆起我的最亲密的朋友，我的母亲或者我的孩子的清晰的面部轮廓，但我能看见浮现在面前的一个微笑，一个稍纵即逝的神色，起坐的姿势，难以察觉的一道目光。我也能追忆起过去体验过的感情。记忆主要由此构成。身体外部特征最真实的东西不是身高、肩宽，不是鼻子和额头的形状，也不是身体的其他任何相对固定的部位的形状，而是那些变化着的、有表现力的表情和姿态：我们能注意并回忆起它们，是因为它们传达了我们最想知道的东西。

对个人品质的判断看来在很大程度上是以同样的方式进行的。我想，我们是通过想象一个人在不同场景中的表现来估计一个人的。经验给我们提供了几乎是无数的行动中的人的形象，对脸庞、嗓音等的印象及其他一些因素帮助我们塑造出场景。当我们要判断一张陌生的面孔时，我们就会不自觉地问，这脸放在什么地方合适呢？如果我们能想象他做某些事情不会不协调，我们就得出他是怎样一个人的结论。如果我能想象一个人屈服的情形，我就不会尊重他；如果我能想象他撒谎，我就不会信任他；如果我能看见一个人接受、理解他人，也能抵制他人，能按自己的计划安排他人，我就说他有管理能力；如果他能耐心地研究

解决难以解决的问题，我就认为他是一个学者；如此等等。我们眼前的特征使我们回想起其他相似的特征并触动一系列观念，最后形成我们对初结识的人的看法。①

判断的能力是直觉的，它诉诸想象而不是推理论证。但是，它也依赖经验。我不相信我听到过的这种理论，即我们不自觉地模仿他人的表情，要判断别人只要注意自己的表情与他表情相仿时的感觉即可，对别人的性格有不寻常的判断力的人往往在外表上是平静的，并不模仿别人的表情。大多数人都会鉴别狗的好坏，我们可以从狗的叫声中来判断它会不会咬人，但我们并不用学狗叫来判断它是否凶恶，我们所做的是观察、记忆和想象；照我看，我们判断人也大致可用这个方法。

我们通常说的“个性”，往往是它扩大了的意义，是一种气氛，而这种气氛来自惯常的感觉状态。我们每个人都下意识地通过脸部表情和语言交流传达着这种气氛。如果一个人快乐、坦率、富有同情心，他在别人心里也能唤起相似的感情因而给人留下愉快和美好的印象；而阴沉、保守、对别人感情冷漠的人则会得到相反的评价。我们不能很成功地装出或掩盖这些感情状态；要成为某一种类型的人，只能真正地培养那种类型的人的必要的习惯。我们不用费力或者无意识地就表现出了我们真正的个性，而绝少表现出不是我们个性的东西。

这些个性的可见可闻的特征，这些通过我们孩提时代专注持久的观察而理解的线条和声音的意义，也是艺术和文学传播的基础。

这在模仿人的脸和躯体的艺术中很明显。画家和雕刻家对脸部表情

① 要理解一个人的表情，最好的方法是看看他在强调地说出“我”这个字时的表情。这似乎有助于想象他的基本品质和基本特点。

进行最细致的研究，他们用如此细微的光和阴影来表现不同的情感，别人根本看不出制造这些细微的光和阴影的工作，但是在表现个性上却达到了这样的程度，以致几乎所有表现脸部的著名绘画和雕塑复制下来取代原作都会失败。也许一千人中不会有一个人在比较“蒙娜丽莎”或“贝特丽丝”① 的大致面貌与它们差不多的平庸的复制品时能指出复制品究竟在哪一点上出了差错，然而原作品与复制品之间的区别就好像活人与蜡像的区别。某些画家主要因为他们塑造和表现了某些非常少见的表情而闻名。用圣·保罗和托马斯、肯皮斯的话来说，安吉利科画中的人物，眼睛里表现了超俗的爱。但这显然也是人性和社会性的情感，他的人物几乎总是成双成对的，比如在他的“乐园”中，每一个圣者都痴迷地望着别人的脸。其他画家如波提切利②、皮鲁基诺③在这方面也有些类似的地方——表现了一种更超然的情感；他们画中的人物用超然的痴迷的目光或是带着沉思的神色看着画外某个地方。

雕塑艺术更多地诉诸姿势引起的联想，表情变成比较次要的东西，但是杰作和复制件的区别仍然存在，主要差别在眼睛和嘴的线条上。机器复制不出变化如此细微的线条，虽然用它可以复制出粗一些的轮廓。

在文学作品中，我们可以看见无数的对脸部表情的描绘，尤其是对眼神的描绘——这是表现性格的古老且受人偏爱的手段。④ 在寻求思想

---

① 意大利文艺复兴时期著名画家安吉利科（Fra Angelico，1387—1455）的一幅画。贝特丽丝（Beatrice）是但丁精神恋爱的对象。他为歌诵对她的爱情创作过一些诗歌，贝特丽丝究竟是否真有其人，现在众说纷纭。——译者注

② 桑德诺·波提切利（Sandro Botficeli，1444—1510），意大利画家。——译者注

③ 皮鲁基诺（Perugino，1446—1524），意大利画家。拉斐尔的老师。——译者注

④ 只有“心”、“爱”、“人”、“世界”四个词在“名句摘引”里出现的次数比“眼睛”一词多。

的感觉核心的诗歌里，眼睛往往大致代表性格，如莎士比亚所说：

> 在众心眼里失去光彩，前途黯淡我独自
> 哀叹我的落寞。①

或者弥尔顿：

> 你的眼睛摄人心魂。②

但是诗歌通常避免对表情进行细致的描绘，这是语言办不到的。它借助像“冒火的眼睛”、“水灵灵的眼睛”和“诗人的眼睛”③ 这样一些语句给人造成尽管不精确但是生动的印象。

我们在每一件艺术品中还看到既非对面目和声音的模仿，也不是对面目和声音的语言描绘，而是来自作者的个性本身的东西。这种东西通过我们理解为“作者的意识状态的迹象”微妙地传达出来。当一个人读莫特利④的历史著作时，他得到的不仅是对奥兰治王子⑤或者帕尔马的亚历山大⑥，而且还有对莫特利本人的印象；任何一件艺术品都有这种情况或是可能有这种情况，不管它多么“客观”。我们说“风格即

① 莎士比亚十四行诗第二十三首。——译者注

② 出自弥尔顿用拉丁文写的诗歌《沉思》(*IL Penseroso*)。——译者注

③ 《论“恐怖的眼神”(想象的眼神)》，作者 G. 斯坦利·霍尔 (G. Stanleyl Hall)，《美国心理学报》，第八卷，第 47 页。

④ 约翰·洛斯罗普·莫特利 (John Lothrop Motley，1814—1877)，美国历史学家及小说家，著有《德意志联邦的兴起》等。

⑤ 奥兰治是法国的古老家族，后定居在尼德兰。这个家族的后裔有尼德兰国王威廉和不列颠国王威廉三世。

⑥ 十六世纪入侵低地国家的荷兰军队司令官。

人”的“风格”指的是现在表现在艺术家身上的与我们用以判断别人的可见可感的体貌特征相一致的东西。① 约翰·巴勒斯②说：“任何天才之作，都有它的容貌特征——悲哀的、欢乐的、抑郁的、渴望的、坚定的、沉思的等各种容貌特征。”正如我们喜欢某些外表形式和脸部表情，是因为它们能够把我们带进某种情绪。我们喜欢某些作家在著作中显现的容貌而毫不关心书中的观念内容，还是一种最微妙、最长久和最不可缺少的魅力。每个书迷都有他喜欢翻来覆去读其作品的作家，使他激动的是人而不是信息，这些人比他见到的其他任何人都更有意思。他不断地回到他爱的伙伴身边，用他们滋养自己的思想。书中有他需要的东西，那个东西唤醒并指引着他的思想，引导他去愿意去的地方。它诉诸人的形象，难以概括；它显现在字里行间，然而并不传达确切的信息。它大致是通过作家的风格传达的一种态度、一种感情。某些人从歌德的一些晦涩的、很难给人热情的作品，如《法兰西战役》中找到快乐，获得收益；我们除了说他们感受到了歌德冷静、豁达外向的个性外，没有更好的解释。

因此任何进行文学创作的人，哪怕只是有一点初步的业余爱好，都至少会通过他的努力，更加了解伟大作家的个性。他会逐渐感受到一个词或一个句子根据一个目的或是一种感情就这样恰到好处地被选择和组织起来，他会觉得他很熟悉那些个性和目的与他相似的作家。

我们在文学作品中比在其他任何艺术形式中更多地感受到这一点。

---

① 目前有两种对于风格的相反的意见。一种意见认为风格是表达明显的或者有特点的东西，是使一个艺术家和其他艺术家区别开来的东西；另一种意见认为，风格是对普遍工具的掌握，如语言、绘画技巧或雕塑。这两种观点其实并不矛盾。优秀的风格会兼具这两者，即用高超的技巧表现突出的个性。

② 约翰·巴勒斯（John Burroughs，1837—1921），美国作家、评论家。——译者注

而我们在与作家本人关系密切的题材中又要比其他文学形式中更多地感受到这一点。原因是，写作，特别是写自己熟悉的事情，如书信和自传，我们都曾经以这种或那种方式尝试做过，因而也更容易理解；而其他艺术手法则超出了我们的想象范围。看查尔斯·兰姆的书信，读蒙田散文或者萨克雷以第一人称描述他的人物，能使我们较为容易地享受快乐，因为他们只是做了我们做过的事情，只不过做得更好。而米开朗琪罗、瓦格纳，或者莎士比亚——除了在他的十四行诗里——他们的个性对于我们是遥远而模糊的。但是一个画家、一个作曲家或者一个雕塑家却很容易在同行业的其他艺术家的作品中感受到作者的个性和风格。因为他的经验使他感受到了情感和手法的细微之处。画家福里斯（Frith）先生在他的自传里说："一幅画会暴露作者真正的个性；作者的笔能细致地表现出他不自觉地发展着的独特性，欣赏者可以准确地判断出他的个性和意识。"①

事实上，任何在作品中表现个性的认真的工作者都能使有相似志向的人理解他所要表达的东西。我们在格兰特将军的自传中得知，一位有能力的将军是怎样从敌军的运动中体会到敌军将领的个性，想象着他在各种紧急情况下会做些什么，因而采取相应的对付他们的办法。

作家或其他艺术家给人留下的印象中可能有对他的模糊的视觉上的形象，也可能没有。某些人思考时强烈地需要视觉形象的联系，他们若没有下意识地对一个人外貌的想象，他们就不能对该人的个性有什么看法；而另一些人却能在毫无视觉画面的情况下对感觉和意图形成强烈的印象。但是，我们对他人的观念中毫无疑问地带有面貌、声音等的感觉印象。我们意识中最早的关于他人的概念是依赖这些形象建立起来的；

① 《福里斯自传》，第493页。

这些形象永远成了我们大多数人把握他人的工具，它们自然地在记忆和想象中，如在观察中一样，占有相应的位置。如果我们彻底了解了这个问题的实质，我们可能会发现，我们对一个作家的印象总是包含着关于他的可感的外表的某些观念，总是与体貌特征分不开，尽管我们意识不到。读过麦考利①的著作的人能想象出一个温柔纤细的声音吗？我想绝不会的：他写下的章节总是与洪亮而机械的声音联系在一起；说话温柔、嗓音纤细的人写出的东西会是另外一个样子。而读史蒂文森的著作，我要说，绝不可能觉得他说话容易激动、音调不稳定。这样一些印象大都较模糊并且有可能是错误的。但是对于有同情能力的读者，这些印象确实存在并形成了一种真实的，尽管不易捉摸的外貌特征。

关于某个个人以及一个社会群体的观念也以这些外表幻象为感觉基础。一个人对他的家庭、俱乐部和大学的感情是由模糊的形象刺激意识而产生的，并且大多涉及人的形象。对大学里亲密气氛的回忆是由对旧时的房间、朋友的脸庞的印象构成的。对祖国的观念是一个丰富和变化着的观念。这个观念联系着许多可感的事物特征——国旗、国歌和爱国诗歌的节奏——这些都不直接涉及人的形象。但它是我们共有和喜爱的个人形象的观念，这些观念与其他一些观念不同并且有抵触。我们把美国看作是自由、纯朴、热诚、平等的土地，不同于我们对其他一些国家的理解——我们对那些国家的看法是通过想象组成那个国家的人民形成的。对无数的小学生来说，爱国主义是从同情我们的祖先对可恨、傲慢的英国人的反抗开始的。早期的教育使我们在国际事务中总是站在反对英国的立场上。那个国家有一个永久的君主的印象无疑是我们爱国主义观念中的主要因素。另一方面，我们能体会到把国家个人形象化的冲动

① 麦考利（Macaulay，1800—1859），英国历史学家、诗人。——译者注

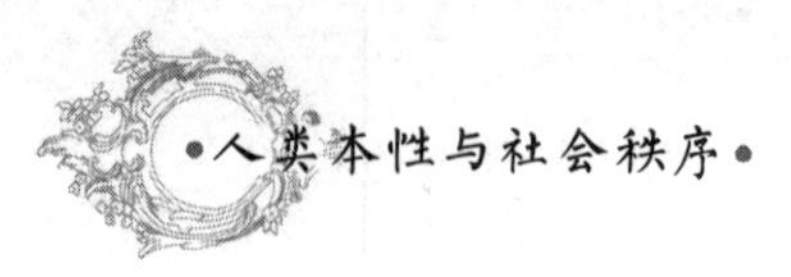

和其他能唤醒我们心里的强烈感情的事物的存在，表明了我们的想象非常形象化，以致任何深厚的感情都不可避免地联系着人的形象。概括地说，因为群体感情是由确定的形象唤起的，因而不过是个人感情的变化而已。但是，有时煽动仅仅是因为人数众多而成功的。因此公众意见有时被认为是狂风般的非人的力量，尽管照通常看法，它应该是许多人的意见，我们或多或少能想象他们的声音。

我在前面已经考虑到了对人的观念来自对人的可视可听的外部特征的感觉——人的特征或者交流的载体，但是人的感觉方面必定有平行的发展。一个婴儿的感觉状态可以被认为与他对事物形象的观念一样粗糙；赋予后者形式、种类与和谐的过程对前者也有相同的赋予。正是交流行为、人的形象对意识的刺激，给了模糊不清的遗传的感觉倾向以组织的动机，而这种动机产生了理解事物特征的更强的能力。他们不能设想，如慷慨、尊严感、羞耻心、好胜心、荣誉感是意识的原始秉性。像一切更完善、更丰富的意识形式一样，这些感觉都是联系着交流发展起来的。没有交流，这些感觉就不会存在。这些感觉的更完美的形式，是原始情感主干的分支，或是原始情感的变化；种种复杂的感情只是原始冲动的表现。对人的感情联系着人的形象，而对形象的理解若不和对人的感情联系起来则毫无意义；情感若没有物体外部特征的帮助是不能被体会到的。如果我见到一张面孔并觉得这是一个诚实的人，这就是说，我在过去的交流中获得了关于诚实品质的观念，而面前的脸上有相同的可感的因素，因而唤起了这种在社会中获得的感想。再者，认识了这位诚实的人，我的关于诚实的人品的观念得到了丰富和纠正，这对将来有用。不论是感情还是它的视觉联系，都与它们原来的状态有所不同。

因此，没有一种对人的感情不受其他东西的影响，但所有感情都有不同的起源，有社会历史。对这些因素看得越清楚越好。我认为忽视这些因素，觉得对人的观念是意识中可以分离的片断，会导致整个思考体系的错误。莎士比亚已经表达了我的意思，他在第三十一首十四行诗中关于爱情或互爱的友谊说道：

多少颗赤心，我以为已经死灭，
不想它们都珍藏在你的胸口，
你胸中因而就充满爱和爱的一切，
充满我以为埋葬了的多少朋友。
……
你是坟，葬了的爱就活在这坟里，
里面挂着我多少挚友的纪念章，
每人都把我对他的一份爱给了你；
多少人应得的爱就全在你身上，
我在你身上见到了他们的面影，
你（他们全体）得了我整个的爱情。

我认为这首十四行诗里有着关于人的感情的正确理论。这种天才的观点与现代心理学是符合的，对于理解社会关系也是非常重要的。

脸部表情、声调等关于人和社会的观念的感觉内容，对理解这些观念——内心想象和情感的主要构成物，起着打开门的把手的作用。一个朋友的个性，留存在我的意识中，成为我生活于其中的社会的一部分。这一部分个性实际联系着他的特征的一系列思想。想到这位朋友，就是活跃这一系列思想中的一部分——旧的感情加上熟悉的特征，但也有可能加入了新的概念。我们熟悉的真实的他其实就是由他赋予生命的我的那一部分思想，就是他的出现或对他的回忆能唤起的那一部分感情。这

种意识活动紧紧地联系着感觉想象，即我们已经讨论过的人的形象，因为后者是我们进入别人的意识并由此丰富自己的意识的桥梁。我们已经有了储存，但我们总是需要帮助才能拿到这些储存，才能利用这些储存并丰富这些储存；而这种帮助通常是可见可闻的东西，以前和储存有联系，现在则成为打开储存库的钥匙。我们看见朋友的面庞就像是看见一本喜爱的书，就像是看见自己祖国的旗帜，或者听见一首旧时的歌；它启动了一系列的思想，揭开了感到亲密的经验的帷幕。他并不是以旁边椅子上的躯体出现，而是以我们意识中围绕着他的特征的思想出现，不管后者是他的有形的身体还是别的什么东西。如果一个人在信里比在言谈中显示了更多的自我——我们有时会遇到这样的人，我看他的信就比看见他并听他说话更多地了解他。在大多数情况下，我们喜爱的作家在书里比他与我们实际相处时更与我们接近；因为作为一个作家，他钻研和完善了这种体现个性的特别方法，这种特殊的方法对别人往往是不利的。我愿意出于好奇心花些时间去和我崇敬其作品的作者交往，但我绝不期待去与之发展进一步的亲密关系，以获得特别的收获。

感情和想象的世界，乃至所有更完美、更热诚的思想的世界，主要是人的世界——即是说，它是与人的形象交织在一起的世界。如果你试着去想想一个人，你会发现你的意识里其实主要是围绕着他的形象的感情；而反过来，如果你试图回忆一种感情，你必然会发现若没有引起这种感情的人的形象出现，你不可能回忆起什么感情。思考爱、感激、怜悯、悲哀、光荣、勇气、正义等等，必须要想到那些能与这些感情相联系的人①。想到华盛顿就有可能想到正义，想到林肯就会想到仁慈，想

① 至少对我来说这是真实的，我询问过的一些人发现某些感情比如怜悯可以直接由该词启发而用不着想到一个人的形象。这很难影响我们的讨论，因为这种感情的起源无疑是与人的形象联系在一起的。

到菲利普·西德尼①就会感到光荣。原因我们已经提到过了，就是我们的感情和想象大多数是在交流生活中产生的，最初必然联系着人的形象，否则除了在我们的语言形式里以外，不可能有独立的存在。谦虚和宽宏大量这两个词的意义所代表的东西绝不可能在社会交往以外找到，而且实际上就是记忆中这样的一些交往的情形。我们必须和其他人一起生活，看见别人的形象，阅读他们写下的文字，或者在想象中回忆他们的特征，我们才能有高层次的社会交流生活。失去对别人的掌握，比如，长期的隔绝或者因疾病或衰老造成的想象力衰退——会使我们堕入只有感觉和原始本能的生活。

直接对社会关系进行研究，我们发现人的观念其实就是真正的人。这就是说，只有在观念中，一个人对他人来说才存在并直接对他人的意识起作用。我和你的联系很明显地就是我对你的观念与我意识中的其他部分的联系。如果你完全在我的意识之外，对我不产生影响，那么我们的关系就没有社会存在。**真正的社会存在是人的观念，**这是再明白不过的了。

因此，社会在它最现实的方面，**是人的观念之间的联系**。社会的存在需要人们在一起，但人们只是在人的观念中在一起。还能在别的什么地方呢？还有别的什么地方可供人们真正进行接触，或者人们除了在这个地方形成的印象或观念之外还有什么别的形式进行接触呢？社会作为名叫“我”、托马斯、亨利、苏珊、布里奇的某些观念的接触和相互影响存在于我的意识中。它也作为类似的一群观念存在于你的意识中，存在于任何人的意识中。每个人都直接感受着社会的个体方面：只要他感受到社会的整体，如一个民族或是一个时代，他一定是用个体的观念或

① 菲利普·西德尼（Philip Sidney，1544—1586），英国文艺复兴时期文艺理论家、英军将领。——译者注

情趣去感受的，他将个人的观念或感情贡献于他的同胞或同时代人感兴趣的观念和感情之中。要理解这一点，我认为只需抛弃经不起推敲的概念并看看我们在经验中碰到的事实即可。

然而，也许我们大多数人会难以同意说社会的人是附着于外形特征或其他有特点的感觉因素上的一组感觉；这些特征和有特点的感觉因素使人们联系在一起并由此产生所有的观念。我认为他们感到勉强的原因是我们在考虑这个问题时习惯于认为人是一种物质而非一种心理事件。他们不把社会学和伦理学建立在作为我们意识和道德生活的一部分的真正的人上面，而是草率地把人看作是模糊的物质实体、一块肉，而根本不把他当作想象中的事物。然而，认为社会和道德现实生活在我们的想象中并且影响着我们的动机，确实只不过是普通的常识。至于说到物质，想象力与之发生联系的只是它的更完美、更可塑和更有智能上的意义的那些方面，而且主要是把它们作为使感情具体化的核心或中心来联系的。我们常常不这么想，而是把物质看作是决定性的因素，而把意识和道德仅仅看作是物质的模糊的产品。

因此，人和社会必须在想象中研究。从表面上看，最佳的观察事物的方法的确是最直接的观察；我不能理解人们怎么能认为我们可以不把人作为想象的观念而直接认识他。这些观念也许是我们的经验中最生动的东西，是与其他任何东西一样可以观察得到的，尽管这种观察没有系统性和精确性。对物质方面的观察，不管多么重要，也是从属于社会目的的，是次要的。用称或量的方法根本无法使我们了解人的个性。最重要的物质因素是那些我们已经讨论过的难以捉摸的表情特征，对这些表情特征的观察和理解，科学只能间接地帮助。比如，知道了精确的体重、尺寸，包括大脑的解剖结构，能帮助我们了解拿破仑的什么个性呢？我认为这还不足以让我们知道他和一个低能者有什么区别。我们关于他的真正的知识来自关于他的谈话和风度的记录，他签署的法令和军事上的部署，他周围的人对他的印象和他们所传播给我们的信息，还有他的肖像等。我绝不是要贬低用物质衡量来研究人和社会的方法，如那些心理实验室里的方法，但是我认为这些方法是间接的和从属性的，把它们与经过训练的想象联系在一起才是非常有用的。

我因此得出这样的结论，人们彼此之间的想象是社会的**固定的事实**，从而社会学的主要任务就应当是观察和解释它们。我的意思不是说必须通过想象来研究社会——这对于一切高层次的研究来说都是这样的，即不可仅运用想象去进行研究——而是说研究的对象在其初期阶段是人们心中的想象意象。我们必须对想象进行想象。我们会发现对任何社会现象的把握都需要我们深刻理解人们是怎样认识他人的。比如我们要了解施舍，就必须知道施与者与被施与者彼此的认识；要了解杀人，我们必须知道侵犯者对受害者以及对执法者的观念；企业主和手工业者阶级的关系首先是彼此的态度问题，对他们双方我们都应该带着同情去理解，等等。换句话说，我们要深入了解人的动机，而动机来自人的观念。这个观点并没有什么特别新颖的地方。历史学家们就经常说，他们的主要任务是要理解和解释人们之间的关系，但是显然现在已经到了该用更深刻的思想来理解和解释事物的时候了。我们极力主张反对把没有联系和琐碎的“个性”引入历史、历史学和其他社会研究学科的主要目的就是要了解人。

怎样看待没有肉体存在的人，如死者、小说或戏剧中的角色、神的观念等等，是一个重要的问题。这些是真实的人吗？他们是社会的成员吗？我要说，只要我们想象他们，他们就是。难道我们能够否认罗伯

特·路易斯·史蒂文森的社会存在吗？他们是如此生动地活在许多人的心里，如此强烈地影响了人们的思想和行为。在这种实际的意义上，他比我们大多数未失去肉体存在的人更生动，也许比他们未失去肉体存在时也更有活力，因为他们现在的影响比过去更广泛了。因而纽克姆上校①，或者萝莫拉②，或者哈姆雷特对有想象力的读者来说是以最真实的方式存在的，即直接以他们的个性的形式存在。各民族在历史中形成超自然的生命的观念，就是因为这个道理。如果我们只与有肉体存在的人打交道并坚持拒绝与没有体重、没有身影的人发生关系，那我们的社会和我们自己会成为什么样子呢？

另一方面，一个有肉体存在的人若不被想象，即没有社会性的真实。若贵族只把农奴当作动物，对他没有对人的想法和感情，那么后者在以人的个性作用于他人的意识这个意义上对前者是不真实的。如果一个人到了一个陌生的国家藏匿起来，任何人都不知道他的存在，那么很明显，他对他周围的人来说就没有社会存在。

我这样说不是对人的独立的存在表示怀疑或是将人的独立的存在与人的观念混淆。人是一回事，而关于他的观念是另一回事，但后者才是真实的社会存在，人们就靠它彼此存在着，并对彼此的生活产生直接影响。因此，任何没有紧紧把握住人的观念的对社会的研究都是空洞无用的——只是教义而根本算不上知识。

我认为，根本不面对社会的事实，而仅把人当作物质存在的派生物这样一种模糊的物质论，是对伦理学、政治学和一切关于社会和个人生

① 萨克雷的小说《纽克姆父子》（*Newcomes*）中的那位父亲，是一位头脑简单、善良而忠于职守的人。——译者注

② 萝莫拉（Romola）是英国女作家乔治·艾略特的同名小说中的女主人公。小说背景是查理八世时的佛洛伦萨。——译者注

活的看法错误的主要根源。看来这已经证明了第一章里提到的对社会和个人的四种观点是错误的。如果一个人被设想为基本上是一种分离的物质，而这种物质里栖居着思想和感情，这些思想和感情经过对比研究也被认为是分离的，那么要形成社会就必须引入社会中心论、利他主义等等新的概念。但是如果你起步时带着这种观点即社会的人主要是意识中的存在，并在意识中才能观察他，你会发现，他脱离意识整体后就没有存在，而意识整体包括一切对人的观念，是社会的一个独特的方面。正如我们所见，这些观念中的每一个人都是我们认识的所有的人的经验的产物，是我们关于全人类的总的观念的一个特殊的方面。

人们彼此不可分离，他们不像物质身体那样是互相排斥的，属于此人的一部分就不能属于另一个人。他们相互渗透，不同时代或者相同时代里不同的人都可以共有相同的特点。对许多人来说，这种说法是荒唐的，然而这个说法可以得到证实，并非是很深奥的观点。[①] 形成对任何人的观念中最大部分和最生动部分的感情，并不一定只针对一个人。即是说，众多的人的观念有一个交叉点，任何一个人的观念都可能穿过这个交叉点。不仅菲利普·西德尼，其他还有许多人可以唤起我们的光荣的情感，同样，有许多人都可以唤起我们仁慈、宽容等情感。或许这些情感在两个人心中从来不是完全相同的，但是这两个人心中的感情的相同处，差不多足以对我们的心理产生大致相同的影响。这一点从实际的意义来考虑是最重要的。每一张慈善的面孔都唤起友好的感情，每一个遭受灾难的孩子都引起同情，每一个勇敢的人都引起尊敬。人人都应

---

① 社会的人相互不排斥而是在很大程度上具备相同特点的观点在威廉·詹姆斯教授的“社会自我”学说里已经得到运用。而詹姆斯·马克·波德温教授的《意识发展的社会和伦理学解释》更进一步地发挥了这个观点。像其他学社会学的学生一样，我们在后一本光辉的创造性著作中学到了许多知识，得到了比知识更为有用的观点的启发。但也许我仍然更多地受惠于詹姆斯教授。

该有的感情比如说正义感，在我认识的每一个人的观念中都占有一席地位。这些感情是社会经验累积的产物，而不是单独属于任何个人的特点。一种情感，若我们只从它本身考虑，它就是模糊的、不确定的个人的情感，它可以一成不变地在生活中出现并与许多个人特征中的任何一个联系起来；它可以归诸此人，也可以归诸彼人，也可以同时归诸两人或更多的人，这取决于人们思想内部的联系，而这种情感就是在这种联系中被触动的。

关于一个人的自我和他人的关系，我将在下一章里更详细地讨论，但是我在此要说，在我们的心中，一个完全与他人相区别并且能经得起验证的自我观念，是根本不存在的。如果这个“自我”包括整个心灵，那么，它当然也包括我们所想的所有人和我们思想中的整个社会。如果像我所趋向的那样，把自我局限于我们思想中与被称为自我感情的独特情感相联系的那一部分，那么它也仍然包括那些我们觉得与我们最相一致的人。自我和他人并非作为相互排斥的社会现象存在，而含有它们相互排斥的意思的术语，如相互对立的“自我主义”和“利他主义”，若不是错误的，也易于陷入意义模糊。

我当然要区别自私自利——这是个有很长历史的英语词汇——和自我主义。我认为后者是近年来由道德家介绍来的表示利他主义或伦理学的理论和事实的反面意义。我不反对把这些词作为理论上的术语，但是反对用其命名我的行为。我尤其不能同意赫伯特·斯宾塞在他的《心理学原则》及其他著作中对这些词汇的使用。斯宾塞使用的术语在我看来，仅仅具备生理学的意义，而用来描绘意识的、社会的或道德现象则行不通。问题在于，他的思想体系中，生命的生理意义被扩大了，成为研究的主要对象。我虽然大胆地指出了斯宾塞的错误，但我还要补充说，我在他那里像在其他作者那里一样学到了许多知识。他的体系起先即使显得并不完善，但人们还是容易不顾他的缺陷忠实于这个体系。但当他的体系完善起来后，就变成了一座监狱，人们被关在里面就应想法破墙而出。我对斯宾塞的社会学有一篇评论，发表在一九二〇年十一月美国社会学杂志上。在第六章里我试图表明自我主义和自私的本质。

在我看来，把动机划分为利他的或利己的，不管有没有第三类，如自我—利他的那一类，都是没有意义的；我不能想象对这个问题的详细研究会得出不同的结果。不存在任何特别地与其他动机区别的利他主义的动机：我们一切高级的在社会中发展的情感，都涉及不定的个人形象，都可以联系着自我感觉或一切唤起这些情感的人的特征。未通过交流和想象升华为感情的感觉并不比动物的感觉有更多的自我意义：它们与社会的人，不论是第一人称还是第二人称，都没有关系，而只能属于低层思维，不能混淆感官和社会的自我。我在后面将说明我们若不想到他人，就不可能想到“我”，“我”的观念是在交流和联系中发展起来的。

使用“自我主义”和“利他主义”的措辞方式歪曲了事实，最严重的是它假定涉及人的动机有两类，一类是“我的动机”，一类是“你的动机”，这十分类似于可分离的物质的人的观点；而事实上，人的感情的发展过程中融合了许多人的形象，因此动机不能属于某一个个人，而是属于交往双方的共同领域。因此，感激这种情感并不是属于我的而反对你的感情，也不是属于你的反对我的感情，而是产生于我们之间的联系。一切感情都产生于我们的联系。自我主义和利他主义的特殊的术语大约是为了更准确地命名事实而被引进道德讨论的。但是我没有发现这些术语代表的事实。我越思考这个问题，就越觉得这些术语仅仅是演绎思考的结果。如果你在物质的观念以外没有关于个性或自我确定的概念，你就很容易认为与身体没有很明确联系的思维的高级层次以某种方式延伸到第一人称或自我上来了。这样我们就没有心理学、社会学和伦理学而只有生理学。

怜悯是经常被称为利他主义的心理动机中比较典型的一种。如果你仔细地考虑这个问题，你就会觉得加上这么一个形容词让人难以理解。怜悯并非是被其他人的形象和特征唤起的与自我对立的情感。如果我认为自己的身体处于可怜的状态，我可能会像怜悯相同状况下的他人一样怜悯我自己。① 无论如何，自我怜悯太普遍了，不能忽视。甚至当怜悯纯粹由于别人的特征被唤起时，它也不一定是非自我的。“父亲疼爱他的孩子”，但是任何研究的分析都可以表明，他把孩子融进了想象的自我。最后要说的是，怜悯常常是一种自我沉溺，比如当怜悯以牺牲真正的同情为代价的时候。史蒂文森所说的“伤人的怜悯”是我们应拒斥的一种感情。简言之，怜悯像其他各种感情一样，在它自身是没有确定的个性的，不管是第一或是第二人称的个性，也没有确定的道德特点。个人的情况和道德上的好坏必须根据产生怜悯的具体情况而论。怜悯心常常打动我们，使我们觉得它是“利他主义的”的明显原因是怜悯常常导致帮助别人的行为，比如帮助穷人和病人。但是“利他主义”经常不仅被用来表示慈善，而且被用来表示这种感情或这一类的感情与其他被称为自我主义的感情的基本区别。一切社会性的情感，在它们都涉及他人的意义上说，都是“利他主义”的；没有不是“利他主义”的感情，因为这几乎排除掉了自我的感情。要在这些情感中划出分界线的想法来自一个意义模糊的假设，即个人的观念相应于分离的物质身体，也是分离的。

① 有人怀疑我们是否能这样怜悯自己，但在我看来，我们只是没有生动地想象自己在可信的惨状中，才能避免怜悯自己的感情。如果我们如此想象了，那么怜悯自己的这种感情会随之而来。

我并不是否认和贬低敌对感情的意义，它是存在的也是非常重要的，但它不像普遍认为的那样是建立在物质分离的基础上的。在一定的时候，人的特征代表着不同和敌对的倾向，布道团可能会鼓励我为他们的事业做出贡献，如果他技巧高超，唤起我心中的某种情感从而打动我，按照他希望的那样去做；但如果我考虑了我的妻子和孩子以及我已经计划使用于夏季旅游的积蓄，那么一种敌对的动机就出现了。在所有类似事例中，敌对的事实本身以及它引起的对冲突动机的注意，过分强调了这些事实及冲突的动机，因而忽略了普遍的因素。想象中的人也因此成了分离的和互相排斥的。

然而在这些事例中，要使事情协调或是使之符合道德，却恰恰要唤起或求助于表面上处于冲突状态的个性中的普遍因素，即正义感或是非感，我可以对自己说："我可以出一美元，出于对家庭的考虑不能出得再多。"并可以想象所有人都会同意我的意见。

在自我和别人之间，敌对情绪也是真实存在的，但是这种敌对并非来自物质身体的独立。相反，它依赖一个人的自我和打扰他的人之间的共同性的程度，因此自我和社会上其他个人之间的敌意经常被称作是敌意的同情。与敌对有关的感情如怨恨，既不是单独地附属于我，也不是单独地附属于另一个人的特征之上，而是附属于包括两者的观念。我将在以后的章节里给予这个问题更详细的讨论。这里要注意的主要一点是，敌对并不是机械的分离，而是对具有许多共同点的观念中不协调因素的强调。

可以把与另一个人的意识的关系以及与许多不同的人的意识的关系大致描绘为这样的图景。我们把意识设想为一堵挂满电灯泡的大墙。每一只灯泡代表一个可能的念头或动机。亮灯就表示这个念头在意识中出现。代表我们认识的每一个个人的意识，不是墙上的一块特别的区域而

是灯泡之间隐藏的一种联系的系统——当他的特征触动意识时，某一些灯泡就联在一起亮了。如果根据我的朋友 A 的特征触动按钮，墙上的灯就形成一个特殊的图像；这个按钮松开后根据朋友 B 的特征按下按钮，墙上就出现另一个图像。两个图像中可能包括了许多相同的灯泡，然而作为整体，每个图像都是独立的；不管有多少人的特征，在墙上都会有独立的图像并和其他图像有重叠的部分。我们还要注意，我们通常联系着一个特殊的社会场合而想到一个人。他在一定场合下的表现最生动地反映在意识中。想到某人通常是想象他会有什么样的想法，他处在我们的位置上时会怎么说、怎么做，等等。因此，与他的特征联系着的灯光组成的图像中只有某个部分、某个合适的和反映出特点的部分是真正被照亮的。

关于这种描绘的个性，我们还要强调，墙的中心区域的电灯是一种特殊的颜色——就比如是红色吧，渐渐地向四周变淡，一直到边上的白色。这块红色代表着自我感觉。其他人根据他们与我们喜爱的行为的一致性的程度被红色照亮。比如在母亲的意识里，她的孩子会出现在最中心，颜色最红的区域。这样，一种感情可以同时关系自己和其他几个人。一个人和他全家都因他失业而闷闷不乐，他的怨恨就会成为他对全家每一个成员的观念中的一部分，以及他的自我观念或是对他想要责备的其他人的观念中的一部分。

我相信，这样感知他人的方法很明显但绝无怪异、不真实或者不现实之处。这个方法也就是把他们作为想象中的事实去观察。相反，把人们看作是有影子的身体而不把他们当作意识中的事实来真正地观察的传统的、普通的方法，才是怪异的、不真实的和在实践中有害的。我们爱或恨、亲密或疏远的人是想象中的人，是这些想象中的人帮助或是伤害了我们，决定了我们的意志或职业。是什么使一个人对我们来说是真实的呢？是物质联系还是想象中的联系？试举一个例子，我突然转弯时撞上了迎面走来的人：我吓了一跳，受了点轻伤，照例互相道歉后，就忘了此事。除了我的肉体上轻微而暂时的伤痛之外，这件事对我没有什么影响。相反，我如果阅读弗劳德[①]的《恺撒》，会发现自己受了这位技巧高超的作家的影响，想象着一位早已身入黄土的英雄。他活在我的思想中：我眼前也许还能出现他的身影并随此唤起了勇敢和宽宏大量等感情，这些感情迸放出生活的热情，释放出我的能量，使我决心在某些方面像恺撒一样，按照我所设想的他的观点去判断是非，决定其他一切重要的事情。很有可能他让我上床后不能入睡——每一个男孩都在床上想过书中的人物。我以后的整个生活都会大大地受这一经验的影响，然而这是一种只在想象中发生的联系。即使对身体器官来说，这种联系也一定比与人相撞受到大得多的影响。脸部被撞了一下，若是不小心的并且不影响想象的，对神经、心脏和消化功能伤害很小，但是一句伤害性的话或者眼光却会造成失眠、消化不良或心脏悸动。我们需要考虑的主要是人的观念，那些想象中的人，那些真正有力量和有内涵的人，这样，人再也不是传统的社会哲学所描绘的非常刻板和物质化的人了。

根据这种观点，社会仅仅是人的思想中集体的一面。每个人的想象都被看作是许许多多的人的影响相互作用形成的一个有生命的不断发展着的整体，是社会的一个个别的部分；意识和想象作为一个整体，即在最广泛的角度被视为贯穿所有时代的一种发展和组织的人类思想，就是最广泛意义上的社会的本质所在。

有人会反对说，这样社会就没有有限的定义而像是包括所有的经验了。应该这样说，所有的意识合为一种发展，我们无法明确地区分个人

---

① 詹姆斯·安东尼·弗劳德（James Anthony Froud，1818—1894），英国历史学家。——译者注

的思想和其他思想。也许没有一种意识中的观念完全独立于它得以生存的那个东西；它不是通过交流产生，就是通过遗传产生。所有的意识都联系着普遍的生活，因而在某种意义上是社会性的。上面讨论的关于人的观念只是那些与他人的关系最直接、最明显的观念。这个观点反对对社会作限制的定义，反对那些不得不考虑房屋、工厂、家畜、耕地等究竟是不是社会组织一部分的持物质论观点的人。而实际当然是这样：生活以这样的方式结合为一个整体，以致任何给它划定界限的尝试都将会是徒劳的。

社会是生活的一个方面而它本身并不成其为一个什么东西，它是人际交往的生活。而人际交往可以从它的基本方面考虑，如群体、风俗或人际关系的发展。我想社会学就是研究这些问题的科学。

第四章　作为社会行为的同情或理解

在本书中“同情”一词的意义；它与思想、感情以及社会经验的关系；一个人同情的能力是对他的个性、能力、道德水平及心智状态的衡量；人的同情反映着社会秩序；专门化和广度；同情是交织着相像与差异的社会行为；同情也是感情支配下的选择；爱的社会意义；爱与自我的关系；对同情的研究揭示出作为整体的人类生活。

前一章里曾经描述的通过人际交往而发展的对他人的观念，即是同情的能力，是进入他人的意识和共有他人的意识的能力。通过语言、眼光或其他手段与他人的交往，意味着与他人或多或少产生了彼此的理解或者交流，获得共同点并且了解了他的观念或感情。如果用“同情”表示这种关系——这也许是最恰当的词汇——人们必须记住这里指的是共有能够交流的任何情感，并没

有在普通的语言中该词所含有的“怜悯”或其他“柔情”意义。然而这个没有感情色彩的词汇在英国古典文学中却得到了最合理的运用。如果我们能够相信“莎士比亚用语”① 的权威性，我们可以看见莎士比亚一共五次使用了这个词汇，却没有一次是用它来表示怜悯这一特殊的感情。他要不是用它表示相同的意识状态，如“选择的同情”；要不就只是表示相似性，如伊阿哥②所说的奥赛罗和苔丝德蒙娜之间缺乏“年龄、风度和相貌上的同情”。这后一种意义在我们的用法中也应剔除，因为我们说的同情是积极的意识的同化过程而不仅仅是相似性。

在本章中，我们拟对理解或体察意义上的同情予以讨论，主要目的在于揭示其本质的某个方面，即它作为人类一般生活的一个侧面或一个部分的那个方面。

我们所了解的同情，主要是不同于纯粹的感觉或原始的感情的思想

---

① 同情在怜悯的意义上是一种特殊情感，它与交流意义上的同情不同。也许有人认为怜悯是共有感情的一种形式，但事实不是这样。共有痛苦的感情导致了怜悯，但它们是因果而不是同一种情感。我可以可怜一个受鄙视的人，这在大多数情况下是因为我可以想象他受到了耻辱；但我对他的怜悯并非是我们共有的情感，而是附加的，对共有的情感的评价。我可以想象一个忍受着痛苦的人的感觉——在这个意义上同情他——但我可以不去可怜他，而是厌恶他、蔑视他或者崇敬他。我们在感情上对想象的他人的感觉作出各种评价。再者，怜悯并不一定需要真正的理解。人们可以怜悯在叉子上颤动的虫子、鱼，甚至可以怜悯树木。怜悯，这种往往导致产生友善行为的有益和善良的感情，有时却反映了缺乏真正的同情。我们都希望被理解，至少是我们认为自己优秀的一面被理解，但我们不希望被怜悯，除非在软弱和沮丧的时刻，接受怜悯就等于承认自己落后于活力和自助能力的标准。对我们的深层思想的理解是珍贵难得的，而怜悯则往往是廉价的，许多人轻易地沉溺在这种情感中，就像有的人喜欢沉溺在悲伤、含恨或其他各种情感中一样。被怜悯的人常常觉得受了侮辱，自尊心受到最无情的打击。在一个自由的国家里，富人阶级和穷人阶级之间的敌视要比一方怜悯一方、一方依赖一方健康得多，或许是除兄弟情谊外最好的感情状态。

② 伊阿哥（Iago）是莎士比亚悲剧《奥赛罗》中的一个人物。——译者注

和情感。我不敢冒险地说纯粹的感觉和原始的感情不能共有，但是它们在交流生活中确实扮演相对次要的角色。虽然被扎疼了手指是一种普遍的经验，但是至少对我来说，看见另一个人手指扎疼就能回想起自己扎疼手指的感觉是不可能的。所以当我们说我们同情一个头疼的人，我们的意思是可怜他，而非分担他的头疼。在身体的疼痛和其他这类简单的事情上是没有什么真正的交流的。原因看来是对这一类事情的观念首先起因于纯粹的物质的接触或其他简单的刺激。它们在意识中一直是分离和隔绝的，因而除非最初联系着这些观念的感观起作用，否则这些观念是不可能被回忆的。如果这些观念成了思想或交谈的对象，特别当这些观念让人愉快的时候，它们就通过同情这一特殊的过程升华为一种感情。因此，讨论美食时交流的不会是味觉，而是某种更微妙的东西，虽然这些东西部分地以味觉为基础。思想和感情是高度复杂并且形成于对他人观念中的最重要的部分或方面，所以能唤起那些观念中某一部分的任何手段都必定能到达思想和感情的领域。它们在人际交往中被唤起，因为它们最初就联系着人的外部特征。共有一种感情的起因通常是这样：我们感知了某人的符合我们过去的某种感情的特征，这些特征又把过去的这些感情唤起。共有一种思想也一样：思想是通过语言交流的，而语言是许多个世纪的交流积累下来的财富。思想和感情的共有都产生于普遍的社会生活。它们与生活不能相互脱离。

不能由此推论出我们必须经过与他人相同的、可感觉的经验后才能同情他人。相反，在同情和明显的事件之间只有间接的和不确定的联系。这些事件有如朋友的死亡、事业上的成功或失败、旅行等许多人都经历过的事情。社会经验诉诸想象的联系而非物质联系，想象有如此众多的可借助的手段，人的经验中没有什么是可以由一个人纯粹的表面生活来判断的。富有想象力的学生，只能以几个人和一些书籍为老师，但

他们的理解力要比能够接触最富变化事件的那些头脑呆板的人要强出好多倍；像莎士比亚这样的天才可以容纳他那个时代的几乎全部的人类感情，不是靠奇迹，而是靠超常的活力和想象力。认为体验生活就是跑遍许多地方、做许多不同的事情，是呆板的脑瓜自然要产生的幻想。

一个人所同情的事物的范围是对他个性的衡量，表现他作为一个人的内涵到底有多大。这不是一种个别的功能，而是由各种个别的功能共同起作用的整个意识的功能。因此一个人是一个什么样的人与他在多大程度上理解别人并进入他们的生活是一回事。我们经常听见有人被描绘为有同情心但理智不强、敏感且反应迅速的印象型的人。这种人的同情总是因为他缺乏个性和思考能力而带有缺陷。对他人的有力、深刻的理解包含着思想的力量；它是想象的持续和积累，可能伴随着直接感观的迟缓。我们常常看到，有些事物靠迅速的感觉和印象往往不能掌握，而必须通过理智或富于思考的想象来理解。

同情是不可缺少的社会力量。一个人只有理解别人，才能进入周围的生活，才能有意义地生活；他越少同情就越像一头动物，并且越少真正地接触人类生活。如果他不接触人类生活，他就没有能力参与人类生活。这是一个容易理解的原则，然而常常被忽略。实干的人也许比理论家更清楚地懂得这一点。生活在这个世界上的人很清楚成功依赖于以对他人意识的洞察为基础的言行举止和手腕等等，就像依赖其他特殊功能一样。没有比社会想象更实际的东西了，没有社会想象就没有一切。每一个阶层的人都需要它——机械师、农夫、商人以及律师、牧师、车站站长、政治家、慈善家，还有诗人。每一年都有几千名年轻人被安排了职位，赋予了责任，而另外几千名年轻人却没有。主要的原因是那些被安排职位的年轻人被认为具有理解他人的能力，这是成功和发展的保证。没有“能力”——主要指优秀的想象能力，在社会上就不会有多大发展。然而我们这个社会中强有力的人，不管我们多么不赞成他们同情的发展方向或者他们为之贡献力量的目标，他们都是非常富有人性的人，通常以自己的方式表现出他们比常人更为宽广的胸怀。

一个理解我们的思考方式并且有确定的个性和目标的人肯定能对我们施加影响，他是不能抗拒的；因为他理解我们，他就能用语言、眼光或者其他特征联系起我们共同的感情或观念，使我们也能理解他；这样通过动机的交流，他可以感动我们的意志。同情的影响自然地进入我们的思想体系，就像水必然影响作物的生长那样影响我们的行为。相同的精神启动了我们上一章用来作比喻的灯泡系统，改变了我们意识中明暗的分布情况。这就是所有权威和领导的实质，我在另一章里将试图给予更详细的解释。

广义的同情，也标志着一个人的道德水准，并使我们对他的为人品行作出估价。任何名义下的正义、善良或者正确当然在其本身没有意义，而只是从各种生命本能交织产生并染色的更完美的产品。只有当一个人与我们有大致相同的动机时，他的思考和行为才有可能让我们感到是正确的。如果他和我们共有在我们看来最有价值的感情，并且性格稳定，那么我们必然认为他的思想和行为是有价值的。一个人具备集体主义精神、爱国心及慈善、慷慨、正直等品德，就是说他有广阔的胸怀，能体会到头脑狭隘的人所缺乏的敏锐的同情心。他具有更高层次的情感和更广阔的思考。只要我们看见他的行为体现着的这些动机已促使他作出决定，我们就称他是个好人。在普遍的意义上，行善是怎么一回事呢？难道不就是去帮助别人享乐、工作和满足人性中健康的需要吗？不就是给孩子提供娱乐、给年轻人提供教育、给男人职业、给女人家庭、给老人安宁吗？正是同情使一个人愿意做这些事情。一个胸怀广阔、能

体察全民族生活的人会觉得每个阶级的人的动机就是他自己的动机，会像吃饭一样自然地去尽力为他们服务。认为善良是超脱普遍人性的东西是荒唐的，善良只是普通的人性更丰富的表现。而另一方面，人性中所有的恶、非正义的一面，是因为缺乏同情。一个人的行为有损其他人的利益，就说明他不像别人那样感受这些利益。因此，一个人干错事要不是他的同情没有对他所干的事情产生影响，要不就是缺乏坚定的个性以在行动中表现他的同情。比如一个撒谎者，他或者是没有强烈地感到撒谎的可耻、不道德，或者是有时感到可耻但在撒谎的时候却没有感到。一个凶狠的人也有两种可能，或者是因为呆板和机械，在任何时候都不懂得温柔的感情，或者是突然激动而背离了善良。

一般的精神健康问题也可以用同情心来衡量。是否具备同情心可以反映出一个人是否保持着精神健康。我们都不自觉地观察他人的精神状态，并且以我们认为心智正常的人在社会环境中应该具备的态度或感觉为标准，即观察他人的同情的交往。若是一个人的语言和举止反映出他对别人的意识缺乏或根本没有直觉，我们就可以根据他的症状的特点和持续情况判断他为粗心大意、怪异、呆板甚至精神错乱或者智力低下。从社会的观点看（这似乎是唯一可靠的检验方法），精神错乱的实质是在人们大体一致的事情上不能和其他人进行交流，弱智则被概括为对较为复杂的同情完全不能领会。

一个人的同情作为一个整体反映了他面临的社会秩序，或者说他的同情是社会的一个特殊部分。他作为一个成员并有效地参与活动的任何一个组织都必定在他的同情之中，所以他的意识是他真正从属的社会的那一部分的缩影。我们应该知道，每一种社会现象只是我们在个人意识中发现的集体意识——公众意见是个人判断的一种表现形式；传统和习俗存在于个人的思想中，关于是非的社会标准不能脱离个人意识存在，等等。只要一个人在一个时代或一个国家的生活中有效地参与了其中一部分，那么这一部分生活的形象就作为他交流的印象存在于个人观念中。

因此我们时代的任何特殊事物在我们每一个人的同情生活中都有相应的特殊性。由此来看，我们所处的时代，至少在智能较活跃的那一部分生活中，具有紧张和人际交流扩大并加速的特点。这种情况在意识上的反映就是个人形象、感情和动机的更加众多和快速地出现。相应地，我们普遍具有超越感官世界的思想动力，也许关系的选择使得每个人都有可能获得比过去更多更和谐的发展的机会；从另一方面讲，这种优势不是没有代价的，紧张的生活常常成为一种枷锁，给许多人带来过度刺激，从而削弱或摧毁个性，我们可以从自杀和精神错乱或其他类似现象的增多，看到这一危害。这种危害普遍产生的作用就是使每个人（极坚强的头脑除外）的想象力薄弱、精神涣散，任凭众多的个人形象出现在眼前却没有力量去组织和把握这些形象。

对他人需要的迫切程度反映在不同阶层的人的行为中。每个人都会发现他在乡村比在城市能看到更多的真正同情心的开放——尽管城市里的人往往给人更加愿意开放同情心的假象——在质朴的手工业者中比在高级职业和企业界的人中更容易发现同情。我认为这主要是因为社会想象的紧张程度造成的差异。在北卡罗来纳山乡，好客的居民会接纳所有陌生人过夜，但在百老汇绝不会出现这样的事。一个人在意识上是否“好客”，情况也是一样。如果一个人几乎见不到什么人，一个星期才能听到一件新鲜的事情，他就积存下很大的交往热情和好奇心，因而渴望与人交流；但是他若是每天客人多得应接不暇，超过了他精神和情绪的反应能力的限度，他很快就会设法建立一种屏障。过着紧张生活的敏感的人总是钻进抵抗社会的保护壳，机械地处理与人们的关系，以保护内心世界不受伤害。他们很可能堆起习惯性的微笑，进行出于习惯的礼貌的周旋，并且给他们的好奇心、敌视心理、恳求的愿望遮上冷峻的面罩。实际上，众多的外界影响不能使一个人的个性充分发展，因而分散和消耗他的精神意志。对外界影响采取强有力的抵抗是生活在现代社会中较为活跃的领域中的人们的基本需要。因过度疲倦丧失抵抗能力标志着在智力和道德上的衰退。席勒在充满活力的时代大声呼唤：

> 让我们拥抱吧，千万生灵，
> 把这飞吻送向全世界！①

但是要长久地保持这个态度是不太可能的，也是不可取的，因为普遍的同情是不切实际的；我们需要更好地控制和选择，避免阶级的局限，同时也要避免滥用我们的同情。在能够将其有机地组织起来以促进自己生活的前提下，一个人尽可能地面向生活是可取的。在充满过分繁杂暗示的时候，比如目前我们的时代，对我们大多数人来说，要懂得什么时候应该和怎样控制同情的冲动与避免局限性是同等重要的。我认为，这并不违背现代民主的感情——交流的扩大正是产生现代民主感情的原因——它打破了财富和地位对同情的限制。同情是有选择的，但是同情越少地被传统心理和外部条件，比如财富所控制，越多地出于真实的本性，就越好。我认为，时代精神所召唤的，正是这种对传统地位和机遇的解放。

再者，这个时代的生活比过去更为丰富，这反映在生活于这个时代

---

① 引自席勒的《欢乐颂》。——译者注

的人的意识中，就是更丰富的利益原则。一个人可以被看作是代表不同社会群体的圆圈的交叉点，有多少社会群体就有多少条弧线穿过这个交叉点，这种丰富性联系着交流的发展是生活普遍的扩大和丰富的一种表现。因为想象的联系更加丰富，因此具有正常开放意识的个人，不可能不涉入更广阔的生活，为什么“人人皆兄弟”以及“人人平等”这样一些观念如此普遍地被各阶级的人接受呢？我认为主要是由于人们掌握了表达能力和手段，各个阶级都可以被想象到。我能够不带憎恶的感情想到他，他就是我的兄弟。如果我们觉得我们必须帮助他人，那是因为他人生活和奋斗在我们的想象中。在普通语言中，将自我和他人分开，模糊了这些极为质朴的自然感情。如果我想到一个人受到不公正的待遇，我希望用正义来取代不公正。这不是出于什么“利他主义”，而是出于简单的人类情感。他的生命就是我的生命，非常真实，非常亲切。他的形象唤起了一种情感，超越了我和他的界限。

这样我们走进了更广阔的生活，而更广阔的生活要求我们具备比过去更鲜明的特点。社会的复杂在于它的组织形式，即由互相区别的部分形成的不断增强的联系。而现在人们必须既反映出联系又反映出区别，必须同时成为特点更明显的独立的人和胸怀世界的人。

在现代生活中，许多人疑惑，从总体上说究竟是普遍性还是特殊性对个人影响更大呢？如果只坚持事物的一方面，我们要不得出生活比以前更丰富的结论，要不得出人已经变成机器上一颗螺丝的结论。但是，我认为，这两种倾向不应是相互对立的，而是相互补充的，不会出现特殊性和普遍性的对立，至少从长远看，特殊性和普遍性相加，才能产生更丰富多彩的人生。我们这个时代新的社会秩序的突然发展产生了许多罪恶，一部分人屈从枯燥呆板的操作程序就是其中一斑。但我认为，健

康的特殊性并非罪魁祸首。相反，它是解放运动的一部分。一个狭隘的专业人员是一个很坏的专业人员，我们应该杜绝这样的人产生。

在有组织的生活中，隔绝是行不通的，而正确的专业化不会导致隔绝。在专门知识和总体知识之间不像有的人所说的那样存在着分界线。不从与整体的关系出发，一个人怎么去获得更广泛的知识呢？难道一个学生熟悉了一门专业，他的总体知识就少了吗？难道他不是将已学会的知识当作窗口从中观察普遍的事物吗？①

要透过表层看事物的本质，必须认真地从一个特殊点上着手。一个人站在刚开始抽穗的稻田，所有的稻秆看上去都从他脚下成排成行向四周伸展开去；他不论站在哪里，都像是处于中央。在思想和交流的区域里也是一样，要进行思想的交流，只能从个体的角度理解整体。所有人都知道，不能对个别事物有确切了解的人，对普遍的事物也说不出什么有价值的看法。农夫从庄稼、土地、市场中获得知识，机械师在和木头、铁打交道中总结出道理，海员也从他独特的经验中得出一些结论。如果学者能与他们并驾齐驱，也会有丰富的成果。一种普遍的观点认为，文化广度是独立的，但可以分成许多学科，如古典文学、现代语言等等去研究。我认为这种看法之所以有实际道理，原因是有些学科是从文化整体上进行研究，而某些学科则不是。但是关于这个问题的正确理论应该是，文化与专长只是健康的智力发展的两个不同方面，任何有效的研究都是涉及文化整体的。

某些作者常常表示出这样的意思，即现代化专业生产的倾向就是用毫无意义的操作程序来磨钝操作者的意识。但是通过不带偏见的观察和

① 在这个问题上，许多普通的说法都混淆了特殊和隔绝的概念。这两个概念不仅是有区别的，而且它们表达的意思是对立、互不相容的，特殊表示一个部分与整体有特殊的联系，而无整体可言。

与机器及操作者的接触使我认识到这不是普遍的事实。相反，正是普遍知识、自助和协作精神等文化特征使得个人在现代机器生产中能保持自我并且有所作为。正是因为美国的工人在相对更高的程度上具备了普遍的文化特征，他们才能在高度专业化生产上超过别的国家的工人。只要走进车间就能发现，聪明的和具有协作精神的工人总是更受人欢迎并且得到更高的工资；有许多人被雇期间受刻板的操作程序控制，部分原因就是由于我们人口中不幸有一部分未受到较好的教育，而不能适应其他复杂的工业系统对技术工作的要求。甚至直到今天，仍然需要既能熟悉专门的工具和程序，又能对工作总体系统有清楚的了解，如果缺乏后者，他就必须在别人的指导下才能工作，甚至变成一个累赘。任何熟悉工厂事务的人都知道，“机灵劲儿”对工人来说，其重要程度绝不亚于操作技能，而且也是难能可贵的。无疑，有时候人的智慧似乎被机器埋没了，使得人成为机器的“侍者”。但是我认为这并不反映全部的变化①。把视线从工具转移到人的关系上，我们会发现如此局限的专业性生产仅仅是更广泛的生活的一个部分。而更广泛的生活是相对自由的生活，包括智慧、教育，还有机会，它的普遍作用在于扩大个人施展和表现的领域。

认为专业化和普遍性之间势必存在着对立，正与把个人和社会对立起来同样地错误。这是把事物的两个方面割裂开来考虑，而没有意识到我们在研究的只是一个事物。

人的同情的生活不仅仅反映和说明着社会的状态，而且我们还可以

① 你可以这样想：现在随着机器的发展，机械劳动也增加了。这证实了我在这一章里反对过的意见。我只能说，我相信机械发展对工人产生的影响并非是一成不变的。目前出现的某些现象，如使用低薪的外国劳工——可能是过渡性的。从长远的观点看，人类的智慧不会是无用的。

从中观察到整个人类运动过程或者变化的迹象。这已经超出了本书讨论的范围，但是稍稍地说明一下，可以概括地表达我的想法。

同情的行为遵循着自然发展史的普遍规律，包含着同一性与差异、持续与变化；同时也印证了我们在遗传与变异、个别的相像与差异及个体的差异、传统与变革因袭的社会地位和竞争的融合中发现的总原则。在人际交流中，相似性是人们互相理解的重要前提，而他们的差异则引起交流的兴趣，我们不可能对和我们完全不同的人产生感情，因为完全不同，他就不可想象、不可理解；人们也不可能因为完全的相像而喜欢别人，因为完全相像不能引起任何兴趣——完全相像的人总是索然无味的伙伴。其他人对我们的吸引力在于刺激性的差异引起兴奋，从而开始交流。吸引力在于他人的观念与我们的观念相似而不相同，其意识状态可以被理解，但并不等于我们的意识状态。一个精力充沛的人在他很熟悉的事务和感情圈子里很快就会厌倦。他只适合于更广阔的生活的机能，同时因为厌倦和渴望而备受折磨。解决这个困难的钥匙在另一个人手里。他可以提供另一种活动，让陷于老套子的机能得到休息的机会，正如爱默生所说，我们到世界上是来受折磨的。他还说："友谊要求在相同与差异之间保持平衡，这样才能使彼此喜欢对方的力量，乐于与对方为伴……让他依然是他自己。我喜欢的他身上的我，只是那些非我的我，……只有真正的两个人才能变成一个人。"① 歌德谈到斯宾诺莎对他的吸引时也说过，亲密的关系依赖差异②。大家都知道，他和席勒的友谊的基础也正是差异。他说席勒的"个性和生活与我的个性和生活完全不同"。③ 当然，某些类型的同情具有特别积极的倾向，如男孩子羡

---

① 见《论友谊》（*On Friendship*）。

② 刘易斯（Lewes）：《歌德的一生》（*Life of Goethe*），第一卷，第282页。

③ 雅各比（Jacobi）：《歌德传记》（*Goethe*, *Biographische Einzelheiten*）。

慕士兵和水手，而其他一些类型的同情相对却是平静的，如老人们回忆共同的往事。而成长中的年轻人的同情倾向是生动的和富有活力的。这样的人同情和追求新鲜的和发展的神秘事物；而生命力不那么旺盛的老年人，精神放松的人，或者疲劳的人却喜欢温和平静的社会交往，喜欢符合自己生活习惯的伴侣。但即使是这些人也经常需要有所刺激，如某种新的事物的启发或者被遗忘的东西的被唤醒。然而这一切都不能归入“相似的思想”，而应归入“有相似性的区别”之类。

男女两性间的同情由于特殊的性本能而更为复杂，它的生命力也在于意识上的相同和不同的混合。两性间的爱首先是一种需要，对一种只有异性才能提供的新生活的需要。塔索的女王说：

> 我必须爱他，因为只有和他在一起，
> 我才领略了一种我从不知的生活。①

她的话似乎说明了一个普遍的道理：不管是男性还是女性，对异性来说都代表着广阔而充满新鲜活力的领域。女人总是体现出更丰富、更开放的情感生活，男人体现出更有力的思想、更强烈的控制能力和综合能力。阿尔弗雷德②没有劳拉就会沉闷、狭隘和粗鄙；而劳拉③若没有阿尔弗雷德就会表现出自私和歇斯底里。

选择是同情这种心理活动的一个特点。关于这一点，我们今天谈论得比以往任何时候都要多。任何人都会在他自己的经验中发现，进入别人的生活会耗费我们的精力；既然精力是有限的并且需要一些特殊的刺

---

① 歌德：《塔索》，第一幕第三场。
② 泛指男人。——译者注
③ 泛指女人。——译者注

激来调动它，那么只有在我们的想象力被渴慕和热爱激发起来的时候，才会产生有活力的同情，健全的头脑是不会在那些不能以某种方式有益于自身发展的事物上花费很多精力的，对与自身发展无涉，或者对从中已经足够地吸取了有价值成分的人和观念也就自然地缺乏兴趣，因而不能唤起同情的欲望。对各种暗示的频繁无度的反应，显示出缺乏自制能力或者对不能消化的事物的天然的排斥能力，这就意味着羸弱、不稳定或者智力退化。因此对那些我们不能从他们身上获得任何东西，即那些不能引起我们敬慕、喜爱或者害怕、仇恨，甚至不能作为心理问题或施善的对象引起我们兴趣的人，我们对他们不能产生同情，若有也只能是浅薄一类的同情。我并不忽视这样一个事实，即许多人丧失了人类应具备的宽广胸怀，陷入狭隘和缺乏宽容的思想模式，但同时我要指出，若是没有特色、自主性以及明显的发展道路就不可能有所谓个性。具备上述能力也就是掌握了同情所必需的关于接受和拒绝的原则。

作为整体的社会发展以及作为这种发展一部分的每一个同情行为，都是在感情的引导和刺激下进行着的有选择的发展。进入他人的意识似乎总是对相同性的追求，不一定非得追求普通意义上的愉快，而是追求与我们实际的感觉状态相适合或者一致。因此，说伽里利①的著作或者《约伯记》是让人愉快的作品是不准确的。这些作者尽管不能引起我们愉悦的感情，但我们读他们的作品依然感到吸引与和谐。

我们的智力生活，包括它的个性和共性方面，实际上是一门永无止境的艺术，因为我们不断地运用我们具备的能力和物质手段追求完整和谐的意识生活整体。每一个人都以他独特的方式进行着这种追求。彼此联系着的所有的人都是出于人类的本性这么做，每一个个人通过自己的

---

① 托马斯·伽里利（Thomas Carlyle，1795—1881），爱尔兰作家。

行为加入这普遍的努力之中。人们判断新的事物，正如一个画家判断他所下的每一笔，总是从这一笔与整个画面的关系上考虑。每一笔的优劣要看它是否有助于整个画面和谐地进展。我们的这类判断多是出于本能，即没有斟酌计算，是我们头脑中的历史、遗传和社会因素使我们迎合或拒斥随时出现的每一暗示。某些影响能唤起我们内心的渴望是有多种原因的，这些影响调动我们的精力并使之朝某一方向运用。于是，我们紧密地追随并且加强着这些影响，越来越依赖这些影响决定我们的意志。所以一个人若喜爱一本书，他就会情不自禁地时时取出这本书来读，陶醉在与作者的交流中。他可以肯定他正在接近他需要的某种东西，尽管他要过很长时间才能意识到这种东西究竟是什么。很明显，我们一定有某种美学的冲动来左右我们的选择。

在普通的思想和语言中，同情和爱是紧密相联的。实际上，在日常用语中，这两个词表达的意义大致相同。同情通常被理解为一种带有爱意的感情，而爱则被理解为一种带有同情的爱意。我已经说过，同情是不依附于任何特殊的情感的，在敌视和友善的情感状态下都可能产生同情。爱意虽然常常刺激产生同情并且伴随着同情一起出现，但它并非与同情不可分离。爱意不像同情那样必须依赖智力的正常发展。参观过痴呆者和弱智者收养所的人都对这些头脑不健全的人从心底里流溢出的善良的感情留下深刻的印象。如果他们处于安静的状态并且得到恰当的照顾，他们对人是极为友善的，明显地和正常人无异。同时，这些痴呆者和弱智者很少或根本不能抵制其他时而控制住他们的冲动，如愤怒和恐惧。友善是作为一种基本的动物本能存在的。它是如此深深地根植于人性之中，以致智力下降到正常水平以下也不会被摧毁，除非意识进入更低一级的痴呆状态。

而爱的兴奋，则是感觉到交流的可能性，是同情引起新的开端。我们在各种各样的影响中成长，当我们感到某一种影响的出现正在丰富我们的人性或提高我们的人性质量时，我们就产生爱的感情了。爱是伴随着人性通过交流健康地发展而出现的正常感情，在它的刺激下又产生更多的交流。爱这种情感看来是与愤怒、悲哀、恐惧等感情性质不同的一种特殊的感情。它是更加基本、更加普遍的一种感情。也许它像流水，而其他各种情感只是这条流水的各个支流或其中的漩涡。

爱和同情虽然是可以区别的，但是它们经常在一起出现，是相互的启动者；我们同情我们所爱的事物，只要我们的智能发展状况容许。但是毫无疑问，当我们恨一个人的时候，只要这种恨有切肤之痛，是有想象力的人类感情的恨，我们就能进入我们所恨的人的意识中，即产生同情。任何强烈的兴趣，都会唤起想象，产生某种同情——但是爱意是更经常出现的一种刺激。

爱，在亲切的同情这一意义上，可以是很强烈的感情，并且伴随着同情的洞察。然而它不必有想象或智力的参与，而完全从善良的天性爆发出包容一切的热情，其中包括高级机能的最丰富的活动。这种爱使人们对至善至美深信不疑。许多伟大的人物都用自己的感受教导别人说，上帝就是爱。因此，我们理解了爱不是一种特殊的情感，至少不仅仅是一种特殊的情感，而是智慧和心灵的外溢，伴随着最丰富的生命本身具有的喜悦之情。使徒约翰说上帝即爱，爱者信上帝。他显然指的是超出人和人之间的爱，是某种理智和心灵同步的精神状态。这种爱包容生活的一切特殊性，是向所有的人开放的。

普通人的互爱不但不满足我们的道德和正义的理想，反而像其他特殊的冲动一样损害这种理想。因为对一个人的感情而伤害另一个人的情况并非偶然。比如我替一个朋友谋到了一个职位，很可能另外有一个我不认识的人或不关心的人更适合这个职位。从那个人的观点看，我的行为就是滥用权力、损害他人。很明显，善不能通过某种简单的情感来体现，而必须从更加广泛的、包容着所有观点的生活中去寻找。

> 爱得心怀忠诚而不妩媚。
>
> 充满正义而不越轨。

因此，施予一切人的博大的爱，不仅仅是一种狭隘的柔情，而是代表着正义和道德。宽广的胸怀，善于理解他人的心灵一定会导致建立高尚的行为准则。

只有把爱理解为人性扩充在更广阔的生活里，我才能理解某些伟大的导师在他们的著作中使用“爱”这个字眼的含义。如：

> 爱是什么？为什么爱就是最伟大的善？是不是因为它是一种强烈的感情？……满怀着爱的人是智慧的，并且会变得更加智慧。他在所爱的事物中不时发现新的东西。他在用眼睛和心灵汲取美德的滋养。①

> 爱是一种伟大的感情，永远是一种伟大的善，它变沉闷为快乐，变不平等为平等。爱有分量但不是负担，它使痛苦变得甜蜜芬芳……爱不会被低劣卑污的东西淹没。爱是自由的。它脱离了庸俗感情。它的愿望没有阻碍，它不被短暂的利益纠缠，也不会因为人的困顿而消失。无论人间天堂，唯有爱最甜蜜，最勇敢，最高尚，

---

① 爱默生：《论“自然法则”》（*Address on The Method of Nature*）。

> 最博大，最欢乐，最丰富，最完美，因为爱与上帝同在，一切生灵唯有爱方能得到拯救。

> 爱者奔跑欢笑，他自由无拘束。他贡献一切获得一切，因为他具备最高的善，所有的善向他涌来，向他行进。他不重利益但热爱施与。爱不需要风度，爱的热烈胜过了一切风度。爱没有负担，不计劳苦，不怕障碍，无往而不胜。爱有益于一切，它使人实现理想，达到目的。爱者不会失败，爱者不会无助。①

爱带来的欢乐和活力，与爱的包容和外溢的特点紧密相联。爱的生活是最丰富的生活，因为它使感官充分地发挥作用；爱带来青春活力是因为青春活力的本质就是容纳。我们的不计较钱财是因为我们体会到爱不依赖财富，只有失去爱的欢乐的时候，我们才为追求安全和舒适而焦虑，对世界采取一种不信任的和悲观的看法。

我们在文学作品中常常见到作家们把爱和自我描绘成一对对立的矛盾，比如丁尼生：

> 爱操起了生活的竖琴，用力撞击着每一根琴弦，撞击着自我，自我在乐声中颤抖着逃去。

让我们思考一下，这对矛盾是否成立，或者在什么意义上是成立的。

---

① 《遵主示范》（*De Imitatione Christi*），第三卷，第五章，第三节、第四节。但丁在《神曲》（*Divina Commedia*）中，用“爱”（amore）表示各种激情。

考虑到爱和自我的关系，我们也许可以区别出两种爱。其中一种混杂着对自我的感情，而另一种则不。后者在感情上是不涉及私利的精神的快乐，在这种情感状态下，意识没有独立的存在；而前者却是积极的、有目的的和有占有心理的。（人们为成为所爱对象的一部分并排斥其他的一切而欣喜。）

而感觉到无私情感的人却对爱的对象没有什么谋求。他根本就没有“我”的意识，而是置身于他感到没有利害冲突的事物中。比如说陆地上的风景和闪光的大海等自然的美引起的喜悦，或者艺术带来的欢乐和享受——只要我们没有功利或者评判的意识——还有对那些我们既不准备对其施加影响又不准备仿效的人的敬爱。佛教的圣徒们在《涅槃经》中追求的无个性的极乐境界就是这种爱。这种爱摒弃了独立的个性观念。有独立个性的生命是不确定的和痛苦的。感受到这种爱的人却能脱离不可靠的自我。他进入了更广阔的世界，他忘怀了自己的缺陷、软弱、耻辱或失败。他即使想到这些，也是能超脱了尘世的烦扰的。不管你我现在怎么样，只要我们能体会到正义和伟大的情感，我们就能体会到这种爱，就能超脱自己，上升到这种爱的境界。这种爱带领我们超越所有的个体意识，不管是我们的还是他人的，去体会宇宙的欢乐生命。“我”这种个别的自我，以及它所具有的种种感情，在生活中有它们不可缺少的重要位置，但它们不能形成一个升华的世界；种种自我感情明显是过渡性的和不可靠的，因此充满理想的心灵不可能永驻其间。它愿意常常忘怀这些感情而进入无拘束地遨游的境界。

靠计划、靠奋斗去争取的爱却多少有自爱的成分。对自我的感觉总是伴随着个人的有目的的思想和行为，于是一旦出现了爱的对象，自我感觉就会变得更加强烈，形成目的并开始行动。母亲对孩子的爱是有占有心理的，这种爱能导致嫉妒心理这一事实就可以说明。母爱的特点不

是无私，而是联系着**她的**孩子这一观念的自我感觉。它在性质上不比男人的野心更无私，在道德上也不见得更高尚；认为母爱包含着自我牺牲的观念来自关于人的粗糙的物质观念。这种物质观念认为他人在自我之外，一切功利的和个别化了的爱都是并无“高尚”、“牺牲”可言的。我在下一章里将更多地谈论自我，但是我相信，为个别的目的去奋斗不可能不带有自我感情，不可能不产生怨恨、骄傲或者恐惧等情感。我们经常说的想象或者同情导致的自我克制，更恰当地说应该是自我的发展而非自我的破坏，虽然同情和想象的目的能改变“我”。绝对无私的爱是一种纯粹的冥想，它回避特殊性而沉溺在无差别的生命中，它把事物看作浑然一体而不作任何努力。

这两种爱可以有益地互补，其中一种联系着目的，给予人个性化的感情并使人成功，而另一种爱使我们心胸宽广，得到心灵的解脱。它们实际上是紧密相联、相互贡献的。自我和伴随着自我产生的有个性的爱似乎是更广大的生活材料的结晶。初恋的男人认为他所爱的女人崇高而神圣，他不敢占有，但是后来他开始要求她独属于他，于是为了她产生希望、恐惧和怨恨；画家有爱美的心灵，于是他作画；诗人愉悦于他看见的景色，于是要拿笔来描述。我们的成长需要我们有能力喜爱那些我们没有谋求的事物，因为我们在那些事物里获得新鲜的营养。有害的自爱是困顿于一个特别的对象上而停止发展。而从另一方面说，进入广阔的生活的能力有赖于有个性的自我的健康发展。歌德说：“你愿迈步在无限中，但你必须通过有限的道路。”我们通过个性的和自我的努力获得的东西成为思考和同情的基础，为得到不含私欲的冥想的快乐开辟了更广泛的途径。一个痛苦、焦虑、自负或抑郁的人停止努力以后就会因为他的这些经验而能对美比以前有更充分的欣赏。在人际感情方面也是这样，得到妻子、家庭和孩子需要不断地努力，但是这种获得又提高了同情的能力。因此，我们不应区分这两种爱的高低；最好的状况是在不丧失个性目的和活力的条件下保持自我的扩大和发展，使它能越来越多地容纳普遍的生活中最广阔、最高尚的内容。

这样看来，在意识共有或交流意义上的同情绝非一件简单的事。它的复杂似乎说明一旦我们对一次同情经验彻底了解，我们就有了了解社会秩序本身的途径。交流的行为是我们称之为社会整体的一个特殊的部分，必然以它这种特点反映出这个整体。与一位朋友、一位上司、一个反对者接触或者读一本书，都是一种同情的行为，而社会正是由这样一些行动的总和构成。甚至复杂刻板的风俗法规也可以被看作是无数个人的影响或者同情的行为通过某些永久性的符号系统，如法令、宪法、宗教戒律等，成为人们行为的准则。在这些系统里，个人的影响被固定了。反过来看这个问题，我们可以把每一件同情的行为看作是历史、风俗和社会风气的特殊表现。我和你接受或施与的每一点影响，都会成为我们的个性在其中成长起来的种族、国家和时代的特色。

最重要的是使个人生活中的每一个方面，从最简单的日常的互致问候到民族的政体或者社会的等级制度，都成为一个有生命力的整体。但对这个问题的普遍的意见却是非常粗糙、机械的——许多人的存在就像许多块砖头的存在一样，而社会就像存在的一堵墙。一个人，或者某些个性的及交流的展现被认为是社会的元件，而后者被认为是这个元件的聚集体。但是事实上社会没有砌成墙的砖头那样的构件，这是一种对生动的现象极不适合的机械的解释。罗马博物馆里有著名的维纳斯雕像，像其他许多雕像一样，它被安装在一根转动轴上，人们可以用他们选择的光线、角度来欣赏这尊雕像。这样他就能获得许多不同的观察点，但他在每一个观察点所观察到的，如果他是真正地观察的话，都是整体的特殊的一面。即使他观察雕像的脚，甚至脚拇指，他也能看见这一部分和整体的联系，假如他正确地观察的话。我认为对人类生活的研究在性质上是与此类似的。研究时为了方便才把研究对象按某种方法划分成几部分，但是划分的是正面或侧面，而不是元件。比如此书各章所讨论的不是单独的题目，而是一个共同主题的不同侧面。心理学、历史学和生物学的方法也是这样。

第五章　社会自我——“我”的意义

“经验的自我”；“我”作为一种感觉状态；它和肉体的关系；作为动力和原因的“我”；它在社会生活中的特殊性和分离性；当“我”是肉体时；无生命的物体；反射的“我”或“镜中我”；“我”根植于历史并随着社会条件而变化；和习惯的关系；和非功利爱的关系；儿童是怎样学习“我”的意义的；儿童的思辨的或形而上学的“我”；儿童的“镜中我”；成年人的“镜中我”；我和性的关系；天真和伪装；社会自我感是普遍的；群体自我或“我们”。

首先最好说明，在这一讨论中，“自我”一词所表示的意义就是在普通用语中主格“我”(I)、宾格“我”（me)、所有格“我”（mine，my）以及反身词“我自己”这些第一人称单数代词所表示的东西。“自我”（self 或 ego）被形而

上学家和道德学家在许多其他意义上使用，或多或少偏离了日常用语和通常的思想中“我”的意义，我希望尽可能少地涉及这些关于自我的概念。这里讨论的是心理学家所说的经验的自我，即能够用日常观察来证实和理解的自我。我用“社会”一词来限定它并不意味着有非社会的自我存在——因为照我看，普通用语中的“我”总是或多或少地和讲话者及其他人有着特殊的联系——只不过我希望强调并详细研究自我的社会方面。

自我的论题被认为是深奥难解的，也许主要是在对“纯我”（pure-ego）进行形而上学讨论时才会显得深奥——不管那会是什么——而经验的自我是不应该比意识的其他事实更难掌握的。无论怎么说，我们可以设想，第一人称代词有一种真实、重要但并不很难解的意义，否则全世界的普通人和小孩子就不会反复并明确使用它们了。既然它们有着这样一种意义，为什么这种意义不应该像其他事实一样被观察和思考呢？至于潜藏于其下的奥秘，无疑是真的，也是重要的，是那些有能力的人的一个很合适的研究题目；但我并没有觉得那是一个很**特殊的**奥秘。我的意思是，它只不过是生活总奥秘的一个方面，和任何其他有关个人或社会的事实相比并不更加神秘。在这里像在其他地方一样，那些不打算深入这一奥秘的人尽可以略而不问。如果这是关于此问题的正确的观点，那么“我”就只不过是许多事实中的一个。

很明显，以第一人称代词为名称的观念中的显著的东西，是一种特殊的感觉，这一感觉可以被称为“我的感觉”或者专有感。几乎任何一种观念都可以和这一感觉联系起来，并被命名为“我”或“我的”，但是，这一感觉，好像只有这一感觉本身是问题的决定因素。就像詹姆斯教授在其关于自我的极精当的论述中所说的那样，“我”和“自我”

这些词表示着“所有能够在意识流中产生某种特别兴奋的东西”①。这一观点由海拉姆·M. 斯坦利教授充分地发挥出来。他的著作《感觉的发展心理学》有一章论及自我感觉，特别具有启发性。

我并不是说自我的感觉方面一定比它的其余方面更重要，只不过感觉是“我”为何物的直接、明确的标志和证据；它再没有别的含义了。假如我们要更进一步探索它，就只能研究它的历史和状态，而不可能怀疑其存在。当然，对历史和状态的研究也许和对自我感觉的直接观照是同样有益的。我希望把自我的每一方面都恰如其分地展示出来。

可以认为自我的感觉或情感是本能的，必定和刺激并统一个人的个别活动的重要功能相联系而发展。② 它就是这样深深地根植于人类的历史中，并且，明显地是在我们的生活中绝对不可缺少的角色。一个人从一出生似乎就具有某种模糊但充满活力的自我感觉。它像其他本能意识或意识萌芽一样，在经验中被规定和发展，开始与肌肉、视觉以及其他感觉、包含千变万化的不同程度复杂性的感性知觉和概念联系起来，或者说进行协作，特别是和对人的观念联系或协作。同时，自我感觉本身并不是固定不变的，而是像其他任何原始的感觉一样，不断地演变和改进。这样，在每一方面都保持独特色彩的同时，它演化为无数的自我感

---

① “‘我’和‘自我’这些词，就它们能引起感觉并包含情感价值而言，是客观的名称，意指所有能够在意识流中产生某种特别兴奋的东西。”（《心理学》第319页）早一些时候他说：“在其可能的最广泛意义上说，一个人的自我就是所有他能称之为他的东西的总和。不仅指他的肉体和精神力量，而且也指他的衣服和房子，他的妻子和孩子，他的祖先和朋友，他的名誉和工作，他的土地和马以及他的游艇和存款。所有这些东西给他以相同的情感。”（同上，第291页）

所以温特（Wundt）谈到“我”时说：“这是一种感觉；而不是像通常被称作的那样是一种想象。”〔《心理学概论》（*Grundriss der Psychologie*），第四版，第265页〕

② 也许应该把它看作是一种更基本的本能，而愤怒等情感只是它的表现形式。

觉。具体的自我感觉，就像它在成熟的人身上表现的那样，是所有这些不同感情的混合体，其中有大量没有经过演化的原始情感。它完全加入思想的总发展中，但绝不会失去其专有感这一特点，这种专有感导致我们用第一人称代词来命名某个观念。很明显，自我观念的其他内容在规定自我感觉时却几乎没有什么用处，因为它们实在太不固定。依我看，想通过列举与“我”这个词相关联的事物来给“我”下定义，与用人们所害怕的事物来给恐惧下定义是同样徒劳的。恐惧首先意味着一种感觉状态及其表现，而不是作为恐惧起因的黑暗、火、狮子、蛇或者其他东西。同样，“我”首先意味着自我感觉及其表现，而不是和这一感觉可能相关的肉体、衣服、财宝、野心和荣誉等等。在以上两种情况中，深入感觉并探询究竟是哪些想象引起了这些感觉以及为什么这些想象会引起这些感觉是可行的，也是有用的，但在某种意义上说，这样做只能是一种辅助调查。

既然“我”最初是作为一种感觉或者我们思想中的感觉的组成材料而为我们的经验所知，那么不表明这一感觉，就不能描述或规定“我”。我们有时在谈论情感问题时，企图规定那些基本的、本质上不可规定的东西，由此常常陷入内容空洞的形式。给自我感觉或者任何一种感觉正式下定义，一定像给咸味或红颜色下定义一样毫无意义。我们只有通过经验，才能指望知道它是什么。除我们感觉的方式外，对自我不可能有任何确定的标准，它只能是我们对之持“我的”态度的东西。就像我们很容易地回忆起盐的味道或红颜色一样，我们对这种感觉是非常熟悉的。因此要理解它意指什么不应该有任何困难。一个人只要想象一下对他的“我”的某种攻击，比如说对他服装的嘲笑或抢走他的财产或孩子，或者诽谤他的名誉，这时，自我感觉立即就出现了。事实上，他只需十分强调地说表示出自我的词语中的一个，比如“我”或

“我的”，自我感觉就会通过联想而出现。另一种好方法是运用同情文学中描写的自我肯定的心理状态，比如进入科利奥兰纳斯①的心理状态。当他被嘲笑为“眼泪孩子”时，他大叫道：

孩子……
要是你们的历史上记载的是事实，
那你们可以翻开来看一看。我！
曾经怎样像一只鸽棚里的雄鹰似的，
在科里奥里单拳独掌，
把你们这些伏尔斯人打得落花流水。孩子！

这里是一个真正的自我，没有人不会感觉到，尽管他可能无法描述出来。第三行最后的“我”是受到伤害而愤怒的自我的强烈呼唤。

在这一论题上，忽视自我感觉的文章已经被写得太多了，从而抹去了“自我”所有生动而明确的意义。我觉得还可以补充一些有力地表达这一感觉的文学材料来说明自我感觉。在洛厄尔②的诗《幕后一瞥》里，克伦威尔说：

我，偶然
成为上帝之臂举起的人，

① 科利奥兰纳斯（Coriolanus），莎士比亚同名历史剧中的主角。他是英勇善战的罗马将领，但为人傲慢。他打败伏尔斯人以后，罗马人厌恶他的傲慢，不让他当执政官，他于是又联合伏尔斯人攻打罗马城。后来伏尔斯人又以他不忠诚为由，将其处死。——译者注

② 詹姆斯·拉塞尔·洛厄尔（James Russell Lowell，1819—1891），美国诗人。——译者注

目睹世上伟大的真理。

他笔下的哥伦布，站在船头，独自沉吟：

我在这里，没有朋友，只见悲哀的大海。
为伟大的冒险而跳动的心啊，
没有我，将会迅速地僵硬。

《新约全书》中“我就是道路”这句话也一定表达的是相似的情感。在下面的引文里，我们看到了更明白清楚的自我表达：

菲洛克忒特斯①——孩子，你知道我是谁吗？
尼奥普托利姆斯②——我怎么能知道一个我从未见过的人呢？
菲洛克忒特斯——你从未听说过我的英名和我受伤的消息吗？
尼奥普托利姆斯——从未听说过。
菲洛克忒特斯——我多么痛苦啊，我恨透了众神。我的苦恼是因为没有消息传回家乡，传回赫拉③的任何地方。④

我们都有同样的思想，然而，由于既冷漠又神秘地谈论着自我，使我们逐渐忘却了这种感觉的真实存在。

---

① 菲洛克忒特斯（Philoctetes），希腊英雄。他继承了赫拉克勒斯的弓箭，在攻打特洛伊的战争中负伤，只身留在一个荒岛上。因为神预言只有用他的弓箭才能攻下特洛伊，十年后奥德修斯带他重返特洛伊，杀死了帕里斯。——译者注
② 尼奥普托利姆斯（Neoptolemus），希腊英雄阿基里斯之子。——译者注
③ 赫拉（Hellas），希腊人对希腊的称呼。——译者注
④ 此段引自索福克勒斯的悲剧《菲洛克忒特斯》。——译者注

但也许认识“我”的自然意义的最好的方法是听听在一起玩耍的孩子们的说话。当他们用第一人称时，特别是争吵中使用这个词时，不带有任何他们的长辈们所习惯的自我抑制，而是带着强调和富于变化的语调使用这个词。我们不可能不注意到他们此时的情感与上面举例中的情感有相似之处。

“专注”一词强烈地反映出了一种意识中的令人愉快的自我感觉，即一种专有热情的静思状态。凝视在这一意义上也就等于“我的，我的，我的”的念头，并且是一种愉快而温暖的感觉。男孩对他用钢丝锯做成的东西、他用枪打下的鸟和他收集的邮票或鸟蛋的专注；女孩对她的新衣服、对别人赞赏的眼光或话语的专注；农夫对他的田地和牲口的专注；商人对他的货物和存款的专注；母亲对她的孩子的专注；诗人对一首成功的十四行诗的专注；自以为是的人对其精神状态的专注；等等。一个人都以相同的方式专注着任何产生愉快感觉的东西。

如果我说自我感觉在经验中和其他感觉能够区别开来，那将是不可理解的。但也许它在确定性这一点上和愤怒、恐惧、悲伤等情感无异。让我们引用詹姆斯教授的话来说明这一点：“自满和谦卑的情感本身就是独特种类的情感，都应该像愤怒和痛苦一样被视为原始情感。”的确，像在任何其他显著的意识状态中一样，不存在什么界限，而只存在由一种状态到另一种状态的逐渐过渡。如果“我”的概念不表示在所有人的意识中基本相同的一种观念，并和其他观念有相当明显的差别，它就不可能作为一种交流手段被自由和普遍地运用。

许多人都有这种印象，即可以证明的自我——我们用“我”命名的那个客体，通常是指肉体。我们只能说这种印象是一种幻觉。这种幻觉只要简单地用事实检验一下就可以消除。当我们稍稍思考一下

“我”，并为之寻找一个有形的附着体时，我们很自然地会考虑到肉体上，并把它作为最易获得的焦点；然而在我们自然地应用“我“这个词时，比如在日常言语中运用时，我们并不很经常地想到肉体，几乎不比其他东西想得更频繁。要检验这个结论并没有什么困难。“我”这个词汇在日常生活和文学中是运用最普遍的词汇之一，因此我们有取之不尽的例证来研究它的意义，没有比这更容易做的事情了。我们不妨检查一下日常言谈中这个词是怎样被使用的，比如说使用一百次吧，我们可以注意它和其他概念的联系；或者我们可以观察小说中的人物对这个词次数大致相同的使用，我们将发现，“我”和讲话人肉体的联系在一百次中不会超过十次。它主要指的是观点、目的、愿望、声明等等而非我的躯体。如**我**认为或感到怎样；**我**希望或打算怎样怎样；**我**想要这个或那个。这些都是典型的用法。自我感觉在这里和观点、目的或提到的物体建立了联系。还应该记住，“我的”和“我的”（名词性物主代词）像“我”一样，是自我的名称，这些名称当然通常是指各种各样的占有物。

我怀着好奇粗略地对《哈姆雷特》中出现的一百个主格“我”和宾格“我”进行分类。结果如下：这一代词和感知觉，如“我听见”、“我看见”，相联系十四次；和思想、感情、打算等相联系三十二次；和愿望如“我请求你”相联系六次；表示讲话者，如“我会讲到这件事的”——十六次；表示交谈中的听者十二次；和行动相联系，也许模糊提及了躯体，如“我来到丹麦”等——九次；模糊不清地提及身体的——十次；用来代表外貌特征的，“一点也不像我父亲。就像我一点也不像赫克勒斯一样。”——一次。这些分类是不够严格的，观察者毫无疑问会得出不同的结果；但我认为他肯定会得出结论：当莎士比亚的人物使用主格“我”和宾格“我”时，他们不大想到他们的躯体。总的来说，在这个问题上，这些人物可以代表全人类的情况。

正如已经说过的那样，本能的自我在进化和发展中毫无疑问地起着刺激和统一个体的专门活动的重要作用。它联系着的观念主要是那些运用力量和启发行动以及强调“我的”意识与其他人的意识对立的观念。一个孩子最初和自我感觉联系的明确意识可能是他刚刚萌发的、想要控制可见物体的念头——他的四肢，他的玩具，他的奶瓶等。以后他又发展到试图控制周围人的行动。他的力量和自我感觉的范围就这样逐渐扩大，以致产生复杂而成熟的思想和雄心。虽然他在出生两年以内不说“我”或“我的”，但是他的行动十分清楚地表现了这种意识。虽然婴幼儿不像成年人那样把行动和这些词联系起来，但我们即使在他们出生的头几个星期里也不能否认他有一个自我。

自我感觉和有目的的活动之间的相互关系可以通过观察任何创造性活动的过程而清楚地看到。假如一个男孩子开始做一条船并有了一些成功，他对这件事情的兴趣就增加了。他专注于这条船，龙骨和船头对他来说非常亲切，船的骨架甚至比他自己的躯体更重要。他急于把他的朋友和伙伴叫来，对他们说：“看，我做了什么？难道不是妙不可言吗？”这时赞扬使他得意非凡，而别人若是持挑剔的态度，他就会生气和感到丢脸，但只要他做完了并转向另一件事，他的自我感觉便开始从这件事上消失了。最多几个星期，他对先前那件事就相当冷漠了。我们都知道，成年人获得成就时也会有几乎相同的感觉过程。没有相应的自我感觉，就不可能产生一幅画、一首诗、一篇散文、一件费力的石雕作品或任何其他艺术品和工艺品。这种自我感觉通常达到相当兴奋的程度，并热望着某种赞赏；但这种意识状态随着活动的结束而立刻消失，人们在活动停止后常常变得相当冷漠。

也许有人会提出反对意见说，自我感觉并不被活动的次数和明确的目的所限制，反而常常在意识并没有集中于某事或未作决定的时候最强烈，比如懒人和无用的人的自尊心通常是很强的。然而，这可以被看作是这一原则的一个例子，即所有的本能在没有得到充分表现时都有可能采取不健康的表现形式；表现欲在生活中受到挫折后，倾向于发挥在琐屑的事情上。

社会自我只不过是意识对自身产生于交流生活的某种思想或者思想体系的认识和感觉。自我感觉的范围主要在普遍生活的里面而不是外面，其特殊的功能和倾向是把充满个人力量的世界作为表现情感的天地，并反映在由对人印象构成的意识中。

由于和其他人的观念的联系，自我的观念永远是对个人生活中特殊的或有差异的方面的一种意识。与他人不同的生活必须有目标和努力才能获得。一个人若努力心切，碰上符合他的倾向而不符合与他意识有交流的别人倾向的事物，就会牢牢抓住不放。人们最需要这样的努力刺激起反映自己特点的行为，来培养普遍的生活所要求的个人之间的差异。正如莎士比亚所说，上帝确实

> 让人具备不同的秉性，
> 让他们不停地去追求。

而自我感觉是产生差异的原因之一。

这就是为什么进攻性自我最明显地表现为试图占有众人渴望的对象，因为个人对这些对象的占有，有利于他的特殊发展并避免与同样需要这些对象的其他人发生争夺而给他造成伤害。这些对象包括物质对象及他人对自己的关怀和爱，包括一切谋求和抱负，包括意识中能够产生

的最高尚的目的。甚至是任何可以成为人的生活的一部分的观念，只要它们能帮助加强自己的力量以防御他人。把“自我”一词及其意义限制于个性的较低层次的想法是不正确的，而且不符合常识。因为在对“我”的强调使用中，它常常和责任以及其他高尚的动机联系在一起。忽视不仅作为低级层次，而且也作为高级层次的自我的个性化发展的机能是不明智的。

普通语言中的“我”有联系他人的意义，该词及其所代表的意义能够反映语言和交流生活的现象这一事实就是证明。在没有或多或少明确地想到别人的情况下，是否有可能运用语言是值得怀疑的。可以肯定的是，我们命名的事物以及在我们的反思中占重要地位的事物，几乎都是通过我们和其他人的交流而留在我们意识中的。没有交流事物，就不可能有名称，人类就没有多级思维活动。那么，我们所说的“我”、“我的”或“我自己”并不是独立于普遍生活之外的某种东西。而是其中最最重要的部分，它的重要性产生于这一事实，即它既是普遍的又是个人的。那就是说，我们关心它只不过因为它是意识活动试图在普遍生活中对他人的意识产生影响的努力和斗争。“我”是一种好战的社会倾向在总的倾向之流中努力巩固和扩大自己的地盘。像所有生命一样，只要有可能，它就会扩张，把它和社会分开是一种明显的谬误。那些真正明白它是生活中的事实的人，是不可能犯这个错误的。

只有在人中间人才能认识自己，只有生活才能教会人去认识自己。①

① 歌德：《塔索》，第二幕第三场。

如果一件事和一个人所关心的事物没有任何联系，他就绝对不会考虑这件事。即使他真的考虑它，他也不能特别把它看作是**他的**。专有感好像是普遍生活的影子，我们有了专有感，就有了对和其联系的普遍生活的意识。例如，我们把一片幽静的树林认为是“我们的”，那是因为我们认为其他人不到那里去。至于形体，其任何一部分若没有在意识上和其他人有着实际的或可能的关系，那么，无论这种意识多么模糊，我们对这部分形体都不会有生动的自我感觉。涉及形体的强烈的自我意识产生于将它和对他人的意识联系起来的本能或经验。体内器官如肝脏等并不被特别地意识到，除非我们想要表达某种意识，比如说我们得了肝炎，想要得到同情。

那么，“我”并不是意识的全部，而是处于意识中心地位、充满活力并十分缜密的一部分。这一部分并不是和其余部分分离的，而是和它们逐渐融合的，但却又有着某种实际上的界限。由此，一个人通过其语言和行为总能十分清楚地显示出什么是他的“我”，并和不属于他的思想区别开来。也许可以把它比作我们曾提到过的那堵墙上的被照亮的中心区域。也许更恰当些，可以把它比作是一个活细胞的核。一个细胞核并不完全和包围它的物质分离，实际上它就是从那些物质中形成的，只不过更活跃、更确定地组织起来了而已。

自我感觉中他人的影响可以十分显著和特别。一个男孩若做了他母亲禁止的事情后被母亲觉察，他会感到羞愧；但自我感觉中他人的影响也可能是模糊和笼统的，例如，一个人拒绝去做某些事情，只不过是由于体现着社会责任感的良心的反抗。在骄傲和羞耻的情感中，“我”的意识不可能没有相应的对你、他或他们的意识。即使是摩挲着藏金的守财奴，也只能在意识到他对其他人拥有秘密的权力时，才能感到“这是我的金子”，所有珍藏财富的人都有相似的心情。许多画家、雕塑家和作家都喜欢把自己的作品藏于深阁，独自玩赏不已。这里面的快乐，以及所有类似的秘密的快乐，都依赖于对价值的意识。

我在上面讲过，当我们的身体具备社会功能和社会意义时，我们就把它认作“我”，例如我们说“我今天看上去很好”或“我比你高”，我们在此时把“我”带入了交流的世界并产生自我意识。既奇怪而又自然的是，我们会把和我们的意志或目的相一致的任何无生命的物质也叫作“我”。这在比赛中特别明显。比如在高尔夫球或棒球比赛中，球的位置反映着运动员的成败，你会听到有人说，“我在长草地三号发球点边上”，或“我在射中间门的位置上”。一个男孩在放风筝时会说：“我比你高。”一个对着靶子射击的人有时说他刚好在靶心下面。

在许多情况下，与他人的联系依赖较为确定的想象形式，即想象他的自我——他专有的所有意识——是如何出现在他人意识中的。这种自我感觉决定于对想象的他人的意识的态度。这种社会自我则可以被称作反射自我或镜中自我：

人们彼此都是一面镜子
映照着对方

我们在镜中看我们的脸、身材和衣服，因为我们的兴趣在于这些形象是属于我们的。我们根据这些形象是否符合我们的愿望而产生满意或不满意的心情。同样，我们在想象中得知别人对我们的外表、风度、目的、行动、性格、朋友等等的想法，并受这些想法的影响。

这种自我认识似乎有三个主要成分：对别人眼里我们的形象的想象，对他对这一形象的判断的想象；某种自我感觉，如骄傲或耻辱等。

用镜子比喻几乎没有显示出第二种成分，即很重要的想象中的别人的判断。刺激我们骄傲或耻辱的东西并不仅仅是我们自己的机械的反映，而是一种有旧因的情感，即想象另一个头脑里的反映产生的结果。这一点可以从这一事实中看得很清楚，我们在其心目中看到我们自己的另一个人的角色和力量，对我们的情感有很大影响力。我们羞于在一个坦率的人面前显得躲躲闪闪，在一个勇敢的人面前表现出胆怯，在一个优雅的人眼里显得粗鲁，如此等等。我们总是想象，并在想象中与另一个头脑持同一判断。一个人会对另一个人吹嘘一次行动——比如说一次精明的买卖交易，而对另一个人却会羞于启齿。

很明显，联系着自我感觉并构成关于自我的理智内容的观念，是不可能被任何简单的描述所包罗的。它们随着各异的性情和不定的环境在变化着。说肉体是其中的一部分，朋友是其中的一部分，计划在其中占多少位置，等等，都属于简单的描述。自我有这样一种性质，像个性的任何一方面一样，表现了深远的遗传和社会因素，不把它和普遍的生活联系起来，就不能够理解和掌握。它是个别的，但绝不是孤立的——特殊性和孤立不仅是不同的而且是矛盾的，前者表明着和整体的联系。自我感觉的对象受历史的总体进程的影响，受民族、阶级和职业等的特殊发展及其他条件的影响。

这一点的真实性也许最明显地在这一事实中显示出来：即使那些最普遍地联系“我的”感觉或者带有“我的”感觉色彩的观念，比如一个人对他可见的外形、他的姓名、他的家庭、他的亲密朋友、他的财产等的想法，也并不是绝对地和自我如此相关联的，而有可能在特殊的社会条件影响下和自我脱离。对基督教的历史和其他宗教及哲学起过十分重要影响的禁欲主义者，不无成功地努力着要把他们专有的思想和所有的物质环境分离开来，特别是要和他们的肉体分离开来，他们试图把肉体看作是灵魂在尘世寄居的暂时和下贱的躯壳。他们断绝自己和肉体的联系，断绝和财产、舒适、家庭情感的联系——不管是妻子儿女的还是父母和兄弟姐妹的，还和普通的欲望断绝。如此，他们给自我感觉规定了一个单一的方向，但他们并没有破坏它：毫无疑问，只要仍然保持精神力量，本能就不会灭亡，它可以依附于其他观念之上。在孤独怠懒和折磨感官的隐士被广泛接受为人类生活的楷模的那些世纪里，理想采取的这种奇特而粗笨的形式是我们需要探索和研究的对象。即使禁欲主义的最高代表者，如圣·杰洛姆，我们也很容易看到严格的戒律根本没有减弱他自我的力量，他只是以某种高尚的或不寻常的方式消耗掉他的能量。自我观念可以是某种伟大的道德改革思想，可以是宗教教义，可以是死后灵魂超脱的思想，甚至可以是神的观念。像乔治·赫伯特和托马斯·阿·肯比斯那样的虔诚作家，经常说上帝为**我的**上帝，这绝非是随俗的口头语，而是带着一种亲密的专有感。据观察，对死后个人灵魂继续和独立存在的希望是自我感觉的一种表现。约翰·爱丁顿·西蒙兹①认为，它与强烈的自我主义以及欧洲民族的个性有紧密联系。他还声称几百万的佛教徒会避之唯恐不及。②

习惯本身并不足以使一种思想进入自我而被其专有。许多习惯和熟悉的事物是被环境强加到我们身上，而不是因为它们符合我们的意愿而被选择的；它们对自我来说仍然是外部的，而且可能是被排斥的。相反，经验中若出现一个新奇但却十分迎合我们意愿的事物，比如关于一

① 约翰·爱丁顿·西蒙兹（John Addington Symonds，1840—1893），英国历史学家、翻译家。——译者注

② 《约翰·爱丁顿·西蒙兹》，H. F. 布朗（H. F. Brown）著，第二卷，第120页。

件新玩具的念头，或者罗密欧关于朱丽叶的想法，几乎立即就被专用了，至少暂时变成了自我的真正中心。习惯在自我的成长中有着相同的稳定和巩固行动，就像它在别的地方一样，但这并不是它本能的特征。

我在前一章里曾经说过，自我感情在某种意义上与非功利的、静观的、倾向于取消个性的爱相对立，或者最好说是其补充。这种非功利的爱没有界限，我们在扩大和增加新的不确定的经验时所感到的就是这种爱，而自我感觉则伴随着对经验的某一部分的专有、限制和保护。前者迫使我们接受生活，后者使生活个性化。按照这个观点，自我可以被看作是意识中的一座外围设防、里面藏有许多挑选好的财宝的城堡，而爱却是宇宙中不可分割的共享物。在一个健全的头脑里，自我和爱彼此促进对方的成长：我们强烈地和长时间地爱着的事物，我们很可能会带进城堡，认为是我们自己的一部分；另一方面，也只有在一个坚实的自我的基础上，一个人才能够发展同情和爱。

自我和爱心任何一方出了毛病都会使另一方丧失支援。除非保持发展、吸收新鲜生活，感受爱和热情，意识不可能健康；只要确实保持着发展，自我感觉就可以是谦虚和慷慨的，因为这些情感伴随着爱心启发的是更广阔和更高级的意识。爱若是关闭了爱心，自我就患病僵硬了：头脑里若没有其他东西来占据其注意力，给它所需要的改变和更新，就只能越来越多地用自我感觉来维持运转，而且必定是狭隘和使人讨厌的自我感觉形式，如贪婪、自大和自以为是。在一件事的孕育和实行期，我们对这件事必须有自我感觉，这是必要的。但一旦其完成了或失败了，自我应该挣脱出来并转移开，就像梭罗说的，应像蛇一样更新皮肤。一个人若非具有一种自由精神，一个不受目的限制的和超越现实世界的灵魂，他做任何事情都不会显得十分明智和富有人情。这就是那些反复宣扬自我抑制的人的真正的思想。他们的意识是，自我的顽固必须被发展和更新打破，它必须在某种意义上能够果断地“再生”。一个健康的自我必须既充满活力又具有可塑性，是在同情的指导和养育下个人目的与感情的坚固而缜密的核心。

“自我”和第一人称代词代表的观点是人类学会用来表示意识的本能态度的。在我的孩子 M 刚开始学习使用这些代词的时候，我经过观察，对此产生了很深刻的印象，即每个孩子都以相当的方式学习着运用这些词汇。当她两岁零两个星期大时，我惊讶地发现，在表示所属关系时，她对第一和第二人称有着清楚的概念。当被问：“你的鼻子在哪里?”她就把手放在鼻子上说：“我的。”她还懂得，当另外一个人说“我的”并指着一个物体时，那意味着与她接触同一个物体时说同一个字表示着相反的意思。在除了听到别人如此说以外，没有任何办法理解“我”和“我的”这些词的意义。可是一个幼儿却是怎样弄明白的呢?任何想在这个问题上发挥想象力的人都懂得这是很令人迷惑的。与其他词不一样，人称代词很明显没有任何固定的意义，而且被不同的人运用时传达着不同的甚至相反的意思。孩子在他们掌握抽象推理能力之前解决了这个问题，似乎有非凡的能力。一个并不特别聪明的两岁小女孩，是怎么发现“我的”并不像其他词一样是一个明确物体的标志，而会因运用它的每个人而意味着不同的意思呢？更令人惊讶的是，她是怎样学会了把它正确地运用到自己身上呢？这**好像是不能从任何其他人那里模仿到的**，因为没有其他人会运用它来描述属于她的东西。词的意义是通过把词和其他现象联系起来而被学会的。但是这么一个词，其他人运用的时候，从来就没有和自己运用的时候有相同的联系对象，它的意义又是如何被学会的呢？有一个事实使我立即有了答案，即她几乎总是在占有感支配下使用这个词，或是在一种侵略性的专断情绪中使用它。我

常看见 R 拉住玩具的一头，M 拉住另一头尖叫“我的，我的”。“我”有时几乎是和“我的”对等，当她想要别人为她做点事时，她也会使用它来使别人注意她。“我的”一词有时也表示要求得到某个她完全没有的东西。要是 R 有着某个她没有但却想要的东西，比如说一辆玩具马车，她就会叫喊：“**我的**马车在哪里?”

依我看，她学会运用这些代词的过程大约是这样的。自我感觉总是存在的。从第一周开始，她就想要东西并为此哭闹挣扎。她也通过观察和反对 R 的相似的专有活动而熟悉了这些活动。于是，她不仅自己有这种感觉，而且通过把它和可见的表情联系起来了，推测、同情或不满其他人的感觉。她把抓、拉、叫喊和她自己相同情况下的感觉联系起来，并在观察其他人时回忆起这种感觉。抓、拉、叫喊这些行动在第一人称代词的运用之前形成了一种语言，来表达自我意识。这样就一切就绪了，只等那个词来命名这一经验。她现在观察到，当 R 试图占有某东西时，常常大叫“**我的**”、“**我的**东西”、“把它给**我**”、“**我**要它”等等。那么，她采用这些词作为一种经常体验的生动的感觉的名称，是再自然不过的了。她对这种体验已经熟悉，并且已经学会推测别人的这种体验。因此，就像那时我在笔记上所记录的那样，她觉得“我的”和物主代词“我的”（mine）仅仅是具体的占有物的名称而已，既表示占有感又表示占有形式。若果真如此，则幼儿首先明白的并非我—你的抽象概念。第一人称代词说到底是一件具体现象的标志，它并不首先指幼儿的身体或他的肌肉感觉等等，而是指侵略性占有的现象。他亲自实现这一现象，从别人身上观察到这一现象。这一现象被遗传本能所刺激起来，又通过遗传本能被理解。这好像解决了上面提到的困难，也就是说，别人运用“我的”和一个人自己运用“我的”时，这一词汇实际上是代表着共同内容的。这一共同内容即占有感觉以及反映这一感觉可见的表现。当然，在另一个人的“我的”和自己的“我的”所常代表的相反的行动和目的中，一种差异和竞争的成分加入进来。当另一个人就我所要求的某种东西说“我的”时，我同情他并完全理解他指的是什么，但这是一种充满敌意的同情，它被更生动的“我的”所压倒，这一个“我的”联系着自己要获取那件东西的意识。

换句话说，“我”或“我的”意义，与“希望”、“后悔”、“懊恼”、“厌恶”以及其他上千种表示情绪和情感的词语意义一样，是以同样的方式被学会的。那就是首先具有这种感觉，然后联系这种情感的表情，发现其他人的这种感觉并听到随着表情一起出现的这个词。至于其交流和发展，自我感觉除了和其他思想基本相同外，我看不出有什么特别的东西。在其更复杂的形式中，比如在谈话和文学中，“我”所表达的意思是一种社会情感或情感类型。它以上一章所讨论过的方式，被交流所限定和发展。①

R 虽然是一个比 M 更善于思考的孩子，却在理解这些代词时迟钝得多。他第三十五个月时还没有弄清楚这些词的意思，有时把他的父亲叫作“我”。我想这是因为出生后的头几年里，他既平静又无竞争，很少培养社会自我感，而把时间主要运用于不涉及个人的实验和思考；另外是因为他几乎没有见过其他孩子，没有机会让对立情绪唤醒自我感觉。相反，比他小的 M 因为有了 R 的对立，便很自然地被刺激起了热切的占有感。因为有了她，R 的自我感觉有了显著的发展。R 发现，坚持自我对保护他的玩具或者任何其他能够占有的东西都是必要的。他在 M 出生以前，在大约三岁时学会了使用“我的”。毫无疑问，他是在和父母亲的交往中学会的。他也许注意到了他母亲拿起剪刀并声称这是**我**

---

① 参照我的文章《对幼儿使用表示自我的词汇的研究》，《美国心理学报》，第十五卷，第 339 页。

的；于是，他颇有同感地用同样的方式模仿着声称某样东西是**我的**——与其说把这个词与物体联系了起来，还不如说把它与行动及感觉联系起来。但由于那时我对这个问题想得不清楚，也没有作任何令人满意的观察。

我认为，一般来说，孩子起初仅仅把主格“我”、宾格“我”与那些唤醒和限定专有感的观念联系起来。他用几乎像占有一件玩具一样的方式占有他的鼻子、眼睛或脚——与他不能控制别人的鼻子、眼睛或脚对立。成年人常常逗弄幼儿，假装要拿掉他们的一个器官。幼儿受威吓后的反应显示出他们觉得“我的”是一个可以分割开的物体——一切东西在他们看来可能都是可以分离的。正如我指出的那样，即使在成人的生活中，主格“我”、宾格“我”或“我的”这些词的强烈意义也只是附着于通过某种对立式的对照而对他们显得特殊的那些事情。这些词常常反映出社会生活和与其他人的关系。确实，那最明显地属于我的就是我个人的，但我珍视着的这一部分个人的东西正是与世界其余部分对立的事物。因此我个人的这一部分不是孤立的，只不过是特殊的。侵略性自我主要是人的好战的一面，它明显的作用是加强个人的活力。好战性不会以明显的、表面化的方式进行，而总是作为一种精神状态存在。

某些关于幼儿自我感发展的著名论述强调了关于“我”的思辨的或形而上学的意义。孩子有时表现出对“我”的这种思考或者说是为了回答成年人的提问，或者说是一种思辨本能独立发展的表现。这些研究的最明显的结果表明，当一个孩子以这种方式对自我有所反应时，他通常把“我”依附于肉体。虽然这一幼稚的形而上学作为精神发展的一个过程是有趣而重要的，但它显然不能作为幼儿自我感的充分表达；也许，在这方面已经收集了有价值材料的 G. 斯坦利 · 霍尔教授

(G. Stanley Hall)，与我的看法相同。[①] 通过向幼儿提出自我在什么地方，四肢是否也包括在里面等问题来对“我”进行分析，远离了幼儿和成年人日常对这一词的自然地运用。我在自己的孩子身上只有一次似乎观察到了这种表达方式。有一次，R 努力学会正确运用代词时，我做了一次无效的努力，我指出这个词和他身体的关系来帮助他，我现在认为说无效是不对的。另一方面，每个学会了讲话的孩子都以他自己的种族运用了几千年的简单朴素的方式每天几百次地使用着主格“我”、宾格“我”和“我的”。他们为了要得到玩具和维护自己特殊的意志和目的这样用着这些词汇，比如“我不想那样做”、“我将画一只小猫”，等等。但他们几乎没有涉及自己身体的任何部分。当涉及身体的某一部分时，那通常是为了要求对它的赞赏，例如：“我看上去不是很漂亮吗?”但这时的主要兴趣毕竟在别人的态度上。思辨的我虽然是一个真的“我”，但却不是普通语言和日常思考中的“我”，像形而上学家谈论的“自我”远离平常的思想。实际上，这是一个思考不成熟的举例。

当孩子处于这一哲学化的思想状态中时，他们通常把“我”指作肉体。这可以用如下事实来解释：他们的物质主义思考方式需要把自我安置在某个地方，这符合所有原始思维的特点，肉体是他们对其拥有可靠的把握的有形的东西，好像是自我最安全的家。

要使幼儿的那种镜中自我的感觉发展也许并不会遇到多少困难，他们通过仔细地观察别人行为的变化，很快能发现，他们和别人行为的那些变化有一种联系，也就是说，他们觉察到了自己对别人的影响。孩子支配了父母或保姆的一些行为，他发现他对这些行为拥有着某种控制能

① “早期自我意识的某些现象的比较”，《美国心理学报》，第九卷，第 351 页。

力，就像他拥有某一样玩具。他试图借助这新的占有去达到别的目的，就像他借助手的动作或哭闹一样。一个六个月大的女孩会试图以最明显的故作姿态吸引其他人对她的注意，通过自己的行动调动她所占有的其他人的某种行动。她尝到了作为一种起因以及发挥社会权力的乐趣，并希望得到更多类似的乐趣。她会拉住母亲的裙子，扭动，咯咯笑，伸出手臂，等等，一直等待着希望得到的效果。即便在这种年龄，这些表演也经常使孩子显得会装假，也就是说，她过分地注重别人对她的看法。在任何年龄，当试图影响别人的愿望压倒了稳定的性格时，人们明显地扭曲自己的性格，并装腔作势。我们发现，即使达尔文在儿童时期为了给别人制造一种印象也会撒谎。这个发现是有启发性的。他在自传里说："比如有一次，我从父亲的树上采摘了许多很好的水果，把它们藏在灌木丛里，然后上气不接下气地跑去散布这一消息：'我发现了一堆被偷掉的水果'"。①

小演员们很快学会了在不同的人面前以不同的面目出现。这表明他们开始理解个性并能预见个性的差异所能带来的结果。如果母亲或保姆比较心软，那么用哭泣的手段肯定会对她们"起作用"。我们常能观察到有的孩子和母亲在一起比和其他更少同情的人在一起表现得更坏。很明显，在孩子见到的陌生人里，有些人使他留下了强烈的印象，刺激起他们希望得到注意和取悦于他人的欲望，而另一些人留下的印象则是淡漠或令人厌恶。有时我们能猜出其中的缘由，有时则无法理解；但有选择地产生兴趣、爱慕、权威这一现象，在孩子出生后第二年年底已经很明显了。那时，一个孩子已经相当关心自己在某个人心目中的地位，而对另一个人则可以毫不在意，而且，他不久就把亲近的和慈爱的人认作

---

① F. 达尔文：《查尔斯・达尔文的生平与著作》，第227页。

是**我的**，把他们归类于他的占有物，并产生排他心理以维护自己的专有地位。三岁的M对R声称他们的母亲是他的表示强烈的不满。每当这个话题出现时，后者总是坚持说“我的妈妈”。

强烈的快乐和悲哀取决于处于萌芽中的社会自我所受到的待遇。我注意到M在只有四个月大时就有了一种“被伤害的”哭法，这一哭法好像表示了受怠慢的感觉。它和疼痛或愤怒的哭声十分不同而类似恐惧的哭声。最轻的责备语气也能引起这种哭声。但是，要是人们对她注意，笑着逗弄她，她就十分愉快。大约在十五个月时，她就变成了“一个完美的小演员”，好像主要地生活于她对在别人身上产生的效果的想象中。她为了引起注意，不断地明显地布置着陷阱，只要看到令人不赞赏或淡漠的迹象就会脸红或哭泣。有时她好像不能克服这些挫折而拒绝别人的安慰，悲哀地长时间地哭泣。要是她想到了任何使人发笑的小诡计，她肯定会重复并高声和不自然地大笑。这些小小的表演是无止境的，她会对一个有同情心的观众做表演，甚至会在陌生人身上一显身手。在她十六个月的时候，我看到了当R拒绝给她剪刀时，她坐下来假装哭闹，噘起嘴抽着鼻子，同时，不时地抬头看看产生了什么效果。①

在这种现象中，依我看，我们十分清楚地看到了各式各样雄心抱负的萌芽，和本能的自我感觉相合作的想象已经创造了一个社会的“我”，这已经变成了个人兴趣和努力的主要目标。

“从这以后的发展主要是以更确定、更成熟和更内向的方式对他人的意识状态进行想象。一个小孩试图导致产生某种可见的结果，他并不深究这些现象，但一个成年人希望在另一个人身上产生的影响表现为内

① 观察幼儿的人对这种现象是很熟悉的，茜纳小姐在《一个孩子的成长记录》第153页有类似记述。

在的、不可见的状态。他自己的丰富经验能够使他想象得到这一状态，表情对他来说只不过是这种状态的外部标志。然而，即使是成年人也不能区别人们的思想和其他可见的表情。他们对事物的整体进行想象，他们的思想和一个孩子的不同处主要在于解释和说明可见的标志的手段相对丰富与复杂。在维护社会自我的行动中，也存在着从天真到成熟的进步。开始，一个孩子简单明显地为了效果而行事。随后，他努力压制自己，装出冷漠、轻蔑以隐藏在他心目中建立自我形象的真正愿望。他领悟到明显地追求好评是软弱和令人不快的。

我怀疑，大多数孩子都具备的社会自我感觉与表达方式的发展是有规律和阶段性的。自我感觉从新生婴儿的原始占有天性发展出来，看不出阶段性，它们的表现形式在不同的事例中变化不定。许多孩子从半岁起就明显地显出了自我意识；有些孩子则几乎没有显露出来。还有，孩子装假期的时间和装假行为发生的次数有很大的差别。在孩提时代，或者在生活的任何时期，对某一思想而不是对社会自我意识的着迷会消除“自我意识”。

然而，几乎每一个人，只要他们的思想是富于想象力的，都会在青春期经历一个充满激情的自我感觉阶段。按照流行观点，在这一阶段，社交冲动会随着性功能的迅速发展而得到刺激。这是一个英雄崇拜的阶段，不屈不挠的阶段，充满热情和幻想的阶段，理解模糊却狂热的阶段，吃力地模仿以致不自然和做作的阶段，在异性和优越的人面前拘谨的阶段，如此等等。

许多自传都描写了青年期的社会自我感觉。具有紧张而敏感的天性的人，由于被虚弱的身体和不适合的环境所阻碍而得不到和这一年龄相对应的那种成功，自我感觉经常保持着高度的紧张。有才智的年轻人通常都有这种情况。他们异常的天赋和性格常常或多或少地把他们和周围的日常生活隔开。在约翰·爱丁顿·西蒙兹的自传中，他叙述了一个雄心勃勃的男孩的感觉。这个男孩因有病的身体、外貌的丑陋——这对他强烈的审美天性是不小的打击——还有智力迟钝而受到折磨。“我几乎仇恨由于我是我父亲的儿子而得到注意，……我把这些注意看作是出于慈悲的屈尊。于是，我变得傲慢而羞怯，这种态度是不好的，但其中包含着自我依赖，向世界挑战的骄傲。实现我自己并通过努力赢得我想要的东西的决心，……我起誓，不管怎样，我也要让自己升到某种杰出地位。……我对财富没有任何欲望，也没有任何愿望要求在社会上显赫。但我不可忍受地渴望着杰出，渴望着我的个性被承认。① ……支持我的主要是一种自我感……一种傲慢，充满敌意而不屈的自我感。② ……我的外在自我在许多方面不断被拒绝着、摧毁着和伤害着，然而内在自我却在黑暗中逐渐坚强起来。我反复重复着：等待，等待。我会得到，我将要成功。③” 他在牛津时有一次偷听到了有人在谈话中贬低他的能力，预料他不能得到“第一”。“那根刺一直在我身上，虽然我并不在乎第一，但我当时就下决心要赢得我那年级里的第一。在我身上的这种勇气必须得到成果。再也没有什么东西能够比受人轻视更能唤起这种勇气，并且激发反抗的男性气质。”④ 他又痛苦地说道：“我看着我周围，发现我又不擅长任何技艺。⑤ ……我烦恼，因为我没有实现雄心。因为我没任何积极的工作，不能像其他人一样赢得一个重要地位。⑥”

---

① 《约翰·爱丁顿·西蒙兹》，H. F. 布朗著，第一卷，第 63 页。
② 同上书，第 70 页。
③ 同上书，第 74 页。
④ 同上书，第 120 页。
⑤ 同上书，第 125 页。
⑥ 同上书，第 348 页。

这种心情在文学中常常得到表现，我们自己也很可能体验过。在此值得回忆并指出，采用西蒙兹先生的话来说，实现自我这种根本需要是一切抱负和雄心的实质，就是对其他人的意识产生某种效果。在上面的引文中我们感到了好胜的个性的不可屈服的力量，而自我感觉似乎就是这种力量的载体。

在社会自我的发展中，性差别从生命最初阶段就很明显。通常，女孩子的社会感觉更敏锐，她们更明显地关心和研究自己的社会形象，更多地受自己社会形象的影响；这样，即使不到一岁，就显露出精明，并且掌握了装假的技巧。男孩们相对来说迟钝一些。他们更多地被肌肉活动或物体构造所吸引，他们的想象更多地运用于事物，更少地运用于人。在一个女孩身上，所谓**女性本能**虽然不易描述但肯定存在，只要她一开始注意他人就会立刻表现出来。它在某一方面肯定是一个不那么简单和稳定的自我，但却是一种强烈的冲动：要想了解他人的意识。并根据别人意识中自己的形象产生快乐和悲伤。毫无疑问，通常女人比男人更依赖于直接的个人支持和确认。女人的思想需要依赖于她能在其意识中稳定地保持美好形象的人身上。她就依靠这一形象而生活。不管是在现实中或是理想中的人身上发现这一形象，为维护这一形象而努力就成为生命力的源泉。但这种力量依赖他人的支持，无支持，女人的个性就容易变得像一艘无人驾驭的漂流的船。生来更富有侵略性的男人，相对来说有着更大的独立能力。但无任何人能真正独立，独立面貌的出现只不过因为性格的更加稳定，更能保持着自己的状态而拒绝即时的影响。不管是直接的还是间接的，注意我们在他人面前的形象对所有正常人都是一种约束。

联系着性本能的模糊但却有力的自我的那些表现，与自我的其他方面的表现一样，可被看作发挥力量要求的表现，并同时受他人的影响。我敢说青年是羞怯的，恰恰因为他们感受到了模糊的侵略性本能的冲动而又不知道如何表现它或抑制它。对待异性就基本上是这种情况：羞怯的人总是具有侵略性意识的；他们感觉到了对另一个人的兴趣，对他施加影响的需要。在两性关系中，性激情有很大部分是一种权力欲、控制欲和占有欲。再没有任何感觉状态比之呼喊着“我的，我的”更强烈了。被统治或被占有的需要，至少在女人身上是和占有、统治的欲望一样强烈的。它出自同一原始欲望，也是一种支配他人的激情。“男人的欲望是女人，而女人的欲望是激起男人的欲望。”（孟德斯鸠语）

虽然和女孩相比，男孩总的来说自我感不会那么敏锐，但在这点上男孩之间也有很大的差异。有些男孩明显地有耍手腕和装假的倾向，而另外一些男孩却几乎一点也没有。后者的想象是平静的，也许，他们不装假主要是因为他们对自己在别人面前是什么样子没有生动的想象，于是他们就以本来面貌出现，而不主动装出一种样子；他们对别人的冷漠不在乎，因为他们没有感觉到；他们不惭愧、不妒忌、不自负、不骄傲、不悔恨，因为所有这些都依赖对他人意识的想象。我见过从不撒谎的孩子，事实上，他们是不懂得说谎和隐瞒的作用和目的。因此，他们连捉迷藏的游戏也不会玩。这种十分简单的看待事物的方法可能是因为对物质世界的异常入迷的观察和分析耗费了大部分精力。R 就是这种情况，他对非人际关系的现象和现象之间的关系的兴趣远远超过了他对别人态度的兴趣，因此他没有为后者而牺牲前者的愿望。这类孩子给人一种无道德感的印象，他既不犯罪也不后悔，不懂得区别善与恶。当我们开始想象其他人的意识活动时，我们便开始学习区别善与恶，并由此意识到了理性试图调和的各种本能冲动间的矛盾。

我们欣赏孩子或任何年龄的人的单纯，然而，单纯并不一定值得赞美，装假也不都是邪恶。要精神健全，必须从容地应付世事。一个人要获得权力、机会或成功，就必须要有隐藏着机智和技巧的那种对他人意识活动的洞察。这种洞察伴随着世故之心，以及对人类本性秘密冲动的理解和分享。缺少这一洞察的单纯意味着一种缺陷。然而，还有另一种单纯，是性格敏感但能用有效的力量和清醒的精神来严格地安排那许多冲动的人的单纯。这种单纯之心对本能冲动是开放的，并由此保持意识的正确方向和协调。一个人可以像傻瓜西蒙①（Simple Simon）那样地单纯，也可以是爱默生所说"单纯就是伟大"那种意义的单纯。装假、虚荣等都意味着错误地受了想象他人对我们的看法的影响。这些影响不是逐渐地对个人起作用，而是打破了他的心理平衡，摧毁了他的意志，使他失去他原有的个性；他装模作样，失去正常状态，于是变得愚蠢、软弱和卑鄙。那种做作的笑、"愚蠢的讨好面孔"就属于装假一类，是不自然的、人为的东西，是一种对赞赏的软弱而愚蠢的祈求。处于迅速成长、热切希望的时期，并向往不切实际的人生目标的人，有失去心理平衡的危险。在敏感的孩子身上，特别是在女孩身上，在十四到二十岁的年轻人身上，在没有稳定个性的所有年龄的人身上，我们都有可能发现这一特征。

对他人的观点的想象经常打破我们内心的平静，这就意味着我们受着他人的影响。在一个我们认为很重要的人面前，我们会产生一种倾向，通过同情理会并采用他对我们的判断，给思想和目的赋予新的价值，按他意识中我们的形象重新塑造生活。这种倾向在一个敏感的人的日常交谈和生活琐事中尤其显而易见。在从他的敏感直觉直接迸发出来

① 英、美国家许多儿歌中的一个人物，往往被用来指头脑简单的人。——译者注

的一种冲动作用下，他不停地想象着他在对话者心中的形象，并且暂时承认这个形象就是他自己。要是对方似乎认为他对某种深奥的事情很精通，他很可能就会装出一副见多识广的样子；要是他被认为很明智，他就会显示出明智的样子；要是他被怀疑不诚实，他就会露出内疚的神色；等等。简言之，一个敏感的人，在一个举足轻重的人物面前，会暂时使自己符合对方心中自己的形象。只有那些思想深邃的人才在某种程度上感到这不是他们真正的自我。当然，这通常是一个暂时而有点表面的现象，但它是一切权威的来源，它可以帮助我们理解人们是怎样通过把握我们的想象而控制我们的，还可以帮助我们理解我们的个性是怎样通过猜测我们的自我在他人心中的形象而成长和形成的。

只要一种个性是开放并能够成长的，它就保持着相应的敏感。这种敏感并不是缺点，除非它摧毁了吸收和组织外部材料的能力。我认识一些人，他们的职业证明了他们具有稳定和侵略性的性格，但他们对自己在别人面前的形象有着几乎是女性般的敏感。事实上，如果我们看到一个人，他对其他人的态度总是傲慢而不是虚心的，那么我们可以肯定那个人绝不会有什么成就，因为他绝不会学到很多东西。在性格上和在生活的其他方面一样，健康要求一种稳定性和可塑性的结合。

有一种社会自我的模糊兴奋比任何特殊情感都更为普遍。只要一有别人出现，就像鲍德温教授所说的，一种“对他人的意识”，即意识到别人对他的观察，就会引起模糊的不舒服、怀疑和紧张的感觉。一个人感到他的社会形象正在外露着，由于不知道那个形象究竟怎么样，他就暗中警戒着。许多人，也许是大多数人，在陌生人的观察下或多或少会感到焦虑和窘迫，有些人甚至和不熟悉的或意气不相投的人坐在同一房间里也会感到烦恼和疲劳。例如，达尔文会因为陌生人的一次来访而整个晚上失眠，这是大家都知道的事情。还有许多相似的例子能从文学家

的记录中搜集出来。谈到这里，我们很明显已经接近了精神病理学的领域。

也许有些人会认为，我采用了过分敏感的人和特别敏感的生理阶段作为例子，夸大了社会自我的重要性。但我相信，即使是对于具有正常敏感程度的人来说，社会自我感觉也会以这样或那样的形式成为终生努力的主要动力并产生出想象的主要兴趣。自我感觉像我们的其他感觉一样，只要适当而有规律地得到满足，我们就不会对它有许多注意。许多内心平衡、行动和谐的人们几乎不知道他们在关心着他人对他的评价，因此他们也许会愤怒地否认这种关心是他们如此为人和行动的一个重要原因。但他们的否认不符合实际。当他碰到失败和耻辱，当他突然发现，他所熟悉的亲切慈善的面孔显出冷漠和轻蔑时，他就会在这一打击中感到恐惧，感到被遗弃和孤独，感到他原来是依赖别人的意识活着而自己竟没有意识到，这就像我们每天步行在坚实的土地上而从未思考它是如何承受我们的。我们在文学作品，特别是在现代小说中，经常见到对这一事实的描述，因而应该对它很清楚。乔治·艾略特的小说对这一事实的描绘给人印象尤其深刻。在她大多数小说中总有这么一个人物，如《密窦玛镇》中的布尔斯特罗德（Bulstrode）先生或《费利克斯·霍尔特》（*Felix Holt*）中的杰明（Jermyn）先生，他们那受人尊敬、长期稳定的社会形象因为隐藏的秘密被暴露而彻底粉碎。

然而，在对社会自我的描绘和对它的精神发展过程的分析中，过分强调其敏感性和自我意识是不可避免的。有一些读者会发现他们自己有着十分明确的反射自我，而另一些读者在自己身上除了同情的冲动外，什么也不会发现。这种冲动十分简单，几乎不能作为明确清晰的思想的对象。许多人的行动表明他们对自己的看法大多来自他所接触的人，但他们的行为绝无做作，这是因为他们的行动出自潜意识或者说受暗示影响。这属于敏感但缺乏思考能力的自我的类型。

“群体自我”或“我们”只是包括了其他人的“我”。把自己和群体等同的个人，用“我们”这个字眼来表示共同的意愿、意见等等。这种意识是由在内部合作抵御外界力量而激发产生的。经济困难的家庭中的成员往往团结一致——“我们付清了债务”、“我们送孩子上了大学”。大学生常常把自己和正在发挥某种社会功能的班级或学校等同起来，尤其在他的班级和学校正在和别的班级、学校进行体育比赛的时候，他会说，“我们赢了拔河比赛，我们踢赢了威斯康星队”。一九一七年世界大战中留在后方的人说，“我们”在阿尔贡①取得了决定性的胜利，等等。

值得注意的是，民族自我，实际上是所有的群体自我，只有在与更大的社会发生联系时才能感觉到，这正如个人的自我只有在与其他个人的关系中才能被感觉到。我们没有意识到其他国家，就不会有爱国心。由许多国家较为确定地组织起来的社会，让所有国家从其中获得利益，这绝不会像某些人不明智地提出的那样，消灭爱国主义，而只会提高爱国主义的素质，使之更生动、更持久、更丰富和更有同情心。这样的爱国主义就像明智的人与他人友好相处时的自我意识，截然不同于那些仅仅把周围的人当作怀疑和仇视对象的人的自我肯定意识。以往的爱国主义属于后一种。我们不曾注意提高这种爱国主义的境界。代表国家的“我们”能够并且应该是具有荣誉感、相互服务精神和充满人道主义热情的自我。

---

① 阿尔贡（Argonne），法国一地名。——译者注

第六章　社会自我——“我”的各种表现

利己主义和自私；语言和会话中“我”的用法；占有欲必然带来强烈的自我感觉；社会自我的其他表现；傲慢与虚荣；自尊、荣誉感；谦卑；病态的社会自我；逃避现实；自我的改造；个人与环境不调和的表现；社会问题中的自我。

如果自我及由此产生的自我追求是人类本性的健康、可敬的特点，那么我们称之为利己和自私①并且普遍反感的东西究竟是什么呢？对这个问题似乎应这样回答，我们并非用这些名称来贬低坚持自我，我们只讨厌自我的某一类表现。只要我们赞成某人的想法和目的，那么无论他怎样

① 我不打算区分这些字，尽管有区别，但在字义上模糊不清。两者通常用于自我主张该受指责的方面，这就是我的意思。

坚持自我，我们都不会认为他自私自利。但只要我们一旦不赞成他的想法和目的，而他还固执己见，我们就会谴责他。这归根结底属于道德评判，不能用简单的定义概括，必须在特定的情形中由理智作裁决。在这一点上，它基本上是关于不端行为或个人恶劣品质的更笼统的问题。在我们温和地指责为自私的行为与我们称之为恶的和犯罪行为之间没有分界线，而只有程度上的差别。

显然，单纯的坚持自我似乎并不等于自私。没有什么比一个人对特定目标的执着和成功的追求更可敬。这种追求是光明磊落的，并且是顾及他人利益的。比如一个赚到一千万元钱的人，必定是以很大努力表现了占有的天性，但是通情达理的人们不会说他自私，除非他忽视了他应该顾及的社会情绪。如果他不诚实、刻薄、冷酷，社会将会谴责他。

我们最崇敬的人们，包括那些在我们看来非常好的人们，总是特别地坚持自我。举一个突出的例子，比如马丁·路德，是一个自我感觉极强、固执己见的人，他仇恨反对派，“绝对相信自己一贯正确，简直可以说，绝对相信自己的判断”。几乎所有的领袖人物都具有这一特点，这也是他们成功的一个主要原因。路德与我们所认识的一般有野心和进取心的人们的区别，不在于他自我感觉的好坏，而在于他将自我感觉与情感同行动的目的统一地体现在想象和努力中，并且，这些情感和目的在我们看来是高尚的、进步的或正确的。没有人比他更野心勃勃，或者说更能坚持他的自我的社会扩张；他充满野心和仇视心理的自我在很大程度上是出于信仰和对亵渎上帝的愤恨；更概括地说，他的自我是一种唤醒民众的热情，领导时代前进的自由的解放的精神。

在这方面，路德显然是我们或其他任何时代的积极奋进的改革者的典型。每一个称职的牧师、慈善家或教师难道不正是由于其强烈的自我追求着某种价值才成为这样的人吗？难道真的可能把对这种事的感情与对“我的”事业的感情分割开来？我表示怀疑。宗教的一些最伟大和最圣洁的奠基人与传播者都是最强烈的唯我主义者，他们用“自我”的观念代表善的观念，并且让两者统一。在我所认识的强人中间，没有人不对他所热爱的事业具有强烈的自我感觉；只要他的事业是宏大的和有益的事业，没有人会说他自私。

既然对一个人是否自私的判断是一个同情的问题，有些人的自我感觉自然就不被别人赞同。人们的观点大多依赖于他们的性情和思维习惯。可能没几个精神饱满的人不给别人留下唯我主义者的印象；再者，许许多多的人们的自私在多数人看来是显而易见的，但在他们的妻子、姐妹和母亲看来却不明显。如果我们的自我与另一个自我相一致时，这个自我的目的就不会让我们不愉快。

假如我们问许多人，为什么他们认为这个人或那个人自私，通常的回答可能会是“他不考虑别人”。这就是说，他不像我们那样欣赏社会环境，这种环境没有像唤醒我们一样唤醒他身上的感情，因而自私的最普遍的和最明显的表现，也许就是不能使感官冲动适从于社会感情。这当然是因为冷漠造成的，而促成对社会的适从正是本能的同情能力。一个人通常不会独占盘子里最好的食物，如果他能感觉到他的行为引起的反感和不满。尽管这是非常粗野和露骨的自私，但它与稍委婉些的举动本质上是相同的。一个虚伪狡猾的利己主义者，如乔治·梅瑞迪斯①的小说《利己主义者》中描写的人物，又如亨利·詹姆士的《一位女士的肖像》中伊莎贝尔的丈夫奥斯蒙，在某些方面感受力很强，但就在这些方面，根深蒂固的狭隘或庸俗，使他不能在内心世界的深处把握别人的感觉。他高雅的审美趣味，在伊莎贝尔婚前曾给她如此深刻的印象，

① 乔治·梅瑞迪斯（George Meredith，1828—1909），英国作家。——译者注

而他婚后却变得俗不可耐。他正如拉尔夫①评论的那样，“不是一个优秀人物”，无法理解她或她的朋友们。在面对面的交流中缺乏老练的手段很容易给人留下自我中心的印象，这种外表没能反映出具有同情能力的本质。有些人在简短的交谈中似乎也忘不了自己的形象，他们虽然坦诚地进入话题，但别人总以为他时刻留意自己给别人留下的印象是好是坏，并多少有些做作。这种人心神不安，也让别人心神不安，与之做伴不可能轻松，因为他们绝不会一起进入坦率的和共同的话题，而总想隐藏些什么。他们有自我感觉，但是偷偷摸摸、鬼鬼祟祟的，给人以不安全感。他们有时候也意识到缺乏坦诚，并以胡乱表白来弥补，这样一来却只能表现出他们自我意识中的其他让人不愉快的缺点。医治这种唯我主义的唯一办法，也许是追求更高、更艰巨的目标，以便把过剩的自我感觉从这些狭小的沟槽里排出。真正干大事业的人在交谈中往往表现出纯朴和自然，主要是因为他们的自我健康地从事于其他方面的事情。

一个老练的人在与人交谈时，能立刻把握对方的意识状态，并使自己与之适应，至少，能显得具有同情的能力。他肯定能感受这种氛围。但是，如果你一味谈论自己，对方不感兴趣，则会很自然地觉得你讨厌。在更持久的关系中，与此相似的行为也会产生相同的结果。

对自私的正确判断普遍是依照公平、合理和礼貌的规范而作出的。规范是有思想的人从他们的经验中总结出来的，反映了普遍的对善的要求。自私的人是一个沉浸在自我中的人，或是一个以自己的方式维护自我的人，是一个达不到规范要求的人。他是一个公平游戏和游戏规则的违反者，一个无人同情的被罚下场的人。所有的人为了普遍的善，会团结起来反对他。

---

① 同一小说中的人物。——译者注

在道德讨论中，“自我”这个词通常是指不健康或利己的自我；这个自我是人们需要躲避的，既为了他们自身的善，也为了公众的善。我们说“抛开自我”，意思是说抛开有害无益的心思，真正获得解脱。

最容易受利己主义支配的人，可能莫过于那种自欺欺人、认为他的自私自利根本不是自我、而是别的什么东西的人。最好当心这种人，他们认为事业、使命、行善、英雄主义或他们正为之奋斗的目标与自我无关，因而不负责任，干出在明确的自我意识下会认为是很坏的事情。正如在尼德兰的西班牙军队，他们纵情于杀人、施刑和兽欲，但他们却以为他们的任务是神圣的。在我们这个时代，宗教、科学、爱国主义或博爱有时候可能使人们陶醉于欺凌、侵略、诽谤、欺诈等行为中而不自知。每一个得到喜爱的观念都是自我的一部分：甚至对一个人或一个阶层，或整个民族来说，它好像可以吞没其他的自我，但仍然需要接受公平原则的审判。每一个人都需要懂得自己现在是、将来还会是一个追求自我的人，懂得自己如果走出这个自我，肯定会形成仍需约束的另一个自我。

自私作为意识特征事实上是狭隘、渺小或某种心理缺陷，是想象官能的不健全。身心平衡和健康的人不大可能自私，因为无论在短时间交往还是在更长久些的关系中，他不会不顾任何重要的社会状况；他总是富有同情心、公平和正直，因为他的意识具有认识上的广度与和谐，而同情、公平和正直正是其自然表现。缺乏同情、公平和正直就谈不上社会化的、完美的人性，并且可能是堕落的开端。利己主义并非照通常所说的是什么附属于人性的东西，而是人性的缺乏。自私的人并不比一个普通人多点什么，而是少点什么；从个人力量上说，他因为利己而成为弱者。他声名狼藉这一事实表明世界是反对他的，而他只能狼狈地抵抗。自私所占的小便宜之所以引起我们的关注和夸大，是因为我们厌恶

自私；但是符合现行道德准则和行为规范的许许多多更严重的自私行为却没有受到谴责。

利己主义有无数的变种，但重要的区分可能在于自私者性格的稳定程度。我们由此可以把他们划分为不稳定型和稳定型两类。性格极端不稳定的人总是自私的人；稳定性很差的人也必然是自私的人，因为他们不是缺乏能深入他人生活的同情能力，就是缺乏能使同情取得成效的坚定性和自持力。他们肤浅和短暂的冲动很难说可以带来好的结果，但肯定不可能产生很有意义的成果。如果他们有时候亲切和蔼，那么在别的时候他们肯定苛刻、冷漠或者粗暴；他们没有道德、赤诚和品德可言。在我印象中，这种人在困难时期为自己无力给幸存者以资助和安慰而四处哭诉、失望悲哀，还会为自己的慈善心肠而扬扬自得。另一类利己主义在各方面与上一种没有特别明显的区别，这种人思想稳定、行为一贯，但仍然没有深厚的同情心，因此他们的生活目的和思想感情不符合社会环境的要求——这些人狭隘、刻板、自满或耽于享乐。我把这些人归为刻板的利己主义，因为它的本质是同情能力发展有障碍，使本来应该是可塑的和发展的一部分思想僵化。这就是我们通常所说的利己主义，人们往往描绘这种自私的粗俗、贪婪、狡诈或自满的特征。健康的或能被其他自我容忍的自我，必须是一往无前的，脱离低级趣味的，与同情和远大抱负携手并进的自我。它如果在某一点上停滞不前，也会变成迟钝和病态、不容于其他人的自我，而且不利于身心健康。能充分发挥创造力的人是纯粹的人，他们博大、仁爱、宽容，能感受到广阔的世界。我们不能想象莎士比亚骄傲自大、酷爱虚荣或耽于声色口腹之欲；即使有些人，如但丁，具有苛求的自我，但他们成功地把它升华到更高的境界。稳定或刻板型的自私通常比性格变化无常的人的自私更让人愤恨，这是毫无疑问的。因为它更持久、更稳定，也更可怕。

人们只要接受了我们提出的自我的概念以及个性的概念，就会明白，将利己主义看成是“利他主义”（altruism）或其他我们命名的带有自我—他人界限的动机的对立面，是不妥当的。分离了自我和他人，我们就不会有关于自私的明确切实的概念。我们已经讲过，自我和他人的分离是不真实的，它歪曲了意识的实际情况，容易使我们思想混乱。事实上，意识中并没有利己和利他两种动机以供选择。利他动机属于意识中更高级的层次，但意识要逐渐辨别和组织大量不易划分道德层次的动机，以符合较高层次生活的要求，却是一项困难得多的工作。自私的确切对立面应该是正义、公平、宽容、高尚，等，是与自私意识和行为上的狭隘相对的东西。它是和谐程度的问题，正如一株矮小扭曲的苹果树与一株茂盛的苹果树的对比。“我的朋友”、“我的国家、“我的义务”等词组的含义，正是代表了宽容和“不自私”的动机，但它们仍然是第一人称代词所体现的自我观念。“我的义务”这个说法是对把正义当作自我的对立面的思考方式的一种反驳。人人都承认“我的义务”是正当的，然而要正确使用这个说法，就应该意识到这个说法反映着强烈的自我感觉。

企图把我们认为是动机的外部因素，如他人以及产生动机的原因等等，与我们认为是内在的自我的因素相脱离，这总是徒劳无益的。明显的分离纯粹是幻觉。道理非常简单，促使我们做出无私和忘我行为的正是我们意识中的某种情感，假如我们珍惜这种情感，它就是我们自我的一部分。我们通过与他人或其他外部因素的联系，用外向的思想和行动来发展内心生活。那么人们可能会问，取悦别人和取悦自己难道没有区别？关于这点，我要说，取悦别人不过是为了自己期盼快意而已，这种快意才是我们行为的动机。很明显，这些通常使用期盼词意义是不同的。取悦自己的一般意思是我们依照某种比较狭隘的情感而不是深刻的

同情行事。因此，如果一个人馈赠圣诞礼物来博得好印象，或者说赠礼是出于某种礼貌的话，人们也许会说这么做是为了取悦自己。但如果他真的认为这礼物将给接受者带来愉快，他这么做就是取悦接受者。然而在第二种情况里，他自己同样得到愉快。有时候我们声称做事是“为了让别人高兴”，自己反而痛苦。这当然不过是在我们自己的意识里发生了动机之间的矛盾。有些动机是为他人做出牺牲。一个人履行责任时所得到的满足（无论你称它什么）与他舍弃的愉快一样多。如果自我牺牲不能使自我从较低层次升华，从狭小发展为广阔，它就并不可敬。如果一个人的行为真是自我牺牲，即严格意义上说不是发展他的自我，他最好还是罢了。

达尔文的一位反对者统计了《物种起源》前几页里代词“我”的出现次数，试图以此指责达尔文是唯我主义者。他能陈列出让为人特别谦虚的达尔文感到窘迫的许多事实，但他能否让读者相信他这种说法的可靠性，还是值得怀疑的。实际上，唯我主义在字典上的解释是“较多考虑和谈及自我的习惯或做法”。第一人称代词的使用几乎不能说明问题的实质。蒙田甚至每隔一行都要说“我”，他坦率承认他的目的就在于大量地和尽可能细致地表现自己。我认为他并没有给志趣相投的读者留下唯我主义者的印象，而是表现得越多，我们享受得越多；在他的教诲中有美好的意识，“不敢直言不讳地谈及自我即是缺乏勇气，正确坚定和崇高的判断力必须依靠运用自己的和他人的事例”。一个人不会因为说“我”而使明智的人不悦，只要他说“我”是贴切的、有意义的，而不仅仅是不恰当地突出自己。一个运动员卷起袖子，露出肌肉，不会显得无礼；一个普通人这样做，我们却不以为然。我们想到伦勃朗每隔几个月就要给自己画像，也不会感到不快。这个“我”应该是能起作用的。只要一个人的自我所起的作用让人接受，他使用“我”便不会受到责难。

诚然，人们通常认为，最令人欣喜的同伴或作家，就他们总是谈论自己这个意义而言，往往是最唯我主义的。原因在于，如果这个“我”是有趣的和令人愉快的，我们便能暂时采纳并为我所用。这正是我们本人自我开朗舒畅的时候。我们接受蒙田，或兰姆，或萨克雷，或史蒂文森，或惠特曼，或梭罗，并且视其语为己语。因此，即使是狂妄的自我肯定，只要读者能充分理解，也可能引起共鸣。是否使用“我”这个词，并不影响唯我主义的存在，而有意回避这个代词往往使作家的自我意识让人讨厌。简言之，唯我主义是一种性格方面，而不是语言形式的问题。如果我们是唯我主义者，那么无论我们谈吐多么谦逊，多么符合传统，别人还是会认清我们的品质的。

可以认为，“我”比“有人”语气谦和些，因而有些作家似乎想用“我”这个词来取代“有人”这个词。如果一个人说“我认为”，他仅仅代表自己，若说“有人认为”，则是暗示前面的观点是通常的或正常的。说“有人不喜欢这张画”，比说“我不喜欢它”抨击得更狠。

似乎还可以认为，书籍比起日常交往，能更加自如地表现自我，因为读书并不是人们的义务，而作者也有权假定读者对他所试图表现的个性一般都抱有同情感。如果我们没有同情感，我们为什么还要继续读下去呢？然而，如果作者在叙述时有悖于该书所宣称的适当作用，硬要往书中塞入一个没道理的、不相关的且作者又没有理由认为我们会感兴趣的“我”，那么我们就会予以挑剔指责。我可以断定，我们大家都会这样想，如果对书进行仔细检查，将作者不由自主地表现出来而在该书中又没有适当位置的“自我”的那些段落删去，那么，书的质量就会明显地提高。对于这样的书，我们大家都会欢迎。

在每一种较高级的生产过程中，一个人需要了解和相信自己——越彻底越好。确切地说，他感到自己身上有一种有价值的同时是独特的东西——特性。他有责任去创造、交流和实现它，只有经过长期的关注自我的沉思，他才能把握它，才能把它从杂质中净化出来，把它组织结合起来。只有这样才能使自己一方面摆脱模仿，另一方面摆脱反复无常，才能正视真实的自我，既不羞愧也不狂妄。因此每一个头脑丰富的人必须具有强烈的自我感觉，他必须乐于对自己的特性苦思冥想，全神贯注于自己的特点，并以此学会完善、组织和表达自己的个性。如果一个人要撰写一本书，比如说一本叫作《情感的历程》的书，他会看到此书引人入胜的主要原因在于作者对自己的了解令人信服和满意。写这类书的人先要对自己的思想再深思熟虑、摒弃任何与表现自己不完全相投的观念，逐渐找到一个充分的表达方式。早期英国文学与十九世纪英国文学相比，明显地更具有自信和宁静的自我，毫无疑问，这是由于一种不那么急迫的总体生活使然。事实上，各类文学体裁和各个艺术门类，治国、慈善事业、宗教以及各种行业中的成功无不与强烈的自我感觉联系着。

谁没有时时感受到歌德所说的陶醉于一个人自我中的快乐呢？用自己思想的成果把自己包围起来的快乐呢？对他所制造的东西的快乐呢？或者，为他的藏书、他感到亲切的衣服以及为他自己的思想快乐呢？有些人，像罗伯特·路易斯·史蒂文森，承认自己嗜好重读某些书籍、通信和日记。也许，即使认真谨慎的人也会时时温柔地看待他们自己的错误、缺点和癖性，就像他们看待一个熟悉的朋友的错误、缺点和癖性时一样。从某种意义上讲，没有这种自爱，个性几乎不可能正常可靠地成长和完善。“无论一个人要做什么，所产生的影响必须像第二个自我一样从他身上散发出来；若不是他的第一自我完全浸透在其中，这又怎么可能呢?”这也并不损害对其他人的爱。史蒂文森说：“实际上，不是出于无用的虚荣心，而是明智地爱自己的人，是所有人中最可能爱别人的人。”

莎士比亚说，自爱，并不像疏忽自我那样是一件可耻的罪过，后者的许多严重变种可以被列出来。比如，有一种可恨的自我恐惧的怯懦，这在敏感的人中，是十分普遍的，这种怯懦是因为虚荣、不稳定、屈辱等自我感觉的压迫，在发展和坚持一个合理的“我”中退却出来，以便回避预知的自我感觉。要是一个人有他害怕体验的情感，正确的解决方法是忍受它们，就像忍受其他令人心烦的事情一样，而不是允许它们阻碍他的天赋的发展。梭罗说：“了解你自己的骨头，啃它，埋掉它，掘出它，再啃它。”① “要是我不是我，那么谁是呢?”

对保密的偏好常常是因为对自我的珍爱。在某些情况下，歌德对他未出版的著作看管很严密，既多情又细心，就像伊斯兰闺房的主人一样；他长年爱抚它们，有时甚至不把它们的存在告诉他最亲密的朋友。他的《欧根妮》，即他所说的“我心爱的欧根妮”，由于在全部结束以前出版了第一部分，结果被这一致命的错误庸俗化而毁灭了。不难看出，这种对可爱而特殊的思想的珍爱，也能在画家、雕刻家和各种有才能的人身上找到。就像在前一章所说的那样，这种保密有一种社会关系。要是艺术家相信，在别人眼里他们的艺术作品没有任何价值，那么他们几乎就不会再把艺术作品拿出来。他藏起他准备进一步纯化或完善的作品，要使它完美地表现出自己，并且最终对世界也更有价值。在某种意义上，只要画家一展出他的绘画，他就失去了它；由于考虑其他人对他作品的看法，他对其作品的系统想法或多或少被打乱了；它不再是

① 《通信集》，第46页。

他所珍爱的完美的亲密的东西，而是变得有点粗糙、庸俗、让人讨厌了。要是他敏感的话，他就不再想看到它了。我认为，这就是为什么歌德没有完成《欧根妮》的原因，也就是为什么法国画家古格乃（Guignef），像哈默顿（Hamerton）说的那样，改变或扔掉别人看见的未画完的画。同样，梭罗为了在一本叫《在康科德和麦里麦克河上的一周》的书里更完美地表达他自己，到瓦尔登湖隐居了一段时间。毫无疑问，由于同样的原因，笛卡儿离开了巴黎，在荷兰住了八年，甚至隐瞒了他住的地方。自我就像婴儿一样，要是不经过足月的胎儿期，就不会活着来到世上。

也许有人说，这些观点和一个众所周知的事实相矛盾，即我们往往是在不自觉的意识中，不考虑后果，只是充满非功利和非个人的激情时，我们才干出了最好的工作。其实，这个事实和刚才所说的一点也没有矛盾。某种方式的抛弃自我或忘掉自我经常是崇高思想和行为的特征，这是事实，但要是我完全依赖这些激情的时刻，而不做其他的准备，我们就不会有任何创作以及崇高的思想和行为。只有我们有了自觉意识，我们才能意识到我们在作品中坚持的那些特殊倾向，并学会如何表达它们。或者说到底，我们有了自觉意识，才会有欲望这样做。没有持久的自我意识的努力，顿悟的时刻就不会到来；没有与此相似的训练，任何热情的行为都不会有价值。

的确，在敏感的人身上，自我感觉经常达到过敏的地步，以致妨碍了创造，或者由于过分依赖别人的意见，从而使创作庸俗化。但这是自我特殊方面的约束和控制的问题，而不是自我的总的倾向。如果不加以约束，这种感觉可以变得有害。像恐惧这种情绪一样，它的作用是使我们避免危险，但若是过度的、不合时宜地出现，便损害了原来的目的。愤怒的情绪若是过分，也会使我们丧失抚慰受伤心理的能力。

要是我们的时代和国家的人们像有时被宣传的那样，是特别自私的话，那肯定不是因为有我们普遍存在着的一种十分刻板或者明显与以往不同的自我感觉。相反，我们最明显的错误也许是个性和目标的肤浅和模糊；这好像是因为缺乏性格发展方向和自我设计所致。这一点又和我们大多数人过分匆忙的生活方式有关。不过我怀疑，实际上是落后于道德标准的利己主义，是否能说它在一个时代比在另一个时代更普遍。

在罗瑞先生（Mr Roget）的百科全书里，我们可以见到，“非本质个人情感，或因他人的感觉和意见而生出的个人情感”这个题条占了六页纸的篇幅。这个题条的内容与我们所谈到的反射型或镜中型的社会自我感觉似乎是一回事。虽然汇编者搜集的范围更大，把许多似乎不属于此类的内容包括进来了，但日常语言表示这种感觉的不同变化的词，是数量惊人和富于启发性的。我不禁想到，发明所有这些词语，需要多么深的洞察力、多么巧妙的创造啊！语言真是一位伟大的心理学家，标明并珍藏了人类意识中许多微妙的东西。

我们可以像其他人已做的那样，有益地区别一下两种总的态度——侵略性的或专断的态度和退缩的或谦卑的态度。第一种表明一个人把自己想得很好，亦想让别人也这么想；第二种态度表明一个人接受亦屈服于自己被贬低了的形象，并感到自己渺小和卑下。骄傲当然是第一种感觉和行为的方式，谦卑是第二种感觉方式。

但侵略的自我还有许多方面，能够再次被分成如下几类：第一，对想象中赞赏的反应，使我们有了骄傲、虚荣和自尊情绪；第二，对想象中指责的反应，使我们有了各种各样的愤恨情绪。对谦卑的自我感觉也可以用类似的方法来区别得更细。

骄傲和虚荣通常只用来命名引起我们反感的自我赞赏，但在某种更广的意义上，骄傲和虚荣是社会自我对待反映这个自我的世界的一种多少有点稳定的态度。它们之间的区别和已经提到过的不稳定型和刻板型的利己主义之间的区别很类似。

这些对于研究社会化个性十分重要的稳定性程度的差别，也许正是接受型意识活动和思考型意识活动之间区别的反映。虽然在发展良好的意识中，接受和思考是和谐地结合起来，并且在某种程度上是相互依赖的，缺乏其中的一个，另一个就不可能健全，但通常它们的发展是不均衡的。不均衡反映为个人性格的偏差。这样说吧，一种类型的意识是内向发展的，而另一种意识类型则是外向发展的；那就是说，前一类意识类型有着加工旧材料的相对强烈的倾向，这是和喜欢接受新材料的倾向相比较而言的。对这种类型的人来说，沉思比观察更令人愉快，他们喜欢打扫和装饰自己的房子，而不喜欢招待来客；而另一种头脑可以说刚好相反。内向发展的倾向，是要在适度开放和与外界协调的情况下保证思想与性格的统一和稳定；因为活力主要用于系统化的过程，意识必定要限制新的印象，只留下那些不会太多地打乱那种统一和系统的材料，头脑是绝对离不开系统性的。当然，这些特征只能在和别人的关系中才能表现出来。这些人费尽心机地把他的朋友和“他们的承认”一齐容纳进他的灵魂，但对待一个新出现的人物的影响却很可能采取拒绝和冷漠的态度。另一方面，外向的人的意识不是向某个中心发展，而是活跃在圆周外围，这一类意识对所有的印象都开放，热切地接受新材料，这种新材料也许永远得不到很好的安排；这种类型的意识很少关心房子的整洁，而愿意里面宾客满座，它对个人影响反应迅速，但缺乏另一种意识类型的人与知心的人们相处时所显出的那种深厚的同情。

骄傲，① 是过于僵硬和过分自信的人肯定社会自我的形式。骄傲的人相信，他是得到那些他关心其评价的人们的赞赏的，他不想象自己任何丢脸的形象。他的社会意识稳定到这么一种程度，以致它可以避开一切怀疑和刺激人的羞愧心理，让灵魂变得狭隘。骄傲绝不是超然世界之外，它毕竟是一种明显的社会情感，最终以社会习俗和评价为标准。但骄傲的人并不直接依赖其他人的意见，他在意识里反复思考他的反射自我，直到它成为他思想的一个固定部分，在某种程度上成为和其客观来源分离的思想和信心。所以这一情感需要其发展和成长的初级阶段。一个对其身份、社会地位、职业、慈善和正直的品格感到骄傲的人，习惯于每天注视着自己令人愉快和一成不变的社会形象，他相信这一形象就是他自己出现在众人心目中的形象。骄傲既然是被狭隘的想象欺骗而产生的，那么，这一形象是歪曲了的，但它却是稳定的。正因为他对它十分肯定，他就不会为任何听到的谴责所打扰。要是他真的想到有这种谴责存在，他会觉得它毫无意义而不加理睬。他感到他享有世界上最好的不可动摇的评价。一旦他失去了这种信心，一旦某个突变粉碎了这一形象，他的精神就彻底崩溃了。要是受打击的时间持续较长，他也许就再也抬不起头来。

在某种意义上，骄傲就是力量；骄傲显示出骄傲者有能够依赖的始终如一的个性；因为有信奉的准则，它使人忠诚坦然，在处理事务上也很正直；它总是伴随着狭隘但却充满活力的理智。另一方面，它隔绝了新的影响使自己的成长受阻碍，所以从长远观点看，它可能会造成软弱。伯克②说过，“我相信，骄傲对任何人都是有害的”，也许他所说的

① 参考斯坦利（Stanley）《情感的进化论心理学》（*The Evolutionary Pyschology of Feeling*）第 271 页等处。

② 埃德蒙·伯克（Edmund Burke，1729—1797），英国政治家、演说家，一生致力于众议院脱离乔治三世的统治、取缔东印度公司。他同情美国殖民地、爱尔兰天主教徒，却反对法国雅各宾政权。——译者注

就是我表达的那个意思。和虚荣相比，骄傲常常导致对其他人更深的敌意；它可以引起愤恨，但一般不会遭到鄙视；许多人愿意带着骄傲，而不是带着虚荣生活，因为一个人毕竟知道自己骄傲的理由，并且使自己依照着这种骄傲心理行事；而虚荣却是反复无常的，人们不可能预见下一步它会导致什么结果。

语言没有清楚地区别开感觉和其表现形式；所以，虚荣这个词，最初的意思是空虚，要不就是指努力给别人制造虚假的和没有价值的印象，要不就是指与此相应的感觉状态。它是不稳定型的意识中社会自我肯定的一种形式。这种意识类型的人不能肯定自己的形象。空虚的人在其较自信的时刻看到自己令人愉快的形象，但他知道那是短暂的，他害怕它会改变。他不能像骄傲的人那样，通过稳定的思想习惯把它固定下来；由于直接依赖他人，他就被他人摆布并且十分容易受伤害。他住在一幢任何时候都可能被捣毁的最脆弱的玻璃房子里，实际上，这种灾难经常发生，以致他对此有点习以为常，并很快从中恢复过来。骄傲的人自己认知的形象是始终如一的，虽然它不真实，但有着坚实的个性基础。这样，他就不会接受使他不相信自己拥有的品质的赞扬。而虚荣的人却没有对自己的一定想法，它会吞食每一个闪光的诱饵。这种人会迷上想象中自己的任何令人愉快的形象。想象中的形象变化无常，他轮流模仿每一种形象；只要他能够做到，他就变成任何恭维者所说的他的形象，或者变成任何赞赏的人似乎认为他是的那个样子；他致力于美化自己在他人心目中的形象，最后着迷于这一形象。可以说，他看着他的形象被夸大、歪曲，和思想的其他内容不再有真正的联系。就像经常发生的那样，他没有看到自己正在被摆布，变成傻瓜，他“出卖了自己”——愚昧是虚荣的实质。另一方面，出于同样的道理，一个虚荣的人常常被没有根据的想象所折磨，某人误解了他啦，轻视了他啦，侮辱了他啦，或者误解了他的社会形象啦，等等。

当然，虚荣最直接的结果是软弱——与骄傲带来力量相反，但是我们还可以把这个问题想得更深一些。歌德在《威廉·迈斯特的漫游时代》里呼喊道：“即使到天上，人都是虚荣的！只不过我们应该虚荣，我们应该恰当地虚荣：即优雅地享受虚荣的幸福时刻。有人说，女人从一生下来就是虚荣的。然而，她们不也是她们吗？她们不是使我们更快乐吗？要是一个年轻人不虚荣，他怎么形成他自己？是虚荣使一个空虚无物的本性至少能有一种外在的显现。一个正常的人不久就会锻炼自己从外在转向内在的。”① 这就是说，适度的虚荣可能表示着开放和敏感及可塑性，那是成长的好预兆。至少，在年轻人身上，它比骄傲更可取。

正是自我感觉令人不快的或不自然的表现，给自我带来坏名声。因此，表示不同形式的骄傲和虚荣的词汇及短语数不胜数，而一种适度的自尊是不会引起非议的。一个有着这种自尊的人在感情和行为上都比骄傲的人更开放和灵活，他想象中自己的形象也不是一成不变的。他也容易陷入谦卑，但与此同时，他不会为求得他人的赞赏而流露出不安和焦虑，而是对自己的形象有着稳定的判断，就像对其他事物一样；他不会被别人的赞扬和谴责搞得心神不安。事实上，自我的健康发展像任何一种事物的发展一样，需要持续性和变化的合作。在组织的基础上，发展必须有可变性、开放性和自由；太严厉的组织意味着固定和死亡，缺乏组织又意味着软弱和混乱。自尊的人看重别人的评价，这些评价占据了他头脑的很大一部分。但他保持自己的思想，有辨别，有选择，从自己

① 《威廉·迈斯特的漫游时代》，第十二章。

的个性着眼来考虑所有的建议，不会接受与他的发展无关的影响。他把自我设想为一个稳定而连续的整体。他总是需要它**成为**一个整体。他不能容忍假装的自我和真实的自我分裂。例如，一位自尊的学者，尊重他人的观点和原则，会希望读到关于某一主题的所有书籍，并且会因为没有这样做而感到羞愧。但他不能假装已经读过了这些书。损害他性格的统一，毁坏他给自己描绘的真诚一贯的形象所带来的痛苦，会使他失去他赞赏自己的完善时的满足感。要是他虚荣的话，他可能假装已经读了那些书；要是傲慢的话，他会坦率承认没有读过而丝毫不感到内疚。

常识认为对待他人的态度，以依从和自我平衡的适当混合为佳。毫不妥协者必定令人讨厌，过分依从也不会让人喜欢，这样做令人厌烦甚至恶心，因为过分依从者显得浮夸而不真实，不能给我们所喜欢的有趣而真实的感觉。

> 如果你能忍受心理的不平衡，
> 你就不会随意顺从。

我们喜欢一个对我们所说的话和行为感兴趣，但同时又明显地保持独立和稳定的人。对于一个作家，我们也有基本相同的要求。我们要求他大胆坚定地陈述自己的特殊观点——那是他当作家的必要条件——但除此以外，他还要有谦虚的精神，欣然承认他毕竟是大世界的很小的一部分。

对于有些人来说，自我形象只不过是他们最近一次和人交谈后，按照假想的式样模仿出来的东西；对于另一些人来说，它是一种不变的、僵硬的东西，一种和最初形成它的各种力量失去了所有联系的毫无生气的复制品，就像西马布①时代以前的拜占廷圣像一样。对于另一些人来说，它则成为一件真正的艺术作品。个人的倾向和名家的影响融合成一个和谐的整体；我们每个人都有这种自我形象，除非我们太缺乏想象力，以致缺乏人性。当我们谈到一个人不受制于评价，有自信时，我们的意思只不过是这样：出于一种富于思考和稳定的个性，他不再需要每天求助于赞赏者的可见存在，他能依靠想象来填补他的位置，他能抓住一些影响不放而排除另一些影响，能选择自己学习的典范，个性化地模仿他们，这样就能够过一种富有个性而又目标一贯的生活。自我，就像所有更崇高的思想一样，靠社会的影响建立起来。

荣誉感是一种更好的自尊形式。它或者表示一个人对自己的评价，或者表示别人对我们的看法。这个已被接受的语言形式由此表明了自我的个性和社会性是不可分割的。一个人的荣誉感和他的名誉——即在他关心其评价的人们心中的形象是同一事物的两个方面；要是他不想像某个人或某些人认可和实践着同一种荣誉标准，那么他就不可能持久地坚持这一标准。要是他的现实环境是一个让人堕落的环境，他可能会退到书籍或记忆中去，建立一个存在高尚人物的想象环境，以便保持他的标准。但他若做不到这一点，这一标准肯定会下降。更高级的善与正义的情感，像其他情感一样，在社会交往中获得来源和更新。另一方面，我们不能把荣誉与真诚、稳定的个性分开。虽然一种精神标准是从他人那里来的，但若是没有这种标准，我们对于应该追求什么就不能有固定的思想。一个健康的头脑，不在某种程度上发展内在的道德心，就不能为外在的荣誉而奋斗——就像歌德说的那样，锻炼自己从外在转向内在。

① 吉奥弗尼·西马布（Giovanni Cimabue，1240—1301），意大利画家，佛洛伦萨学院创始人。他的作品充满生活气息。他追求自然和优美的风格影响了后来许多画家。——译者注

某些强调生理学因素的伦理学理论得出这样的结论——荣誉的情感是一种本能的情感。不管这种结论显得多么不自然、夸张和荒谬——但这并不是这些理论的创造者的初衷。这种理论还用复杂的推理来证明这种本能情感的存在，这看上去根本没有说服力。对社会生活的真切观察不可能得出这样的结论。事实上，一个人的荣誉感是他最真实、最基本的自我。它直接影响他的行为，而根本无须用它的生理因素来作先导。生命对荣誉的追求在人类行为中绝不是一种浪漫的需要，而是真正达到人性水平的标志，是人类特有的东西。一个可鄙或堕落的人可以以荣誉为代价求得不死，任何人在惊慌失措时都可能会这样做；但是，一般人在他朋友的注视下或处于社会情感的包围之中，是不会这样做的。我们在历史中读到，许多人由于缺乏纪律或计谋，或者因为他们的武器不好，被征服了。但我们很少读到有人胆怯地不敢在战场上面对死亡，敢于面对死亡通常意味着荣誉的情感战胜了恐惧和痛苦的本能情感。踏遍所有古代世界的罗马军团遇到的抵抗者并不比他们自己更害怕死亡，而不过是逃避死亡的技巧比他们差一些罢了。在墨西哥和秘鲁，成千上万的土著人在反抗西班牙军队的独立斗争中死去。现存的关于我们自己的日耳曼祖先的最早叙述，显示了他们不惜生命严格服从荣誉的情感和实践。“对任何一个人，死亡都要胜过卑怯地活着”，① 贝奥武夫②是这样说的。毫无疑问，这是过去的人们的一条总的行动原则，胆怯是他们很少有的表现。在现代生活中，我们在士兵身上同样看到了感觉对情感的服从。在有生命危险的其他上百种职业中，我们也看到了这种服从——不是一种英雄的献身精神，而是作为普通人的日常行为。人们宁可忍受各种肉体的痛苦而不愿意失去他人的尊敬。例如，大家都知道，有成千

---

① 古默尔（Gummere）：《日耳曼民族起源》（*Germanic Origins*），第 266 页。
② 贝奥武夫（Beowulf）是英国传说中最早的英雄。——译者注

上万的穷人宁可忍受寒冷和饥饿，也不愿靠乞讨而失去自尊。总而言之，说人类的头脑在正常条件下被诺福克①式的情感所控制，这好像是不很让人喜欢的观点：

> 我的荣誉是我的生命；两者生为一体；
> 拿走我荣誉，我的生命就会完结。②

假如我们理解了这一事实，即自我最初是一个社会的、理想的或想象的事实，而不是一个肉体的事实，那么，所有这一切都显得很自然而不再需要特别解释了。

在个性的最高级的形式中，自尊就变成了自我教育。丁尼生表达了这个意思：

> 自尊，自知，自制，
> 这三者使人获得至高无上的权力。③

歌德在《威廉·迈斯特的漫游时代》第二卷的第一章里，把自我尊重——Ehrfurcht vor Sich Selfst——作为他理想的教育体系中要教给青年的四种尊敬中最高级的一种。爱默生在那篇难忘的文章里，在相似的意义上运用了自我依靠一词。文章说：“相信你自己，每一颗心都振响那根铁弦。”自我依靠的精神贯彻了他的著作。

---

① 诺福克（Norfolk），莎士比亚剧《理查二世》中的诺福克公爵，未来的理查二世人物。——译者注

② 同剧第一幕、第一场。——译者注

③ 出自丁尼生一八三三年出版的《诗集》中的一首，《伊诺妮》（*Enone*）。伊诺妮是希腊神话一仙女名，被帕里斯王子遗弃。——译者注

自我尊重，就我对这一问题的理解，是指对一个更高级或理想的自我的尊重；真正的“我”，因为只有本人知晓和占有，因而建立在真实的个体的基础上。它是人们渴望的更好的我，而不是现在状态下的我；是从生活中创造出来的最好的我。自我尊重意味着爱默生所鼓励的对朋友和其他人的意见以及一切与意识发展不和谐的影响的抵制；一个人必须明白最后的仲裁者是他自己，而不管是死去的人还是活着的人，如传统宗教的观点认为，最后的仲裁者应该是精神导师。然而这最高级的自我是社会的自我，是想象、思考、加工社会提供的材料制成的产品。我们关于个性的各种理想是在交往发展起来的思想和情感中建立的，很大程度上依赖对我们在我们敬重的人眼里的形象的想象。这些人不必是活着的人，对我们来说不管是实际存在的还是想象中的人，都能成为社会自我感觉的原因；理想的人或有志气的人主要生活于想象中的大师们和英雄们的行列之中，他们对照这些英雄和大师来评价和改进自己的生活。正在形成理想的青年尤其如此。后来，这些理想中的个人成分在完成了其启发和活跃这些理想的作用后，很可能从自觉中消失，仅仅留下习惯和原则，而这些习惯和原则的社会起源却被忘记了。

怨恨是侵略性自我对想象中别人的蔑视所采取的态度，它可以被认为是带有愤怒色彩的自我感觉。实际上，自我感觉与恐惧之间的联系十分紧密，后者可以被看作是前者的特殊种类。既然这种区分总是很随意的，那么，我们采取这一观点，或认为这一情感是独立的，不会有什么不同。在下一章里，我将更多地谈及这一情感。

如果一个人想象他的形象在另一个人的心目中被贬低了，却不采取一种侵略性的态度，不怨恨被贬低，而是屈服于它并接受这一形象和对他的判断，那么他会体会和表现出卑微的感觉。这里，我们又有大量名称，来表示自卑的感觉和行为，比如说羞愧、慌乱、羞辱、温顺、害羞、胆怯、忸怩、难堪、窘迫、沮丧、自责、懊悔等等。

自卑，像自我赞赏一样，有着和高层次个性并存的一些形式，并受人们赞扬；而它的另一些形式则被看作是可鄙的，有一种形式和虚荣并存，显示着意识的不稳定，表现为对别人看待其自我的观点过分屈从而不加抵制。我们只希望一个人从他持有的观点出发，在真正优越的人物面前采取谦卑的态度。他的谦卑必须表示自尊，它必须是一个稳定和成长的个性在体现他理想的事物面前所采取的敬重态度。每一个有理想的人都有大师生活在其想象之中。他放弃抵抗，柔顺得像陶工手里的黏土一样，让大师们把他塑成某种更好的器皿。他这样做是由于他觉得那位大师比他本人更能代表他自己；一种乐于接受的热情，一种新生活吞没了旧的自我的感觉，照耀着他平时的个性的渺小和可鄙。这种谦卑和自我敬重并存，因为有一种更高形式的、理想的自我，把旧的自我扫入了谦卑之中。一个人旨在“如此高的一种理想，以致他总是在自己的眼光中和在别人的眼光中感到他没有价值；虽然按照他所处的团体、国家和同代人的价值标准，他能意识到他自己的美德”①。但抛弃自我的谦卑，在向自我挑战的评价面前的退缩，只能被认为是怯懦和奴性。

谈论内心生活的著作赞扬并责成人们谦逊、悔悟、悔改和自我克制。但对所有有理想的读者来说，很明显，那种被反复强调的谦卑和歌德的自我敬重或爱默生的“自我依靠”应该是很一致的——实际上几乎是同一种东西。《遵主示范》这本书是这种教诲的典型，但它表现的思想是明智的，书的前半部爱默生特别强调了他所赞赏的自信。“Certa Virliter”，作家这样说道，“Consuetudo Consuetudine Vineitur. Situscis

① 斯坦利：《想象发展心理学》，第280页。

hom-inesdimittere，ipsi bene te dimittent tua facta facere. ”① 人们总是在服从着什么，要么是对上帝的——即对一个自己意识中发展起来的理想人格——服从，要么，就是对外在规律的一种服从；人们试图运用这些规律自由地去发挥意志的更高级的作用。宗教大师的全部教诲倾向于对一种理想的但十分秘密的自我的夸大，这种自我是在孤独的冥想中产生的——它决定摒弃世俗的野心——并以上帝、良心和高尚原则作为其象征。对托马斯主张的教义进行公正的批评，不应说这一教义贬低了人类的能力和自我依赖的作用，而应指责他的教义号召人们脱离他们十分需要的世俗活动，在一个抽象想象的领域里实现理想。没有任何健康的头脑会拒绝自主和个人自由的理想，然而，表达这一思想的语言形式却好像往往是否定这些东西的，《遵主示范》和《新约全书》都显示出这种倾向。没有自我感觉，没有野心，任何事情都不会有成效和意义。失去了独立的、创造的抗争心理，自我将会融化、消失，不再称其为自我。

健康、心理平衡的人，只要具有一定的感受力，并且在一个和谐的环境中从事健康的活动，都会保持适当的自尊和有理智的雄心。他们不必和桀傲不训的自我作斗争，不专门花精力来避免愤怒、嫉妒、骄傲、追求目标的焦虑以及其他社会自我的病态心理。他的自我感觉能给他足够的刺激但不会伤害他，他的交往圈子对他持赞赏而不是恭维的态度，他在事业上有适当的成功。这样的人无须用道德和宗教武器来压制骚动的自我。充满希望、积极活动的人，或是物质条件优裕的人，都很少有内心冲突的经验，并对关于内心冲突的文学作品或理论不感兴趣。

但几乎所有更丰富、更敏感的人都会时而发现他们的自我给他们带

---

① “勇敢地斗争吧，习惯是被习惯征服的。假如你知道如何打发人去做你自己的事，他们也会打发你的。”——《遵主示范》（*De Imitatione Christi*），第一卷，第二十三章，第二节。

来激情和痛苦。一个想使生活具有意义和价值的人，是一个真正的人，他必定有一个富有激情的自我。这个自我会形成并发展他的理想。因为我们一切谋划和努力的目的都是满足自我，所以自我成为意识混乱的主要制造者：它的暗示就是努力、责任、怀疑、恐惧、希望。因此，常常有人不能欣赏自己庭院里的草木，而只有旅行到国外，才能神经放松地欣赏草木。这是因为自己庭院里的草木总是在提醒他修剪树木、整理花园等；自我的每一部分似乎都在暗示人们去努力，而不是休息。自我感情与其他感情一样，在正常强度下和适当的持续时间里，是愉快的感情，但如果过分了，就成了一种折磨人的感情。我们有时会厌烦自己，就是因为我们耗尽了愉快地体验某种情感的力量。

我们已经看到，自我最纠缠人的东西来自对他人意识的反映。自我的这一特点与个人性格间的联系就像是信用及其他保障与黄金的联系。它在我们大多数人身上自发地膨胀，易于突然失去理智控制而崩溃，给我们带来痛苦。我们愉快而自信地生活着，觉得世界在合情合理地运转，直到某一突然的时刻，我们才发现我们并非处于我们想象的那么好的位置，于是自我形象彻底粉碎了。我们发现，我们非常自然地干着的事情受到社会秩序的反对，或是我们一贯的生活方式并不像我们想象得那样好。我们多少有点恐惧地醒悟到这个世界的冷酷和陌生，主要靠他人的意见建立起来的自尊、自信和希望被摧毁。虽然理智告诉我们说，我们并不比过去更没有价值，但是怀疑和沮丧的心情使我们不能相信理智。敏感的人自然要忍受折磨，因为别人的意见总是带有不稳定性的。作为社会动物，我们一面生活，一面注视着自己的形象。但是我们却不能保证看到的都是真实现象。在盛行巫术的时代，人们相信，只要秘密地制作另一个人的蜡像，用针扎它，此人就要遭受痛苦；要是将蜡像熔化，此人就会死去。这种迷信思想相当正确地反映了自我和它的社会反

映之间的关系。这两者似乎是分离的，却在暗中联系在一起。对其中一个施加的影响势必也作用于另一个。

一个人如果精力充沛，具有能伸能屈的性格，那么他既不会骄傲也不会虚荣，而是平静地生活着，不受悲哀和嫉妒等情绪的折磨。原因是他学会了驾驭和控制自我感情的方法，从而逃避了自我感情容易带来的折磨。避免这种痛苦往往成为敏感的人的紧迫任务。描写内心生活的文学作品，常常是与社会自我的混乱激情斗争的记录。对于更普通或是稍微迟钝一些的人来说，这些激情的存在是有益的。竞争意识、雄心、荣誉感，甚至骄傲和适度的虚荣，都属于我们意识中更富有想象力的高级层次。这些感情把我们从感观世界唤醒，激励我们追求理想和社会目标。认为这些感情有罪的教义一定出自那些为这些感情负疚的人，即那些非常敏感的人或是环境不允许其个性健康和正常发展的人。对这些人来说，自我的思想是痛苦的。他们不是缺乏自我感觉，而是自我感觉过于敏感和纤细。自我的思想出现使本已疲乏需要休息的情感之弦又被绷紧。这样的人常常把抛弃自我当作一种理想，这种理想就是安静、休息和自由自在，绿色的草地和平静的水面。内心生活的提倡者，如马可·奥勒留、圣·保罗①、圣·奥古斯丁、托马斯·肯比斯和帕斯卡尔②不是缺乏进攻性自我的人，而是成功地控制和升华了这种自我，为一切与自我作斗争的人树立了榜样。如果他们的自我不发生混乱和冲突，他们就无须与之作斗争，无须发展这一斗争的手段从而领导信仰时代的潮流。

---

① 圣·保罗（St. Paul，3—64），基督教在罗马帝国的重要传播者。他的神学和道德原则极大地影响了基督教思想。——译者注

② 布莱斯·帕斯卡尔（Blaise Pascal，1623—1662），法国理性主义思想家。反对天主教会的官方理论。——译者注

保护社会自我有消极的办法，如逃避刺激和折磨人的暗示；也有积极的办法，即与之斗争，学会控制和转化自我感情，使其不再让人痛苦。大多数精神大师反复教导我们的就是这两种方法的结合。

寻求更安静、更安全生活的人喜欢回避他人的有形存在。我们需要控制的激情起源于同情。它是由对我们接触的人的意识进行想象造成的。迪斯雷利①小说中的肯塔瑞尼·弗莱明说②：“只要我在别人中间，我就要试图影响他们。”人们隐居于修道院和山林海滩就是为了回避刺激雄心的强烈暗示。哪怕是把注意力从我们交往的圈子和竞争者行列转移到与我们的目标和意旨相异的陌生人身上，也会产生相同的效果。离开工作环境就意味着某种意义的脱离自我，这是旅行和更换环境的益处。我不能同意有人用一种特殊的回避本能来解释许多人归隐修道院这一现象。人们希望从社会上退休，因为他们受社会折磨和驱使而疲倦了。他们觉得不从这种环境中退出来就无法恢复平静。对于敏感的心灵，生活就像是充满了紧张斗争的一出戏，甚至在另一个迟钝的人毫不感到刺激的时候也是如此——对这样的心灵，平静是珍贵的。因此，山林茅棚或平静水面上的小船是想象中最美妙的处所。为了大多数人生目标而存在的想象的自我，是真正的自我，会因为奋斗和实现雄心的生活而备受打击、折磨。其所受创伤与形体可见的创伤相比更深，更难痊愈，更消耗生命力。悲哀、愤恨、嫉妒、害怕非正义和失败，有些时候甚至包括希望和追求，都是消耗生命力的激情；一个人过多地体验这些情感之后，最渴望的事情就是退隐。

---

① 本杰明·迪斯雷利（Benjamin Disraeli，1804—1881），英国政治家、作家。——译者注

② 肯塔瑞尼·弗莱明（Contarini Fleming）是迪斯雷利同名小说中的主人翁。他是一个贵族该子，从小与环境不和谐，最后通过献身于艺术，找到了自己的生活方式。——译者注

有一种难以察觉的表现在想象力上的回避，就是减低雄心，把对自己的评价降低到安全可靠的标准上。如果一个人总是真诚地谦卑，那会是多么安全省事啊！时而雄心勃勃，时而灰心丧气的时期过后，没有比悔悟和自暴自弃更甜蜜的感情了。这种感情是宗教感情的基础。我们于是可以领会托马斯·肯比斯这段话的意思："孩子，现在我教给你们如何获得平静和真正的自由……努力去实行别人的意愿而非你自己的意愿。永远宁愿得到更少而不要更多。永远选择低的位置而不要居于他人之上。永远期望和祈祷上帝的意志完美地在你和其他一切人身上实现。"① 换句话说，完全抛弃掉社会自我，放弃普遍的追求目标，习惯于你在他人眼里的卑微的位置，你就会得到安宁；因为你没有担心失去的东西，也没有你害怕的东西。对任何习惯于道德和宗教戒律约束的人，不论是异教徒或是基督徒，都不需要再提醒他们说，回避自我奋斗和不稳定感觉是获得幸福的关键。有些人对别人的良好评价有本能的敏感并为此十分陶醉，但他们却能摆脱这种陶醉，因为他们凭经验知道，这样容易使自己置身于别人的力量控制之下，从而带来软弱、不安甚至悲哀。确认对自己的赞同意见，从中得到快乐，你就在某种程度上失去了意识的安宁而受别人意识活动的控制，而同时对别人的意见却不能很有把握，你有了怀疑和思考的新的来源。人们最终会明白，只应和那些诚实、稳定、值得信赖的公正的人保持这种关系；还有，不应去关心可能威胁他个性基础的赞赏。至于对托马斯用来概括地指责各种形式的自我扩张的四条安宁原则，我要说，如果一个人有旺盛的生命力而不需要别人唤醒他的热情，并懂得把精力投入到正当的事业中去，那么他如果能够用某些原则束缚一下自己，就会更加幸福并且对社会更加有用。这

---

① 《遵主示范》(*De Imitatione Christi*)，第三卷，第二十三章，第一部分。

样我们才能深刻地理解帕斯卡尔和其他许多伟人的严格的自我压制。“他对无节制的享乐和自己身上的虚荣、自满疾恶如仇，他贴身披戴着铁筛子，一旦他发现自己有走入歧途的危险，就用铁筛子上的尖利处猛刺自己的皮肤……”①

我们可以理所当然地指责。对于不论是在想象方面还是形体方面的回避，因为回避就是拒绝发挥社会作用，逃避生活，走向遁世的道路，甚至得出活着还不如死了好的结论。这种生活哲学发展到极端时，认为一个人最大的幸福就是死后进入天堂。如果暂时做不到，那就让独立的、雄心勃勃的自我奏响彼世的音调，让它死亡而代之以谦卑的、超越世事的沉思冥想，以迎接来世。这种教义被广为宣传和接受，以致几个世纪以来许多优秀人物都把自己封锁在荒漠和丛林里，或者至少看轻和回避家庭的温暖和责任。它的结果无疑是很坏的，我们现在的时代里，已不存在这种极端消极的生活倾向了，但是有些人还在进行部分和偶尔的回避。莱基先生②认为，清教主义对修道院制度的完全取消，对妇女和全社会来说根本不是益处。我们不能想象还有比庇护无依无靠的妇女并让她们成为慈善团体的成员的机构更重要的机构了③。在不损害个性健康和行动能力的前提下，一个人对社会刺激的承受能力，大致说来，取决于他的敏感程度——这与他的意识的不稳定性成正比，还取决于他的控制和协调功能一这决定了他引导和控制情绪，使其为健康的生活服务的能力。我们常常看见这样一些人，他们中有许多是能胜任高级智力活动的。但日常生活中的竞争对他们来说是过于刺激，甚至是毁灭性

① 塔洛克（Tulloch）:《帕斯卡尔》，第 100 页。

② 威廉·爱德华·哈特酱·莱基（William Edward Hartpole Lecky，1838—1903），爱尔兰历史学家。——译者注

③ 见《欧洲道德思想史》(*History of European Morals*)，第二卷，第 369 页。

的，因而他们若不逃避这些刺激，他们就不可能很好地为社会服务。这样看来，逃避与禁欲主义受到了过分粗率的批评。合理的符合实际的道德准则应该考虑到这种倾向与性格和环境的关系，并且发现个性和环境所起的重要作用。

但是对于社会自我给人带来的耻辱和不安宁的最有力救正并不是消极地逃脱或消除“我”，而是积极地转化它。但这两者的区别不很明显，它们是同一过程的两个表现方面。只要意识还有活力，自我本能就不可能真的被压抑，而可以被引导与普遍、永恒的价值目标和观念结合起来。这些目标和观念比涉及感官的、狭隘和暂时的利益层次要高，并可以超然其上。我们能感觉到所谓自我就是我们对之有专有感即自我感觉的任何观念或观念群。一样东西被贬低而引起我的怨恨，那它就是我的，如我的衣服、我的脸、我的弟兄、我出版的书、我接受的科学理论、我参与的慈善工作、我的宗教信仰和我的国家。问题的关键在于，我是否已与这些东西成为一体了，以致触动这些东西就等于触动了我？在《密窦玛镇》这部小说里我们看到了卡索本①先生的真实的我，其中最富有进攻性的、最持久的和感觉最敏锐的一部分即是他意识中关于那本未出版的《神话总释》的一系列思想。他的骄傲和热情，他的痛苦和忧虑都围绕着这本书。他想象中的布拉森诺斯学院②的人们对这本书的评价是他的社会自我的一大部分。他的希望全部寄托于这本书的出版，他暗暗忍受着期待和焦虑的折磨。当他发现自己快要死去时，他唯一的念头是让那本书获得生命，他试图把这一任务托付给可怜的多萝西

① 卡索本（Casaubon）是《密窦玛镇》中的主要人物。他和多萝西娅（Dorothea）的婚姻很不成功，原因是他根本不真正地关怀她。——译者注

② 即 Brasenose，是牛津大学的一个学院。——译者注

娅。她在他的生活中与这本书相比只是一个可怜的影子，只是为他狂热地自我服务的工具。翻开历史，我们可以重览一切思想家的真实的自我。他们是一支多么奇怪的队伍啊——与现实不符的观点、不明智和不被理睬的信条、一度受蔑视但终于建立起来的理论。或者反过来看，这些就是他们热切追求、为之献身的东西，就是他们自我的中心。再没有别的人比这些人更敏感了，即使是神经过敏的人，也不能像他们这样把自我感觉建立在这些独特和不切实际的概念上。一个天文学家可以不在乎你贬低他的外貌、诋毁他的亲属或者怀疑他在世俗事物上是否诚实，但是如果你怀疑火星上有人工的沟壑，他就会暴跳如雷。许多诗人和艺术家被人称为“易怒的天才”是有道理的。

普通人喜爱的关于自我的观念，以及符合这些观念的一般的目标不能满足理想主义的想象，主要的原因可能是：首先，这些观念看上去多少有损他人的利益，因此对富有想象力和同情能力的人的意识来说是不和谐的或是错误的。他不能把这些观念与自己的需要统一起来。第二个原因是，普通人的目标是为了暂时的利益，因此即使这些目标达到了，也不能满足追求永恒的善或正义的人的需要。将目光短浅的目标转化为更能符合更高层次的想象是一种迫切的需要，是许多人心灵平静的前提条件。执着的人的不平静和不和谐的心理状态是研究内心情感的作家经常描写的题材。精神大师们告诫我们说，“Superbus et avarus numguam guiescunt.”① 宗教和伦理的教导提倡控制自我感情的主旨就是教给人们逃脱这种不安宁的方法。“自我”、“本性的人”，以及类似说法表示了自我中较为低下的那一部分——至少是因为上面讲过的它的不稳定、不连续的特点——是易于压服和忘却的，只要附着于这一部分的感情找到

① 拉丁文，大意为权力欲与贪欲绝不会带来心灵的平静。——译者注

稍微稳定些的理想的、正义的目标或理想的人格。只有在这里，个性中最美的一部分才能有稳固的存在和永恒的成功。

在这个意义上，我们理解托马斯·肯比斯以及和他有许多相同处的人心目中的自由，就是摆脱低级自我的让人痛苦的激情，走进欢乐和没有羁绊和懊悔的自我。达到这种境界的关键手段是压制感官需要和世俗的野心。自我扩张的激情是持久而又是可塑的，它绝不会从有活力的头脑中消失，但可以通过把它与更丰富的自我的观念联系起来上升到更高的道德层次。

人们一旦发现自己不适应自己的社会环境，他们就要通过某种变异的自我感情表现出来。当欧洲陷入堕落和无望的境地，或后来不断地发生战争并且暴力原则盛行的时候，优秀的人物，因为时代不能给他们提供与他们的雄心和谐的工作，就在宗教中避难，用彼世的理想补偿现世的失望。宗教体制和修道院如此经久不衰这一事实可以解释人类本性的深层需要。就具有更高的智慧的阶层来说，这种需要主要就是创造在现实中可以实现的社会自我的理想。他们的本性就是渴望成功。他们时时刻刻地渴望着，尽管在实行时并不更加狂热，于是建立了他们能够实现的成功的理想和标准——这非常像体弱但头脑聪慧的农民的孩子学习法律，追求智力方面的成功。从这个观点——当然只是许多关于修道院制度的观点中的一个——可以看出，人类本性不管外界环境多么不利，仍然百般设法表现出它自己要求和谐的力量。

如果我们现在在心理和身体两个意义上都不像过去那样逃避现实了，无疑部分的原因是因为时代对有能力的人来说更宽松了，许多不同类型的人都能找到可以实现他们合理的雄心的工作。但是即使在目前，在环境恶劣、陷入类似无政府状态时，许多人仍然会发现和谐的自我发展成为泡影，生命之泉阻塞，于是产生威胁社会秩序稳定的怨恨情绪。每个人都必须有“我”，这比粮食更加必需，如果他在现实环境中不能为它找到安置，他一定会发生问题。

胸怀宏伟抱负的人，或是确认了特定目标的人，之所以暴露出自我感觉的混乱，是因为他们必然在自己的意识中树立起一个任何普通社会环境都无法理解并认可的自我形象。他们要抵制住即时的影响，忍耐目前遭受的痛苦，在幻想中追求更高层裁判的赞许，以此来维持他们的自我形象。如果一个人果真能对周围人的观点无动于衷，那么他又会遇到另一种危险，就是产生歪曲和傲慢型的自我。经过获得自立以及抵抗轻视与误解的刺激这一过程，他也许已全然丧失了对某些必不可少的社会裁判的尊敬。缺乏检验与更正的自我形象，是缺乏控制的自我感觉的反映。朗布罗索（Lombroso）多少有些道理地指出存在于维克多·雨果和其他众多天才身上的自大狂似乎就得这么解释了。

自我感觉与精神失常的关系和与各种变态人格的关系，可以这么解释。比如，在精神病中如此常见的自大狂与迫害狂似乎显然是脱离了正常约束与控制的自我感觉。在理智与同情适当控制之下的本能产生合理与正常的抱负，但缺乏控制，就会产生怪诞；而迫害就是精神健全但过分猜忌别人如何看待自己的，那些易怒的人的心理发展到病态程度。

有明显人格缺陷或怪癖的人与他人不正常的交往不是产生就是加强不正常的自我感情的表现。当缺陷明显，以致妨碍与他人平易而亲密的交往，使人们议论、劝谏并对他有心存疑虑而不是与之平等地交谈的时候，必定会有这种结果。天生的傲慢或暴躁性情不得同情救正，很可能会更恶劣地发展成为一个精神失常的人，或许是不可避免地，但肯定是令人痛苦地隔离于亲密无间的交往之外。好奇、冷漠、嫌恶等表情——

向他无形地宣布他的孤立，至少他还是一个人，需要自由平等的交往，而他感到缺少这一点，他所承受的痛苦与失魂落魄的程度别人仅仅能模糊地设想，而且多半是视而不见。他发现自己形单影只，脱离了群体，感到灰心、疑虑和恐惧。于是他的“古怪”在未被自己意识到之前已因别人的反应而增强了。在侏儒、残疾、畸形人甚或失聪与老年衰迈的人中也是同样。能力下降的最大不幸与经常随之而来的脾气暴躁的主要起因，很明显是孤立，缺乏赏识与影响力，而他人以极罕见的机智与手段才能缓和这些人的痛苦。

几乎所有对社会不满的人自我都不健康。就是说，如果人们发现自己在过着一种不能满足人类本性深处所需求的生活，他们肯定会以某些逆反举动来表白他们心底的苦恼。自我的确有很强的适应性，艰难困苦不见得能损伤它。事实上，艰难的工作倒是其需求之一，但还有其他同样基本的需求，经常被生活环境所否定。且不论个人特征，我们所有人共有的别的需求大概可归为三种：自我表达、赞赏以及一个合理的安全环境。没有人能够或者应该感到满足，除非他有机会表现出他的个性，为雄心而奋斗并实现雄心。与之息息相关的——其实是其中一部分——是他需要伙伴和他人的赞赏，以给予他的自我以社会性证实和支持。除非他觉得自己并不是靠机会或他人的垂怜者而一帆风顺，而是靠坚持不懈地奋斗，维持他的地位，并获得成功，他不会在生活中得到多大满足。满怀同情地研究在我们社会中的男男女女的实际情况的人，都能看到他们的许多基本需求部分或全部地被否定。

比如：我们发现工人在工作中没有保障，他们的被雇与解雇都是由别人任意决定的。他们有时无缘无故地失去了工作。通常，他们的工作不能给他们提供保持自我活力、行使意志和提高能力的机会。如果工作本身不能满足他的自我感情而又得不到雇主的赞许，怨恨和时而为之的反抗便成了他保持自尊的唯一手段。对众多罢工的一个很合理的解释，就是工人通过罢工给被压抑的自我以力量感。人们头一次知道自己是人，能站立起来说话，并且发挥作用。许多职业的特点是不稳定或让人疲于奔命，使得男男女女不能像在家庭中一样满足基本自我表现的需要。

大多数移民只被看作是劳动力，很少有人考虑到他也是一个人，像我们一样有一个自我。没有比忽视外国人和他们的孩子更损害我们名誉的事了。当然我们狂妄地使他们“美国化”则更坏。

黑人问题也是相同情况。如果不理解一个种族在宣称人人平等的国土上发现永远改变不了劣等地位而产生的自我感情，就不可能真正理解黑人的处境。还有其他阶级的人的问题也是一样，比如对于触犯法律的人，我们摧毁他的自尊——或者甚至是等于提醒他唯一保持自尊的机会是对抗法律，这样就把他们变成了死硬的犯罪分子。对待孩子不论是在校内还是校外，我们也都犯了类似的错误。对雇用工人、已婚妇女等多少屈服于他人意志的人的态度亦有问题。只有以对事实研究为根据，坚持进行富有同情的想象，才能得出正确的观点。

现在的研究，正在逐渐变成一门科学，叫作精神分析学。它采用多少是同情的态度，来调查自我的历史和活动情况，研究它的病态并找出治疗的方法。这种研究方法或者它的实际作用无疑是很需要的，尽管它还没有确定的成果来证明自己是一门科学。人类意识确实是栖居着许多生命的怪异形式的洞穴，它的主要部分是无意识的和模糊的。除非我们能弄清楚动机是怎样从这一片黑暗中产生的，我们没有希望预见和控制我们的动机。精神分析的文献是有启

发性和刺激性的，但是这些文献也许还未真正确定更普遍的规律。社会学家会特别注意到这门学问的这种倾向，即：对精神的分析过于直接地建立在设想的本能之上，而忽略了社会组织和社会进程的转化作用。

第七章　敌　意

简单的或动物性的愤怒；社会性的愤怒；敌意的作用；不抵抗的信条；通过推理控制并转化敌意；敌意的愉快和痛楚；被接受的社会标准的重要性；恐惧。

我之所以用一章的篇幅来写敌意，不仅仅由于它是人类本性的一个重要方面，而且希望把它当作本能情感在社会发展中的一种模式。这里所阐述的转变过程，可以类似地推广于恐惧、爱、悲伤等情感，而对这些情感我就不再详述了。

愤怒，和其他情感一样，是一种简单本能的动物性的趋向，与生俱来。之后，随着想象力的增长，相应地发展和分化。皮里兹在谈到约两个月大小的孩子时说："他们开始推开自己不喜欢的物品，并出现了真正的大发雷霆、皱眉、红脸、全身颤抖的现象，有时还会流泪。"他们还在没有能够吸着乳头或奶瓶、洗澡或脱衣以及他们的

玩具被拿走的时候发火。大约一岁的时候，他们如果发火的话，会打人、打动物或其他他们讨厌的物体，往触犯了他们的人身上扔东西，等等。

我还观察到与之类似的现象，那些看过小孩做事的人无疑也会见到。如果哪些作者认为，就特殊本能而言，新生儿的大脑是一片空白，仅具备接受和整理印象的机能的话，他们则很有必要去和婴儿接触，从而注意到婴儿的本能，尤其是愤怒的情感，和成人的发火或暴怒的表现简直完全一样。成年人的情感看起来和儿童的情感不一样，并不在于感情本身，而在于通过和更复杂的思想体系接触，感情的表现形式被修饰了。

这种单纯的、动物性的愤怒可被感官上厌恶的东西立刻激起。这种现象在成人的生活中并未完全消失。可能大多数人在踏上了滚桶，或头碰着矮门楣时，都会对那损人的东西产生片刻本能的愤怒。甚至持续时间更长久的敌意形式，也常带有这种直接和非理智的特性。多数人，尤其是那些生性敏感、易受影响的人，对地点、动物、人、话语——事实上对一切事物都有可能产生反感。这看上去是直接从下意识中涌现出来的情绪，没有经过任何思考。有人认为动物性地或本能地厌恶不同种族的人是人的天性。在同种族中，毫无疑问，人们对某人的厌恶也并不因为意识上的敌视，而仅仅是动物性的敌意造成的。即使敌视对象显然是一种思想或道德属性时，我们也常从外部感知它，即把它作为一种行为，而不是作为思想或情感来理解。因此，不论我们能否知晓某人表里不一的动机，我们都仍会认为这种品质可恨。它明显地给人一种圆滑、不牢靠的感觉，使人自然联想起一些爬行动物。同样地，踌躇、乞怜、过分的自我保护或自卑以及许多其他品格，也会使我们产生生理上的厌恶，而不是心理上的。

但一个社会的、富于想象力的人，他的主要兴趣在思想和情感的交流上。对他来说，愤怒的主要内涵和其他情感一样，也表现在思想和情感的交流上。他们的敌意不再是由简单的刺激引起的简单的冲动，而是与富于想象的人类思维相关联的敌对情绪。这种更高的智力形式可以被视为敌视同情，或是对同情的敌对评价。这就是说，我们由同情或对他人的想象进入他人的意识或者自认为了解他人的意识状态，但如果我们发现别人的思想和我们珍爱的观念不一致，或对我们的观点有害的话，我们会感到愤怒。

在索菲·布莱恩对反感情绪的简明而值得称道的研究中，无可辩驳地证明了这一事实。虽然她所描述的反感情绪是特殊而细微的一种，但显而易见，这类分析亦可应用于任何形式的敌意。

“A 被叫来体验 B 的感觉，如果新的感觉明显地或隐约地和 A 的整个知觉体系——或体现他的意志的那一部分感觉——和谐一致，随之而来的快乐的自我的扩张就是同情。如果不是这样——如果这种新鲜感觉脱离了 A 的意志体系——倾向于颠倒该体系——随之而来的是对敌意部分的否定，将其转嫁到这种感觉的成因 B 上，将 B 的状态作为威胁自我、冒犯自我的对立面而排斥。”她解释反感“是带有厌恶的感情的”。反感的情绪源于对所厌恶的他人的意识状态的不情愿的反应。我们发现自己实际上和别人一样自私、虚荣、残忍专横、狡猾做作、不诚实、小气……“相互厌恶的人们之间有些亲和力。”① 梭罗的话表达了相同的意思：“因为你对电流有感应能力，你才会受到电击。”“受到伤害的人，在某种意义上是伤害者的同谋。”②

---

① 《意识新论》(*Mind*, *New series*)，第四卷，第 365 页。

② 《在康科德和密丽玛河上的一周》(*A Week on Concord and Marrimak Rivers*)，第 303、328 页。

因此，敌意的原因是想象或同情。对那些完全与我们不同的人，不会产生这种感觉，因为我们对那些人没兴趣、无法想象。和一切社会感情一样，敌视需要相似和差异的统一。

显然，关系密切与相互理解，并不能确保不产生敌意。密切的接触能否增进我们对另一个人的感情，取决于他的思维与感情和我们思维与感情间的真实关系。这种真实关系可因密切接触而暴露无遗。我们和许多人在一定距离外可相处得很好，但如果被迫和他们住在一起的话，就会觉得相互极其厌恶。或许我们多数人体验过这样或那样的厌恶和烦恼，其原因仅在于我们被迫与那些相处得很好的熟人密切接触。在他们身上，我们找不出什么特别的毛病，只不过他们与我们和谐得不是地方。亨利·詹姆斯在淡到龚古尔兄弟①对圣·伯甫②的厌恶时说，这种感情就像“过多地被照顾和浇灌的作物”。虽然正义感可以在很大程度上克服无理智的反感，但最好不要因过分的不必要的行动消耗精神力量。正义感需要想象力和推理能力的艰苦、均衡的练习，没人能无时无刻地坚持正义；那些将正义感投入最重要的事业上的人，在日常交流生活中，在一定程度上放松地沉溺于偏见和冲动。

无论教养、文化或趣味都没有消除敌意的必然倾向，它们可能使同情更丰富、更细腻，但同时也可能使产生反感的机会倍增，如同敏锐的嗅觉对香臭同样地敏感。完善的思考可以帮助具有敏感的同情的人免受敌视情绪的损害。对天才们的研究十分明确地表明，过分敏感使智慧超群的人难以健康、正常地生存下去。比如说，读卢梭的《忏悔录》可

① 龚古尔兄弟（Edmond Huot De Goncourt，1822—1896；Julcs De Goncourt，1830—1870），法国作家。他们于一八九六年创立了一个文学协会，一九〇三年得到官方认可，由十人组成评委会，每年给最优秀的叙事作品的作者颁发五千法郎的龚古尔奖。获得此奖至今被法国作家视为殊荣。——译者注

② 圣·伯甫（Sainte Beuve，1804—1869），法国著名文学批评家。——译者注

以看出一个具有优秀品格、富于社会理想的天才，是怎样因其必然具备的高度的敏感和丰富的想象而忍受痛苦和挫折。越是富于理想和同情，就越是容易遭受轻蔑和失望的打击，越是难以理清大量的强烈印象而保持对整体的清晰的认识；且由此产生悲观主义和真实或假设的伤害者的强烈愤怒，并常常像卢梭那样，陷入妒忌与猜忌这些不明智的烦恼中不能自拔。

想象的敌意的最普遍形式以社会的自我感觉为基础，共同的特征就是愤恨。我们对其他人产生敌意是因为我们所珍爱的自我中的一部分受到损害而唤醒了愤怒的情感。我们根据情绪的不同将其称为气恼、憎恶、阴郁、隔离感、哀伤、愤怒、妒忌、义愤等等。这些情绪的产生都是因为我们感觉到别人的意识里存在有损于我们的想法，因此想到他对我们自己就是一种打击。比如，假设有个人有理由相信他发现我撒谎，至于他究竟有没有理由，关系并不大；只要我还有自尊的话，如果相信他有这种诋毁我的想法，我就必然在想起他的时候因他的这种想法而怨恨他。或者，假设一个人撞上我惊慌地从战场上逃跑，我怎么能不对他产生愤恨呢？这类情况或许不常见，但是我们都认识这样一些人，我们认为他们贬斥我们的性格、朋友、孩子、工作、我们珍视的信条或为人准则，我们因此不喜欢他们。

对怜悯的愤恨是敌意、同情的有力证明。如果一个人有自尊的话，他会觉得别人对他的怜悯或救济是对他人格的侮辱。自尊意味着一个人自我评价达到社会标准，而社会标准认为，除非在极特殊的情况下，一个人并不需要怜悯或施舍。所以，别人认为他需要怜悯伤害了他——不管他究竟需不需要——就好比去怜悯一个妇女的长相丑陋和趣味不高雅，建议她戴上面纱或雇一个人帮她挑选衣服，对一个妇女肯定是一种侮辱。好奇者可能会有兴趣问这样的问题：一个流浪汉除了因欺骗了帮

助他的人而自鸣得意外，还能有自尊？正是基于同样的想法，我们很容易明白为什么连罪犯都瞧不起乞丐。

“愤慨”一词表示较高级的想象敌意。它指的是一种对践踏权利的人的敌视感情，而不仅仅是像恼怒或妒忌那样的冲动。这种情感中包含着一种更高层次的理性；愤慨的情感中带有改变侵犯个人权益的状况的要求。我们常认为，简单形式的愤怒是没有合理性基础的，无法证明其有道理，而愤慨则常带有广泛的或社会的基础。当发现晋级、提升取决于上司的宠爱而不是个人的功绩时，我们感到愤慨；当发现富人能得到铁路通行证时，我们愤慨，如此等等。

因此有可能粗略地将敌意按其涉及的智能的组织活动（mental organization）的水平分成三类。即：

1. 原始的即自发的或动物性的形式。

2. 社会的、同情的、想象的或个人的一种比较直接的即不涉及正义准则的形式。

3. 合理的或伦理的，和上面一类相似，但是涉及正义准则和良心的形式。

敌意的作用，无疑是激起争斗的能量，把感情的动力化作保存自我或扩张自我的行动。这一点在激发的或动物性的敌意形式中显而易见。一只好斗的狗的情绪骚动，使力量激发并集中于争斗的几秒钟之中，其成败生死攸关。孩子的单纯的狂怒和成人的冲动显然也是同伴的原理。在出击的瞬间，力量骤增，意识中除了残酷的天性之外，别无他念。显然，这种不受控的敌意的类型，存在于简单的社会形态和战时状态中，它是削弱和扰乱一个需要个人思想理性化的有组织的社会形态的一个因素。

从盲目的愤怒到极其细微和变化多端的对他人的想象的愤怒，有一个不易察觉的变化过程。就情绪本身即我们自己在发火时的感觉来说，除了其强烈程度外看起来没有什么差别。差别大多在于引起这种情绪的观念。愤怒好似一种既可用于粗食又可用于佳肴的强烈而特别的调料：既可作为单独的调料，味道强烈且独特，亦可和其他调料混合成难以辨别的混合调料。

尽管动物性的愤怒可解释为自我保护的行为是不言而喻的，然而，社会性的愤怒恐怕就无法得到这种辩护。但我认为，虽然愤怒这种情绪易于过分和难以控制，并随种族进步而逐步减少，且多数人认为是错误的，但是它在生活中起着不可缺少的作用。

人类群体运动迟缓，需要一些愤怒的情绪作为对它的刺激；愤怒在生活的较高层次和较低层次同时起作用。围绕一个人的若只是安慰和阿谀奉承，十分之九的人干不出什么有价值的事情而只会陷入某种形式的享乐主义或浅尝辄止。没有比愤怒更好的兴奋剂了，即歌德说的“使人兴奋的烦恼”，无对立的生活就是卡普亚式的生活①。不论一个人适合于什么样的角色，只有通过对障碍物的有力冲击才能取得进步。而冲击的力量则必须有某种激情的支持。对多数人来说，激情中若没有一点愤怒成分的话，是达不到所需要的强度的；我相信，常识和细致观察将证实这样的观点，即有成就的人都带有内涵丰富的敌意情绪，当需要时，他们自由地从中汲取力量。人们如果有深入观察的习惯，并且在这一点上不仅对自己而且也对别人进行观察，就会立刻承认这一点，从而相信，在有道德的人的动机中不存在通常认为是错误的愤怒情绪。

---

① 卡普亚（Capua），意大利古城，以富裕闻名。据说那里生活的舒适曾使入侵者丧失战斗力。——译者注

我心目中有这么一种人，以其顽强、大胆、成功地追求权利而著称。他干了其他人敢想而不敢干的事——尤其是那些导致人际之间的敌意的事情。当别人探讨政治腐败，但无心弥补时，是他，在自己的选区中公然蔑视腐败的官僚，在法庭或政治刊物上暴露自己的观点——所有这些都是以自己的苦难和损失为代价的。他得不到荣誉或其他任何补偿。如果要分析那些与他智力相当、机会均等的人和他的差别，我们似乎应该说，他更有血气，他具备仇恨的天然能力。当然，他不是盲目而有害地发泄仇恨，而是指向那些有害公益的事情，从而以符合道义的成功的方式满足了愤怒的天性。显然，如果更多的人以他的方式发挥愤怒的天性，将会有益于提高整个社会的道德水平。目前社会的倾向压抑了那种对邪恶行为的正当的愤怒。而这种愤慨在理智的指导下，是进步的主要推动力。

托马斯·赫胥黎①是家喻户晓的人物。他就是个使敌视心理带来成果的人。他并不去寻找争执，但当真理的敌人提出挑战时，他觉得不应拒绝回击。他公开宣称——或许有点热衷于与常规教育相悖——他爱自己的朋友，恨自己的敌人②。他的憎恨是高尚的，读他的《生平与著作》的人绝不会怀疑他是个伟人，也是个好人，他的好斗有助于他的完善。我的确不相信人们没有敌视情绪能在科学和文学事业上有所成就。尽管敌视的情感消耗大量的精力，给思想遮上乌云。即使是达尔文或爱默生，虽然看上去除与别人和平共处之外别无他求，也只有在和权威相对立的情况下，才能最完满、最生动地发挥自己的思想。所有的理性活动中都存在着一些和政治派别相类似的东西；政治主张，不管是否固

① 托马斯·赫胥黎（Thomas Henry Huxley，1825—1895），英国著名的达尔文主义者、思想家。——译者注

② 见《生平与著作》，第二卷，第 192 页。

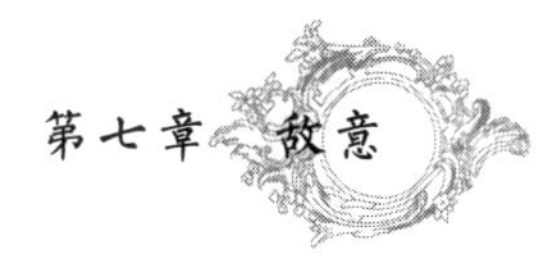

定，可以分为相对立的两组。每一组意见的持有者在对方的挑战下，明确、证实和修补自己的观点，争取在有关宪法确定之前，使自己的观点得到承认。我们需要的并不是让冲突消亡，而是使之适应科学并绝对服从于真理的标准。

正当的愤慨不仅是对追求正义的鼓励，而且也对引起人们愤慨的人的思想产生影响，提醒他意识到自己所触犯的情感的重要。在生活的较高层次，想象别人心里的愤慨情绪所起的作用，和较低层次的躯体的对抗作用是一样的。① 对于一个有同情心和想象力的人，别人的敌视就是对自我意识的攻击而不只是身上挨了一下。这可以迫使他去思考对方的观点，决定是接受它，还是更强烈地声明另一种观点，以将其驳倒。敌视心理就这样有力地和我们的道德观结合在一起了。

我们应当，让这种纯洁的恨，
置于我们的爱和每个人
的良知之下。

我认为一个人若没有愤慨的能力，他的性格和目标都不会得到尊重。我们觉得，如果他确实对某个事物真心喜爱的话，他一定会对损害那个事物的东西产生敌视情绪；如果他不表现出这种情绪，不论在遭到损害的当下或之后，他和他所代表的价值都会让人瞧不起。例如，除非他的学生知道违反纪律会受到某种惩罚，否则老师就没法维持纪律。

所以，除非我们的行为激起别人某种形式的愤慨，我们很少会认为

① 参见西蒙 · N. 帕顿教授（Professor Simon N. Patten）《社会力量理论》（*Theory of Social Forces*）第 135 页。

做错了事；无论怎样自私地侵犯别人的利益，只要实践中不遇到反抗，我们就会当成是理所当然的事情。以我自己的经验和意识而论，我不认为在一般情况下，不抵抗主义对侵略者有安抚的作用。我并不希望在打别人耳光时，他会把另一半脸转给我，因为多数情况下，那样对我不会起好作用。我会立刻停下手，不再顾及不抵抗的受难者，就像我们在餐桌上吃羊肉时并不考虑羊一样。另一方面，过激的、谴责的敌对也对我们无益，那会使我们沉浸于无头绪的愤怒情绪之中。但是，人们维护自己的权利，维护他同情人们的权利是件好事，使得任何践踏这种权利的企图都能导致产生正义的、坚定的愤慨。以实践经验为基础的意识，在违背道德准则时，会激起那些持我们所尊重的意见的人的愤慨。这就是维系这些准则的主要力量。

但不抵抗的教条和所有好心人的观点一样，其中包含着真理，不管它显得多么荒谬。该教条的真正内涵，如《新约》和当今许多个人及团体宣扬的那样，内容大致如此：我们应当抛弃防御的粗糙的武器，而代之以更精巧的武器；用道德愤慨的威力代替拳头或诉诸法庭。不能否认，对一个意识功能正常的人的邪恶行为，最有力的斗争是打击他自我意识中的较高层次，而不是较低层次。如果一个人有粗暴或不诚实的行为，我们可以打倒他或叫警察，与其作低层次斗争，也可以着眼于他的高层次意识，使他明白我们认为似他这般自尊而名声好的人不应自甘堕落。如果行为不妥，导致不幸的发生，那么，那些从前对他有好感的人们自然会对他产生愤慨或不满。换句话说，我们尽可能彬彬有礼地对其社会自我发出警告。这种办法常较前一种更有效。启发他的道义感而不是斥责、贬低他，这是不依赖非常手段的有技巧的人的手段。

这似乎就是不抵抗主义的意思，不过名称不够恰当。它是一种抵抗，指向据认为是敌人的薄弱点。这是攻其不备的办法。它的进攻性最

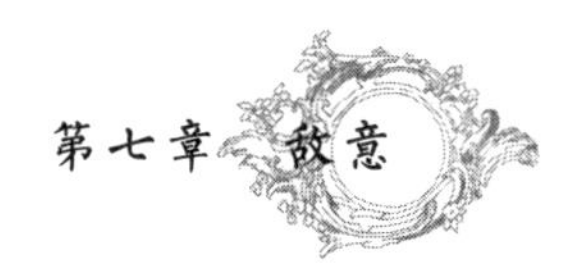

终证明是合理有效的。如果我们不设法进入对方的意识，不用我们的观点改变他的观点，这种手段就失效了，伤害已经造成，伤害者通过他的恶行确立了自信，那你还不如把他打倒。诉诸我们能唤起的最高层次的动机是正确的。我们认为错误的不抵抗，只不过是怯懦而已。或许没有任何一位精神导师真正教诲我们这样的原则。不抵抗之名是指对较高级的自我进行攻击，从而给人一种模糊的印象，好像除了以某种明显的物质形式出现，就不存在抵抗。大多数教师对待不同学生会采用不同的教学方法。虽然耶稣教诲说，当别人打你这边脸的时候，把另一边脸转给他；有人要你的外衣，你就把内衣也给他。但很显然，他并不给那些亵渎神庙的人加倍赎罪的机会，而是把他们当作不可理喻的人。他“走进神庙，开始把那些在神庙中进行买卖的人扔出去，并推翻高利贷者的钱桌，扔掉倒卖金币的人的凳子”。似乎他这时还用了鞭笞。关于不抵抗的问题，除了用模糊的概念探讨究竟哪一种抵抗更有效以外，我没有发现它有什么别的含义。

阐明人类理想的最佳情感极容易陷入空洞。我想，没人相信安捷里科画的《最后的审判》里充满鲜花的天堂乐土中的天使们的生活，能够使普通人得到长久的满足。如果我们时时觉得那显得很美，令人向往，或许是因为我们所处的世界太缺少和平与友爱了。很多人都知道，在炎热中感到饥渴的时候，一点点荫凉和几杯冷水似乎就可以满足我们的一切需求。然而当有了荫凉和冷水之后，我们就开始想别的了。所以永久的和平与友爱的理想也是这么回事。即使是那些最珍视这些理想的敏感的心灵，也不会长久地满足于这些理想。总之，一成不变的、没有区别的友爱是令人生厌的。

人类的理想必须和人类的天性一起发展，而我们无法预见其中任何一个的前景；但目前看来，诚实而富有理智的理想主义应该是以某些权

利概念为参照的、对所有感情的管理和控制，而不是用一些情感取消另一些情感。我怀疑，如果一件事物没有受到反面的攻击，我们怎么可能对之有健康的、建设性的爱。我们怎么能有效地关心某些事物，而不对损害它的人或事物产生仇恨呢？

敌意的较高级的作用显然就是铲除邪恶；为了使这个作用生效，就必须树立正义的理想。一个人若有正常、活跃的社会想象力，便会感到需要正义的理想，将义愤指向他判断为非正义的或错误的事物。他的义愤强烈程度决定于他意识的活力。想象力向我们提供了各种各样矛盾的观点，作为组织功能的理性则试图以某个统一的原则、公平的标准来控制、安排它们，这个公平的标准来自心灵对统一观点的本能需要。所有个别的冲动以及其中的敌视情绪都来到意识的关口，接受这些标准的判断、检验。如果它符合正确或公正的标准，愤恨就将在意志的推动下增强，我们便认为它是正确的，也许自己也因此增加信心。但是如果愤怒不是建立在意义丰富和统一的原则基础上，并且不能容于我们更广阔的思想，意志就会耗费能量遗忘或压制它。因此，我们忽略偶然的伤害，控制或避免简单的反感情绪，但是义愤却能使我们产生行动。愤慨是持久而有力的，因为它带着清醒的理智；而冲动的无理性的愤恨却缺少思想的滋润，不会有持久的力量。

设想一个人去请求某个具有权威的人的帮助，受到了无礼的拒绝。第一个感觉就是对此有一股无名之火。紧接着就会想得更深，想象那个人的心理，猜测他的感情，等等；愤怒变成了一种痛苦的个人仇恨情绪，从开始的刺痛变成后来的怨恨。但如果他是个很有理智的人，习惯于用正确的准则检验事物，他就会很快镇静下来，发展他的想象，努力站在他的角度来考虑问题，观察他的行为中有无正当的理由。也许请他办事

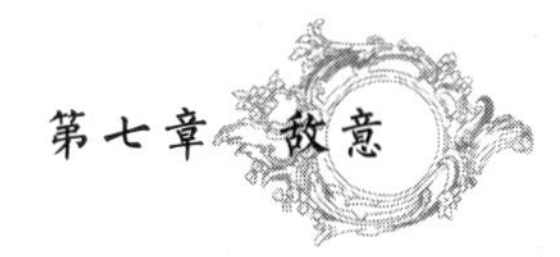

的人很多，对于迅速处理公务冷漠，对人态度粗暴是必然的，等等。如果这个解释不够充分，而他的粗暴仅仅是目无一切的表现，对他的愤恨就会持续下去。一旦想起他，愤恨之感便油然而生，所以一有机会，我们就可以伤害他，并向自己及他人证明我们的行动是对他道德上的非难。

或者设想一个人不得不在邮局排队，和许多人一起等着取信件，他要忍受不耐烦和不舒适的感觉；但对这些他会泰然处之，因为他看到这是目前的客观情况，所有的人都不能避免。但是如果在这耐心的等待中，另一个后来者挤到自己的前面，他肯定会愤怒。其实，别人插队只耽误了几秒钟，但这里存在着正义的问题，会激起愤怒，随之而来的就是制裁的想法。

通过理智和想象来转化敌意的另一个表现就是：涉及敌视的对象时，敌意带有更大的选择思考。从某种意义上讲，高一层的敌视比低一层的敌视更少地涉及某个个人。就是说敌视不是盲目地对这整个人群，而是在某种程度上根据人们的某种表现、某种倾向来区别出应该敌视的对象。我们不是因为想到某个人的脸或其他特征就会愤怒。我们的愤怒是针对他所表现的不诚实或者狂妄的恶劣品质，或是别的我们不喜欢的东西，并且不妨碍我们可能从他表现出的别的特征中发现其喜爱之处。一般说来，想象会使我们在每个人身上都发现可爱的东西，若我们对一个人只有憎恶，那一定是因为我们对他的理解带有偏见。无缘无故的愤怒，像别的无缘无故发作的感情一样，总是会导致这种偏见或无理的想法，因为气愤不让人全面思考，致使我们顺应愤怒的情绪。但是经受过磨炼的感情会带来更公正的想法，因此可以理解为什么说我们应该爱我们的敌人而憎恨我们朋友的缺点。公正的父母或老师能够不丧失恩爱地责备孩子或学生的不轨行为。同一原则适用于罪犯和一切应予以敌视的事物。社会对不合格的成员的态度应该是严厉而又富于同情的，就像一

位父亲对待一个不听话的孩子。

现代生活倾向于培养想象力，去理解各种各样的人，而怀疑出于冲动作出的草率结论——例如所有进行暴力和盗窃活动的人都是可怕的行恶者——但仅仅是行恶者。这使我们相信人类天性的相似之处。对恶行的义愤绝不能消除，但在使用各种证明作为最有效的方法继续处罚行恶者的同时，我们还会越来越清楚地看到行恶者和我们自己是很相似的，他们只是把我们也有的动机付诸实践。

有人断言或设想，从本质上说，人类的敌视情绪是可恶而又令人痛心的，而且不管我们喜欢与否，它将固执地存在，因为生存条件继续保持不变。我很难相信这个观点是正确的。我愿意这样说，在普遍的经验中，愤怒对社会和个人的种种危害并不在于它作为敌视情绪的特性，而是在于：像色欲一样，由于本能力量过分旺盛以致很难控制并限制这种力量发挥的正常范围；如果不实行正确的管制，本能力量肯定会给个人生活带来混乱和痛苦。

一个身体健康、精力充沛的人，大发脾气绝不会痛苦，而会是一种放松。如果控制得当，我甚至可以说这是件快乐的事情。一个狂怒的人并不想脱离这种情绪，他完全不听试图安慰他的话，只想尽情发泄。他的冲动正想使他寻找一个发泄机会。只有在发够了脾气以后，他才愿意平息下来。观察冲动的孩子及丧失理智的成人可以看到这一点。

一种持久的愤怒也会使某些人得到满足，但我认为这在今天已经很少见，而且还在继续减少。读过哈兹里特①的有力、真诚但也许表达了不健康情感的文章《仇恨的快乐》，我们会明白这种事情是可能的。在大多数情况下，一旦愤怒开始减弱，人们就像在其他不正常的情感过后

① 威廉·哈兹里特（William Hazlitt，1778—1830），英国散文作家、文学批评家。性格怪异、脾气暴躁。——译者注

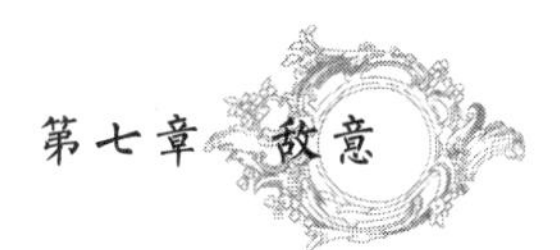

一样，感到懊悔和颓丧，人们在此时会感到与正常、和谐的意识状态脱离。他相信自己有罪，感到理想动摇的痛苦。看来痛苦并非是愤怒这种情感的特性，而是因为这种情感过分强烈。

任何简单而又暴烈的情感的后果都可能令人痛苦和悔恨，因为它破坏了理智与意识努力争取到的和谐。人类越向前发展，就越能感到这种后果的痛苦，精神生活变得更加复杂。文明社会要求我们不断地消耗大量的力量，致使我们没有多余的感情恰当地发作愤怒。随着有计划和有理智地运用情感的要求的与日俱增，自我控制的习惯和原则应运而生；打破这些常规，就造成了疲惫和懊悔。任何粗糙的情感都会被看作是“可耻的精神浪费”。暴怒通常和冷漠的生活习惯分不开，它可以用来消耗积累起来的能量，就像我们的撒克逊祖先的狂饮习惯一样在今天已不再有市场了。

我认为，迫切地需要把敌视情绪作为自己的动力的那种人是那些精力过剩、性情懒散的人，如歌德和俾斯麦，他们都说愤怒是他们的主要情感。在许多边远和寂静的地方依然盛行着古老的复仇传统，如在北卡罗来纳的山区。也许所有没有受到文明压力的群体都是这样。但对一生都充分地参与生活的大多数现代人来说，强烈的个人仇恨是痛苦和有害的，许多优秀的人因这种情感而被毁掉。

我敢说具有时代特点的人不允许自己卷入简单的仇恨情绪的漩涡中，而是培养宽容精神以接受各种人，他们总是清醒而又坚定地反对任何与他真实的自我冲突，和他最亲密的专有的事物和反映他本性的思想冲突的倾向和目的。他总是很和善，尽可能享受他喜爱的情感，不仅因为这些情感愉快、可人，而且使他在接触事物中更加从容。避免无意义的冲动浪费的精力，能使人更清楚地思考问题，并在他发现有必要反对别人时，能避免机械的表现。现代的人带上莎士比亚的英雄的风格就不会有戏剧性了。他必须尽可能用恰当的风度来表现自己，如果他不得不进行威胁时，他只要动一下嘴唇，礼貌地用一个词便能达到目的。如果必须用粗暴或更加野蛮的手段对付愚蠢的人，他很可能把这个粗鲁的活交给副手。铁路工人的工头必须是个大嗓门、壮汉子，显而易见就是压倒众人的人，但铁路的总裁却普遍地沉着而又和蔼可亲。

通过既定的被社会接受的正确的标准控制敌视情绪，对思维是极大的帮助。一个人为自己及他人的暴怒而烦恼，便会留神人们关于正义和公开的某些准则，并据此将自己和他人的受伤害的感情转化为温和的有节制的对抗。在某些限度内的对抗逐渐被认为是事物的合理秩序的一部分。这样看来，道德标准和法律在约束过激的冲突方面起着相同的作用，避免不稳定和无法状态造成的破坏。所有正直的公民都希望法律稳固而有权威。同样，正常的人都希望有确定的公众承认的道德标准以控制混乱情绪损害精神健康。对一个受敌意情绪干扰的人来说，让他认识到这种情绪是错误而无理智的，就可以使他能按正常途径，用理智来约束自己，平息敌意情绪。其次最好的办法就是让敌视情绪得到理智的完全赞同，让他沉浸在其中而没有心理负担。不确定的状态是最糟糕的。

体育比赛很好地体现了用对准则的忠诚来控制敌意情绪。经过正确的说明，运动员们就会按照对公正原则的理解去行事，不会因冲撞受伤而愤怒不已。在战争中也是一样：士兵对试图把他们打死的敌军不一定感到愤慨，这可以被看作是比赛中的准则。据报道，塞伏拉（Cervera）①上将的参谋长对桑普森②上将说："这里面完全没有个人之间的仇恨。"

① 美西战争时西班牙将领。——译者注

② 桑普森（William Thomas Sampson，1840—1902），美西战争时美国海军上将。——译者注

但是如果发现对方打出白旗诈降，或使用装有炸药的弹头，就会引起强烈的仇恨。在现代工业社会中，各种形式的不同目标之间的斗争也是如此，排除了公正和不公正的问题，像这样的竞争不一定有增多敌意的趋势。竞争和不同目的之间的摩擦冲突与行动是紧密相关的，人们也是这样感觉的。在一个有活力、变化快速的社会里，敌意不会比在发展缓慢的社会里更多。我们经济关系上的冲突，并不是竞争导致的，而是因为缺乏健全的法律、条规和常规，以确立正确和公正的原则。然而，这种缺乏是经济关系迅速发展所不可避免的。法律和道德标准的发展没有跟上步伐，于是就出现了极大的不平衡，使某些人和阶级有理由向另一些人和阶级提出公正而合理的要求。这种不平衡造成愤怒的想象。

很明显，我没有把恩爱、愤怒或者任何特殊的感情本身看作是好的或是坏的，亲社会的或反社会的，进步的或倒退的。我认为本质上好的、亲社会的、进步的事物就是在理解的帮助下，把所有的情感组织和约束起来，与我们发展整体生活的理想和谐。我们还没有搞清楚这种整体生活的发展，是不能彻底地消除敌视情感的。活跃的好人、正义的人、改革者、先知，还有把高利贷者从神庙中赶走的那个人①，多半是易怒的人；现在还无法断定这种情况会不会持续下去。人类思想和行为的差异似乎是一种基本现象，而且没有表现出改变的趋势。这种差异包括思想和目的的冲突。在那些认真地持有他们的意见的人之间必定产生敌视。从狭义上说，这种情感不应该使人们那么任性、暴躁和痛苦，或变成个人之间的仇恨，而应该有节制、有理、有选择、有温和的坚定性，认为这种情感应该消失的理由是不充分的。

---

① 指耶稣。——译者注

我们谈到愤怒时所阐述的道理应大致适用于一切显著的本能情感类型。如果我们以恐惧为例，试图回忆我们从童年起就体验过的恐惧情感便可以很清楚地发现，恐惧情感本身可能变化很少，但激发起恐惧情感的意识、环境、暗示则根据我们的意识状态及社会环境的不同而有很大的变化，但这种感情没有趋于完全消失，只是变得不太强烈和不易受激发了。从激发这种情感的外部环境来说，是越来越社会化了；从主观来说，对于优秀的人，是越来越受理性的控制了。

儿童的恐惧主要是直接可感的经验造成的——黑暗、孤独、尖的声音等等。敏感的人经常一生都保留这些非理智的恐惧。众所周知，恐惧对歇斯底里、精神不正常及其他精神不健康的状态起着神秘的作用。但是身心健康的成年人多半熟悉了这些简单的现象，对之无动于衷，并把富于感情的感觉转变成对复杂事物的兴趣。这些兴趣大多是富于同情的，属于社会的自我，而非肉体的自我——比如我们在别人心目中的地位，我们关怀的那些人的幸福，等等。但像这一类的恐惧感——害怕孤独，害怕在人类行动和同情中失去位置，害怕我们周围的人的个性和成功——经常带有孩提时的恐惧的成分。一个人在社会秩序中失去了位置和安全，就会感到孩子处于黑暗之中的那种恐惧；与孩子的恐惧感一样，是本能的和盲目的。这前后两种恐惧的主要差异似乎在于后一种被更复杂的观念激起，社会想象力的习惯在起作用。

社会性恐惧，也许是一种病态心理。在卢梭的《忏悔录》中，对此有生动的描述，他写到这种感觉致使他诬赖一个女用人，而干这件事情的正是他自己。“她出现的时候，我便感到极度的痛苦，但众人比我的内疚更有力量。我不怕受惩罚，却惧怕羞耻，胜过于惧怕死亡、犯罪，胜过于世界上的一切。我宁愿埋葬、隐藏于地球的中心；战无不胜的羞怯心理使其他的情感淡然；羞耻引起了我的一切无礼行为，就像假

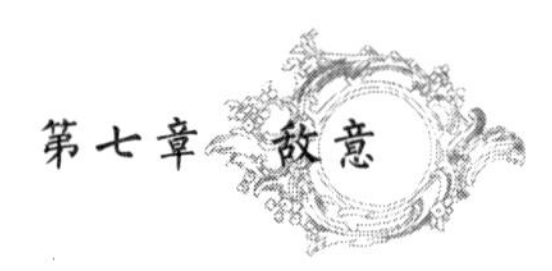

如我成为罪犯，被人发现的恐惧会把我变得无所畏惧。我并没有惧怕，只害怕被人发现，在公共场合露面，怕人当面宣布我是个小偷、说谎者、诽谤者……”①

至此，正如同我们愤怒情感中区分出愤慨一样，我们也可以区分出社会恐惧的一个更高级的形式，它不仅仅是个人情感，而是关系到好的、正确的这些社会化的观念。例如，一个士兵，对呼啸的炮弹的恐惧是一种低级的或动物性的情感，而不愿蒙受耻辱逃跑则是社会恐惧。但仍然不是最高级的情感，因为他厌恶的是耻辱——这相对来说是简单和非理性的的观念，而不是非正义的事物。人们常常在这种恐惧的压迫下做出他们明知是错误的事情，就像我们上面摘引的《忏悔录》中卢梭坦白的行为。但是，假如士兵的最高理想是国家和军队的胜利，那么，能够战胜一切低级的恐惧——通常称为自私的恐惧——的恐惧感则是道德的、符合伦理的。

---

① 梦中的恐惧大多起因于社会想象。因此史蒂文森在信中谈道：“我通常的梦境是社会上的苦难、误解以及精神受到的折磨。”——《史蒂文森通信集》，第一卷，第 79 页。我们许多人都梦见过自己在公共场合赤身露体。

第八章　竞　争

从众；不从众；作为生活中相互补充的两种表现；抗争；社会公共事业中的抗争；公共事业中竞争取得成功的条件；崇拜。

为了方便起见，我们把竞争区分为从众、抗争和英雄崇拜三类。

可以把从众定义为：为了保持某个群体确立的准则而作出的努力。它是一种对普遍行为方式的自觉模仿。它与抗争以及其他进取性竞争形式的区别在于，它是相对被动的，并旨在保持相对优势，在很大程度上只涉及对行为方式的表面仿效；另一方面，它又以有目的的而非机械的特点，与在强迫下进行的模仿行为相区别。这样对我们大多数人说来，讲英语就不算从众，因为在这个问题上，我们别无选择，但是，在发音或言谈口吻等方面，我们则可以选择，从而与我们希望与之交往的那些人相一致。

从众的一般动机，是由或强或弱的对不从众感到难堪和不便的感觉构成的。绝大多数人认为，穿戴着与时尚装束相异的衣饰去夜总会会给自己带来难堪。难堪的来源似乎是一种对污辱性的好奇心的朦胧感觉，他感到别人好奇地认为他要发疯了。他被认为属于另一类人的这种令人不快的自我**意识**，刺伤了他的社会自我。这个例子很有典型意义，它表明，社会群体对其每个成员并非强烈和明确的个人目的具有制约作用。社会对我们的约束并非有明确的意图，仅仅是通过冲动、公众一致以及似乎是对特异性莫名其妙的歧视来约束我们。乔治·艾略特在谈到某些人逐渐放弃对更远大的目标的追求时说："世界上简直没有任何事情比这些人的逐渐变化更微妙的了！他们不知不觉地开始了这个变化过程。你我只要向他们提供一些信号，比如当我们表示出一致的愚蠢态度或作出荒谬的结论时，就会对他们产生影响。也许某个妇女一瞥就会引起这个变化。""孤独是令人恐惧和压抑的。"如果我们割断与他人那种通过自然的同情和相互理解建立的联系，那么，不从众就会给我们制造gêne。① 由此看来，同一个与我们相比装束过分寒碜或过分华贵的人相处，或与一个举止奇特的人相处，无论我们的人生观怎样漠视这类差别，我们都会感到不自在。相反，在一些很容易被人忘却的小事中，人与人之间的共同之处，却为人们提供了彼此予以同情的真实的亲切气氛。所以，我们都愿意同与我们关系密切的人保持着相同性。

抑制不从众似乎是人生而俱有的冲动。而对不从众的宽容则总需要道德上的调节。我们都珍爱自己习惯的思想体系，任何以明显的蛮横态度对它加以亵渎的现象，都会使我们懊恼，甚至会引起我们的愤恨。所以，我们首要的倾向就是抑制特异性。只有在迫不得已时，我们才学着

① Gêne（法语）：苦恼。——译者注

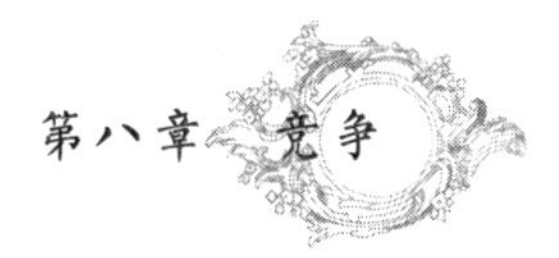

去容忍它的存在，而这要么是因为事实表明它是合理的；要么就因为我们对它难以反抗。提倡革新的人往往与其他人一样，压制其他革新者。他们在表达新思想的言辞中，常常带有责难的意思，而社会秩序越是稳定，责难便越是强烈。在社会秩序混乱和变动的时期，人们由于无法回避互相冲突的观念，在耳濡目染之中，磨炼得相对宽容了——譬如，宗教宽容就是教义争执不断重演的结果。从各方面看，我们当今所处的社会就是这样的一个社会。

亨利·梅因爵士①谈到罗马执政官在作判决时受到的约束时说："早期培养所形成的先入之见，以及只有身处其中的人才会欣赏的束缚严厉的职业观念，把执政官限制在最狭窄的范围内。"② 同样，各种职业，商业或手工业，各个教会、社交圈、兄弟会或派系，大约都有各自明确的准则。它们虽倾向于强制它的全体成员遵从这个准则，但是，这些准则实质上不是特意制定出来的，而且也没有强迫实施的特殊手段。准则仿佛是在潜移默化的过程中自动产生的，并且由于组成群体的动机而加强了作用。

因此，每一个关于变更规范的观念都必须为自己开辟道路。无论是谁，只要他一旦打算做出超乎人们所期望的事情，社会就会马上高呼："不要偏离轨道！""不要偏离轨道！"于是乎，排挤、白眼、哄劝、讥讽纷至沓来，直到他又重新按常规去行动为止——或者直到他通过对准则作适当的修改，建立一个新的从众基础，从而确定了自身的位置为止。不存在全然不从众的人，同时也不存在对他人的不从众完全宽容的人。洛厄尔先生曾为了捍卫不从众，在自己的文学作品中写下了一些激

---

① 亨利·梅因（Henry James Summer Maine，1822—1888），英国法律史学家。——译者注

② 梅因：《古代法》，第62页。

烈的言辞。但他本人则是个循规蹈矩的人，甚至在社会交往方面还是一个遵从习惯的赞同者。无论是做一个不从众的人，还是对不从众表示赞赏，都需要付出相当的精力，然而没有一个人乐于为坚持敞开心灵而承担痛苦，尽管存在着对变革和开放持相对赞成态度的社会群体、国家和社会发展时期，但从众总是常规，而不从众较为例外。

从众是一种协作：它的功能之一就是节省精力。作为约束个体的准则，一般是从人们的思想和经验中提炼出来的精华以及有价值的东西。无论这些准则存在着怎样的不完善之处，但从整体上看，它们构成了生活必不可少的基础。很难想象，哪一个人能置之不理。如果我模仿别人的衣服、举止及对家务的安排，那么我将会省出许多精力去干别的事。每个人最好根据他的禀赋确定他的方向，而在别人擅长的领域模仿他们。尽管从众实际上是天才的一种羁绊，可它无疑对提高人性的素质，起着越来越重要的作用。我们通过精心选择和系统化的以往社会的经验获得了它。而且符合准则就是对发展的概括：社会发展的水平时高时低。从众有时会落后于社会的发展，但大多数情况是促进社会的发展。为了激励我们的个性发展，对从众采取责骂的方法，或许不算错，但以这样的方式提出的论据缺乏准确性。为了鼓励青年和有抱负的人去为自己的理想奋斗，不妨让他们去读一读爱默生对自我依赖的赞扬；不过当歌德谈到“没有任何事情会比我们在他人中受到孤立，没有比与众不同，更能引起麻烦了，更使我们濒于疯狂了，没有比以大众的方式与人们相处，更能使我们保持常识了”①，我们就不免同情歌德了。

不从众包括两个方面：第一个方面是指一些人由于难以抑制的冲动

① 《威廉·迈斯特的学徒时代》(*Wilhelm Meister's Apprenticeship*)，第五章，第十六节。卡莱尔（Carlyle）译本。

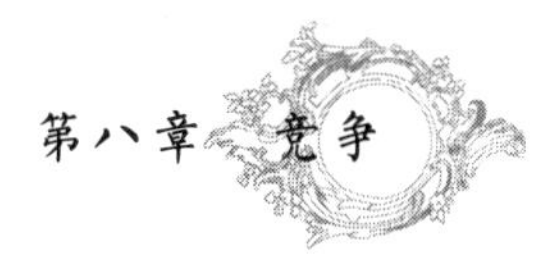

或“相反的暗示”导致了对立的情绪，从而对已被确认的准则采取回避态度，这种不从众并不一定需要参照其他的准则；第二个方面是指人们有一种要从现存的、陈旧的准则，转向那些相对遥远的而且是新颖的准则的要求。不从众的这两个方面的因素还常常同时出现。一个人采取不同于他周围人的生活方式来生活，某种程度上是在于他内在的冲动，某种程度上还在于，他把自己的想象系于另一些人的观念上，认为那些人的生活方式才更合他的心意。

但是，不从众的本质就是相反的暗示或对立的意识在对他人的态度上的反映。充满自然活力的人，从拒绝周围环境和他人对他的要求以及自我感情的增强中，获得强烈的快感。他在这种自我肯定的形式中感到愉快：做自己的事是惬意的；即使有人反对他这么做，他仍然会感到这些是他自己的事。敢于面对指责，这本身就带有激励作用，宛如一个人在呼啸的狂风中登山，能够由此认识到自己存在的特殊价值。自我感情一旦倦怠了，就会采取守势，使我们回避特异性，而当它重新处在旺盛的状况时，便又导致我们寻求特异性。就像我们会根据自身活力的循环状态，在某一时期敢于抵御寒冷，而在另一时期却要拥在炉火旁一样。

我们从身体健康的孩子们那里可以很容易地观察到，每个儿童都有他视为己有的独特的做事方法。他喜爱维护自己的方式，而反对那些与自己不同的做事方式。不从众还构成了整个民族之间和个体之间的最深刻、最重要区别的某些基础。依靠理性和意志的控制，人们追求变化的热情，会转化为自强、自律及对目标的不懈追求；正是这些品质使个人和民族产生了巨大的力量。这个力量是创办企业、开拓事业、忍受各种艰辛的力量源泉，也是无所畏惧地维护个人权利的动力。盎格鲁－撒克逊人漫长的历史浸透着这个民族固有的好斗性。在很大程度上，正是这个不从众的特性，造就了这批世界的胜利开拓者。撒克逊人想得到一块完全属于他们自己的地盘，而讨厌那些没有受到他们控制的其他民族打扰他们。于是他们便不断地扩张。住在边界上的所有人都更有自信心。他们环视四周，看着属于他们自己开垦的土地、他们的小木屋和郁郁葱葱的庄稼、他们的妻儿和牲畜，他们会说：“我造就了一切，它们是属于我的。”眼前的一切都会勾起他们的荣耀感，是他们凭自己的双手获得的。

谁不知道像哥伦布那样独自沿着向西的方向驶到一个神秘的世界，或像南森①那样率先闯入北极是一件高尚的事情呢？爱默生说：“坚持你自己的行为，一旦你做了离奇和越轨的事情，打破了一本正经的单调，就应该因之而自我庆幸。”我们赞赏诗句：victria causa diis placuit，sed victa catoni。② 我们也喜欢这样的见解，一个人背靠大自然，单独站出来反对神明。

> 他们昂然挺立着，
> 英勇地迎接被激怒了的敌人砸来的石块。

但我们不应把他们视为自我献身的牺牲品，他们中有很多人恰恰为自己的孤独、勇敢和顽强而感到欢欣，以致认为自己处于那种状态不仅不是自我牺牲，反而是自我实现。冲突是思想活跃的必然产物，而且如果社会规则不建立在冲突的基础上，那么它就必将因为不符合人类本性而消亡。“不妥协者谓之人”。

---

① 南森（Fridti Nasen，1861—1930），挪威北极探验家、海洋学家、政府活动家。——译者注

② 拉丁文，取自罗马诗人吕坎（Lucan）的叙事诗*Pharsalia*，大意为，即使天神支持与我们对立的胜利者，也要忠实于自己的虽然是失败的事业。——译者注

我认为，一切干事业的人都是凭借着探寻北极般的冒险精神去从事各种事业的，譬如从事新奇而又没有报酬的慈善事业。我们把激励这些具有特殊性的人的动机设想为“善”，这既不符合实际情况也毫无意义。我想，他们中的绝大多数人恐怕也不愿意被这样理解。革新的事业和慈善工作以双重性诉诸他们的心灵。其中当然有实现某种价值的愿望，表达某种看来已被社会误解了的珍贵情感的愿望，以及救济受难者的愿望，丰富人类知识的愿望，等等。但是，在这些愿望的背后存在着对自我表现、创造和奇迹出现的朦胧需要。只有满足了这些愿望，他才能使生活有意义。具有较强想象力的人可以不通过战争或扩张这些多少有些过时的方式，而利用各种萌芽的和不稳定的社会积极因素，来发现富于新奇的和冒险特点的事业。所以，在社会济贫福利的改革团体中以及慈善事业的机构中，我有时或许会遇上能率领十字军侵略征服巴勒斯坦这类的人。我并不是随意乱说，我自己就认识几位照我看来属于这种类型的人。

不从众的第二个方面是间接的从众。其对社会影响的抵制仅仅是部分和表面的，表现为这方面不从众的人，看上去似乎与众人不协调，但实际上他与另外的节奏是合拍的。正如梭罗所说，他聆听着另一个鼓手的节拍。如果一个男孩子拒绝从事他的双亲和朋友所认为的最适合于他的职业，而坚持去干某种对他来说属于异想天开和离奇的事，诸如艺术和科学研究，那么他最充满青春活力的生活，一定不在他的周围环境，而是他通过书本或人际交流与精神大师结伴的理想生活。就社会影响的实际作用而论，外界环境远非像我们通常想象的那样是明确而清晰的。我们真正的外界环境是由那些大量地出现在我们思想中的形象所构成的。而一个活跃的、不断开拓的心灵，他头脑中的形象可能与大量涌现在一般人意识中的那些形象非常不同。我们一般凭借共鸣来确定我们所

要忠实的群体和遵从的准则。我们的选择总是在那些我们容易理解的个人影响中进行。我们只不过是不受与我们谙熟的同伴的任何支配而已。在这个意义上讲，我们仅仅具有表面上的不从众。

所有自我肯定的不从众，都必须服从理想中的原则，反抗自身不会有积极的效果，而且还意味着没有超出个人的局限性。所以，不从众与从众之间不存在任何明确的界限；所谓不从众是指在选择和组合容易造成影响的事物的方式上，多少有些特色和不同寻常。这一点与发明创造对于模仿的关系完全一样，正如鲍德温教授①指出的，人的思想和行为不存在绝对的分离。没有任何一种模仿纯属机械的而不含有丝毫的创造性——一个人不可能在重复某个行为时，丝毫不掺入一点自己特有的东西——就发明创造都是由观察和经验启发出来的因素构成而言，也没有任何一种发明创造不是一种模仿。总之，人的大脑所做的工作只是依据它自己的模式和倾向，对得到暗示的内容进行再组织和再创造；我们在判断一个头脑是在模仿还是在发明，它具有独创性，或只是平庸时，就是根据它能否富有成效地运用一般素材，从而震动我们的心灵。

在阅读一些研究关于生活的某个特殊方面的论文时，譬如，M. 塔德②的才华横溢的著作《模仿的规律》，最好不要忘记生活中还有着许多这样的特殊方面。如果对任何之中的任何一个，通过有效的方式加以阐述，便都可以使这个方面一时显得比其他的方面更重要。我认为社会活动的其他方面，诸如交往、竞争、革新、合

① 鲍德温（James Mark Boldwing，1861—1934），美国心理学教授、哲学家。提出了心理学进化论原理，——译者注

② M. 塔德（M. Tarde，1843—1904），法国著名的社会学家和犯罪学家。《模仿的规律》是他的代表作，在书中他强调“模仿”的作用，认为创新就是模仿，只是模仿的程度和种类不同。——译者注

作、理想化活动等等，作为社会活动与模仿有着同等的重要性。人们可以就它们中的任何一方面，编写成一本与M. 塔德的风格相类似的书。事实上真正的社会活动过程是一个以上述各种活动为侧面的多面体，只要我们认识到这些生活的方面只是一些生活的侧面，并能借助它们来理解生活自身这个多侧面的整体。它们对我们来说就是有益的；但是如果把它们看成是僵化的教条，那么它们就显得令人厌恶了。

生存竞争是这些生活的侧面中的一个，有人认为它是世界的主要方面，其主要原因在于，对它那些丰富而有趣的揭示，把人们的注意力集中到了它的上面，而且，由于在对这个重要方面的研究上。已有了许多开拓者，因而也就必将有很多后继人。

正确的观点能够使我们透彻地认识到，从众和不从众是人类积极性的正辅两个方面。当人们心情平静时，他们在社会和谐和同情的交融中过得很愉快，这使不从众显得很不便。但是，当人们精力充沛，要发泄本能时，就要借助于自我决断情感来平息这种要求。“创造的渴望”、对行动的原始需要的萌发，会使人们焦躁不安。正如吉本①谈到的北欧人，他们“忍受不了阴冷气候的折磨和狭小地域的限制，在盛宴之后，便开始了行动。他们吹响号角，登上船舰，对要么可以加以掠夺，要么可以安居的每一个海岸进行探险”②。在社会交往中，这种积极精神在与他人意志的抗衡中找到自己的表达方式。这就是说，对立和自我更新的精神的滋长是不从众产生的主要而直接的催化剂。然而，这种人并不

① 吉本（Ednard Gibbom，1737—1794），英国近代杰出的历史学家，写有影响深远的史学名著《罗马帝国衰亡史》。——译者注

② 《罗马帝国衰亡史》，第82页，米尔曼—史密斯出版。

能孤立地进行创造，而是被迫在他人的头脑中搜寻暗示和思想内容。所以，不从众的独立性只是相对于比较直接和明显的外界环境而言，永远不会在社会秩序中构成真正的抗争。

自然的不从众是处于较为活跃状态下的人类意识的特点。精力充沛的人必定是在某些重要方面的不从众者。青年人总以不从众而自豪，随着年龄的增长便会逐渐回到一般的观念上来。“当人们最缺乏精力，或最奢侈时，他们是保守的。饭后、休息之前，或当他们生病及衰老之时，他们都显得很保守；而在清晨，在他们的智慧或意识活跃之时，当他们聆听音乐，或朗读诗歌时，他们便会很激进。”①

在个人的生活中对于从众和不从众的问题所抱的理性态度，似乎应当是：在你认为重要的事情中维护你自己的个性，在你认为不重要的事情中表示从众。而要想在一切事情上都有自己的行动的个人方式的人，恐怕是不明智的。试图这样做，就等于关闭了同情的渠道，而我们就是靠同情才能分享到环绕着我们的生活。我们应当节省我们的精力，以便去做那些在坚定的信念鼓舞下，坚持自己道路的事情。

像任何一种有生命的有机体一样，社会在总体上要不断发展，它需要稳定与变化、统一与差别的恰当结合，从众便是稳定和统一的方面，同时不从众便是差别和变化的方面，后者虽不能提出什么崭新的东西，但是它确实有助于实现不断变化、更新的人类的生活。

我所说的抗争是指一种凭着获胜的愿望而竭力抗衡的奋斗，推动它的动机常常是对其他人所想所为的感觉，特别是对他人对我们所抱的看法的感觉。在这一点上，抗争和从众相近。它不同于从众的地方主要在

① 见爱默生的《新英格兰改革者的演讲》。

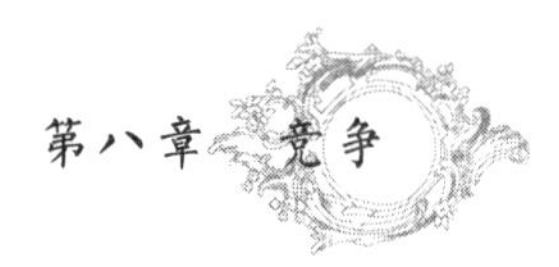

于，抗争更具有进取心。从众旨在不落后于大众的行列，抗争则要赶到行列的前面；前者被不从众带来的不便和痛苦的感觉所推动，后者则由迫切需要众人予以赞佩的热切愿望所推动。对社会自我来说，获胜常常意味着他由于力量、财富、技能、修养、道德或其他方面的出众，而成功地在别人的意识中留下了某种他所期望的印象。

另一方面，抗争属于比较简单的、原始的和直接的竞争，它没有更高层次的思想精确性，也不包含任何升华了的理想。一匹生机勃勃的马，一旦听到另外的马蹄声从后面传来，就会竖起双耳，加快步伐，尽最大努力保持自己的领先地位。人类的竞争看上去就有很多这样的本能因素。我们逐渐意识到的周围的生存与竞争活动，似乎直接作用于我们的神经，同样会激起我们对生活和奋斗的冲动。每个有抗争热望的人，大凡听到或谈到一种充满生机的活动，就会感到某种要加入的冲动。犹如他混在一群情绪激动的人中，无论他是否意识到，他都会情不自禁地分担那些人激动的情绪。志向常常是这样产生的：当一个人与大家在一起时，他的自我感便模模糊糊地在他的脑海中呈现出来，他希望自己能够成为同伴中的至关重要的人。他可能看到自己并不能在大家正在从事的事情上优于他们，于是他就躲在自己的想象中，琢磨自己做什么样的事才会令人钦佩，并决心这样做。他就是这样秘密地建立起雄心来。

抗争的动机是一种正在进行着的较量的强烈感觉，和要加入进去的冲动。这个动机不是创造性的，而只是模仿性的，它并不含有比目标本身更多的深刻内容。因为我们只是在它力图达到众人都追求的目标的意义上，才相应地确定它的价值。在追求个人目标的抗争观念中，存在着从众的成分。尽管它包含着抗衡的因素，但它无意于创新，只是在实际存在的社会生活中汲取它自己的色彩和性质，它只是接受和追求公认的成功标准。它具备的所有特点，皆取决于那个现象的目标的理想的内容，譬如，最恶劣的或最令人痛苦的东西，也许通过抗争成为人们追求的目标。至于公共福利与进步服务的理想，如何发挥人的善良的天性的问题，查尔斯·布思①曾很详细地研究了伦敦的贫民区。他说：“在穷人中，人们带着一种扭曲的自豪感不断地酗酒。”在另一个阶层中，妇女们在同样的情感支配下，承受肉体上令人难以置信的痛苦。

威廉·詹姆斯教授②认为，世界上十分之九的工作是在抗争的推动下完成的。因为在普通的积极而有才华的人中，最为普遍和强有力的动机是抗争。而恰是这类人保证着全世界的工作不停地运转。极端理智的积极性，或崇高而坚定的理想主义是罕见的。大量有才干的人尽管都是有抱负的，却不具备明确地把自己引向特殊目标的内在品质。他们大都只是从自己所处的时代、国家、他早年周围环境以及在培养中摸索自己的道路，这些因素使他们很容易地选择一种看起来有机会获得成功的职业，投身到有助于成功的追求中去，如果选择的职业是法律，他们就会在接受自认是现实通行的道德规范和其他准则的情况下，力求在办案中取胜，以求获得财富和名望。其他职业：商业、政界、牧师、各种手工业等等，情形也都如此，只是在细节上有所不同。

这样，抗争本身并不存在什么道德上的区别。它是有害的还是有益的，这要依据其行为所涉及的目标和准则来判定。不过，从广泛的意义上说，抗争为大多数人提供了有益的必不可少的激励作用。它是利用了雄心这个巨大的能量，促进实现全社会普遍赞同的目标的进步力量。我

---

① 查尔斯·布思（Charles Booth，1840—1916），美国社会调查家和统计学家，著有《伦敦人民的生活和劳动》多卷本。——译者注

② 威廉·詹姆斯（William James，1842—1910），著名的哲学家和心理学家，美国哲学实用主义运动的先驱。——译者注

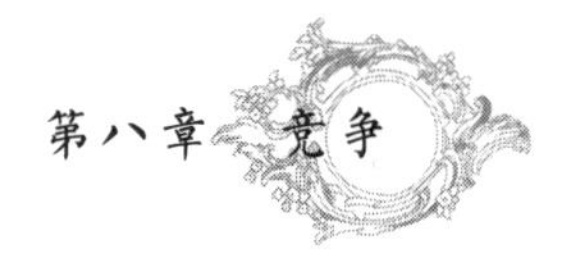

们判定它为恶的，只是针对其中的消极因素而言。消极因素并不是雄心本身，而是它导致产生了的冷漠无情、低级趣味和缺乏一切雄心所必备的积极的、社会的人性。

为了提高社会机构的工作效率，必须对抗争加以限制和组织。这主要意味着，人们必须在特殊的群体中结合起来，每个群体应追求技术效率和社会贡献，把这种追求获得的成功作为抗争的目标。不妨想想我们的大学是怎样取得体育成就的吧。首先，在体育上获得成功，普遍成为人们追求的一个目标，经过筛选，许多竞选者按照自己的志愿被分派到各种具体项目的小组中去训练，有足球、棒球、跑步、跳高等等。每个项目都有由已达到的传统水平、常规训练以及专家们的评价所确定和系统化了的抗争。人们用偶尔进行公开赛的形式来引起想象和显示成绩。通过这些把社会自我吸引到对特殊目标进行的系统而充满活力的努力中来。陆、海军也采用同样的方法来培养射击等项目的佼佼者。在职业群体中不是也存在着同样的情形吗？诸如在律师、牙科医生、细菌学家、天文学家、历史学家、画家、作家，甚至诗人那里，不都是同样存在着为获得成功而必须经过或多或少的系统的努力过程吗？每个领域中都存在一批精选出的参赛者，他们注视着他人的工作，渴望自己获胜，设想着同事们对他的评价，并通过专家的评论以及与先进模式的比较来检验自己取得的成就。

普遍的事实证明，发挥人类能力的最有效的方法就是利用专门化和社会化的控制来组织抗争而达到合作。

由上述可见，一个理想化的社会系统应该是这样的一种系统：获胜的愿望推动着每种职业中的个人之间的竞争，推动着行业阶层之间以及国家之间的竞争，而这种愿望又服从于共同的社会理想和信念。

我根本不相信任何不给予个人和群体施展雄心留下余地的动机系

统。自我感情和社会感情必须协调起来共同前进。

但是，要使与利己的竞争不同的贡献性的竞争成为人类的主要动机是切实可行的吗？如果可行的话，又如果我们能够确立为题，似乎在某种程度上就会自然得到解决。

看来，如果我们能够提供适当的条件，就完全能够使这种高层次的竞争普遍化。大学生、士兵和各种专职人员，在没有金钱报酬的情况下，能把自身的全部精力投入到某种追求中去，靠的就是忠于群体的理想和得到赞赏的希望。那么很清楚，在其他情况下缺乏这种崇高的精神，不应归咎于人性，而是缺乏形成这种高层次竞争的条件。

然而，什么是适当的条件呢？一般说它们是指由贡献性理想支配的个人可以把自己融在其中的一种群体的精神和传统观念。这种群体的精神和传统观念把自我吸引到更加广泛的生活范围里。让个人遵从它，而且反过来，他的志向又丰富了那种支配他的理想。这个精神和传统观念就是激励大学体育冠军、忠诚的战士、科学家、社会主义者以及工会运动分子的条件。

如果在工商业中建立起同样的精神和理想的准则，无疑这个准则也同样会对工厂的工人起作用。然而，事实上，工商业界中缺乏这种精神，造成这种局面的原因很多，其中有以下几条：

第一，在商业界和资本主义工业中的传统的动机和观念不是贡献而是个人营利，这种传统观念是一种理想化了的自私自利，并且直接与贡献性的竞争相对立。因此，这些行业只有加强培养贡献性的观念，使营利的观念处于次要的地位，才能改变缺乏社会理想和较高的工作效率的状态。显然，我们一直期待着工商界包括管理者和操作工人的贡献性群体得到发展，就像我们目前在某些行业中看到的那样，这种群体具有力量、责任心和荣誉感。

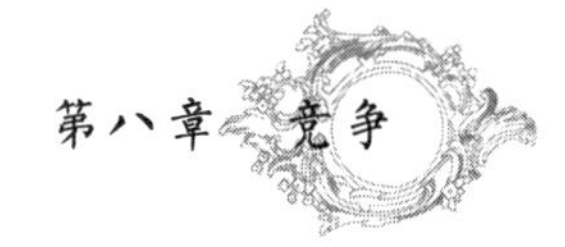

第二，许多商业和工业活动不固定的特点给它们延续群体和承袭传统带来了困难，而且这对组成比较完善的组织也是一个严重的甚至是致命的障碍。

第三，现在的经济组织实际上是专制性的或者是寡头政治式的。所以，多数工人认识不到经济组织同时也属于他们自己，并且也无法达到这样的认识，即他们自己与组织是密切地结合在一起的，他们应为组织争得荣誉、做出贡献。

一些现实的批判者称上述情形下的工人为“工资的奴隶”。如果说，奴隶的实质是被迫去做完全不属于自己的工作，那么，我们的工业中的大部分劳动确实属于这类性质。工人在强迫观念的支配下从事劳动，没有真正参与到组织中去。因此，所有这类形式的劳动在精神实质上都具有奴隶性。但是有人曾对我们说：“如果工人不喜欢这类劳动，他可以走。”没错，这样说来，工人的情况是，他们维护自我、证明个人自主和人格的唯一方式就是怠工或罢工。这样，自我不仅不参与工作任务，而且与工作是敌对的。罢工，是工人反对他们所厌恶的统治并可以引以为荣的自主机会。然而，这是最错误地施展人性。

第四，漠视人性。特别是在工商业中，盛行着漠视社会自我的狭隘经济手段。在这样的经济体制中，人们奉行不考虑其他因素、一味追求金钱利润的宗旨。它造成了长期的糟糕局面。

很明显，我们有必要修正我们的动机系统，特别是那些与物质成果相联系的动机系统。目的在于对较为高尚的人性给予更多的鼓励，并建立起以贡献为准则和理想的民主的职业群体。

这里提到的崇拜是指，既非从竞争亦非从敌对的情绪，而是以真挚不渝的热情，去仿效某种可钦佩的品格的一种努力。当然，尽管崇拜与对抗之间并不存在鲜明的界限，但在崇拜涉及高层次精神活动这个意义上，崇拜比抗争更高尚。抗争是粗糙的简单冲动，大多数人，甚至高级动物都具备这一动机；而一个崇拜者则是一个理想主义者，是富于想象的人。唤起他的热情和努力精神的对象，之所以能起到那样的作用，是因为那个对象与他的志向、与他的思考有某种联系。这就是说，崇拜在各个方面比竞争有更高的系统性，是更具有选择性和重要价值的个人特殊品质和特殊倾向。

崇拜在一切积极向上的生活中，特别是在性格可塑性的青年时期，占有重要的地位。在性格形成时期，我们通过对所佩服的楷模的观察来培养自己的品质。我们怀着充溢着热情的同情心，细细地揣摩那些楷模表现在我们面前的个性特征——他们的音容、特殊的姿态等等。通过这样的方式来塑造、激励和调整我们自己个性中趋向于楷模的倾向，并把它们变成自身具备的品质。正如前面已经指出的那样，同情是成长的表现，我们称之为英雄崇拜的同情尤其如此。所有描写青年时期的自传都表明，早期的品质发展要经历一个崇拜和冲动的热情阶段。尽管这些崇拜和热情必定会逐渐消失，但它却丰富了个性。这种思想情感开始于天真烂漫的童年，丰富于活力盎然的小学生时代，至充满激情的青春时期达到巅峰。然后，在成年人的生活中，它们开始迅速减退，但是只要人们还活着，它们就不会完全丧失殆尽。我想，如果我们回忆自己的经历，就都会发现，我们自己思想上的进取时期，恰恰是我们在心中寻找、塑造崇拜对象的阶段；而且常常是同时虔诚地崇拜几个对象，每个被崇拜对象都代表了他的一种特殊发展需要。男学生的积极活跃的倾向会使他崇拜同伴中最勇敢或最强壮的人。如果是一位想象力更丰富的学生，他就会把注意力集中在某位著名英雄或探险家身上；随着年龄的增长，对他有吸引力的是有才干的政治家或文学家，甚至科学研究也常始于崇拜。达尔文谈到亨博尔特①的日记时说：“这个工作激起了我要为庄严的自然科学大厦做出哪怕是微小的一份贡献的热情。”② 我们很容易忘记自己早年生活的这种多变而充满热情的理想主义，但是“青年的思想是梦幻”，也正是在这个时候，以这种形式，我们的性格迅速地发展。J. A. 西蒙兹在谈到乔威特③对他早年的影响时说：“我朦胧地，然而都是异常生动地感到我的心灵由于与他的接触充实起来，就好像我的心灵从来都未曾充实过一样。”歌德就此现象曾说过：“与优秀者接触，就像受到了一种鼓励和影响。”

如果说青少年阶段是崇拜的阶段，那么崇拜必然会比其他事物更能给人以青春感。赞佩、自我发展以及充满新意、活力与希望，这一切会使人们在人生各个时期感受到朝气。“当我们接触引起我们崇敬心情的事物时，我们就变得年轻了”，这就是崇拜的含义。没有崇拜对象，就没有志向，人就会浑浑噩噩地生活，就会重新陷入僵化、粗俗的狭隘的自我中去。

当英雄崇拜变得更富于幻想色彩、脱离感官、上升为对理想人物的献身精神时，我们称之为宗教感情。过去有人曾多次指出从心理学角度看，当人们怀着感情去接近血肉之躯的领袖和优秀者时，诸如，林肯、拿破仑、李④、加里波第⑤，其与宗教上对理想人物的崇拜完全是一回

---

① 亨博尔特（Baron von Humbolt，1769—1845），德国科学家、旅行家，为早期地球科学的研究做出很大贡献。——译者注

② 见达尔文的儿子所著《达尔文的生平著作》，第一卷，第 47 页。

③ 乔威特（Benjamin Jowett，1817—1893），英国学者。他所译的柏拉图著作是有影响的译本。——译者注

④ 罗伯特·爱德华·李（Robeter Edward Lee，1807—1870），美国内战时南方主要将领。他被认为是完美的“南方绅士”。——译者注

⑤ 加里波第（Ciuseppe Garibaldi，1807—1882），意大利民族解放运动革命民主派领袖、军事家，为祖国的解放和统一贡献了毕生精力。——译者注

事。此时崇拜便成为一种宗教。而宗教就其依靠大脑构想出理想人物来说，又是一种崇拜，二者都是人类的思想、情感、固有的社会性或交流性的体现。我在前一章已经强调过这一点。人的感情所趋向的人格都是理想化的，这些人格之间不存在本质的差异。实际上所有的人都是想象中的人，那些为我们佩服和崇敬的人尤其如此。这就是说，不管一个人的躯体是否作用于我们的感官，我们关于他的观念，不是基于我们对这个特定的人的熟知，而是对人类生活的全部经验的多种因素的综合的、想象的理解。关于一个人的观念越是能唤起我们的钦佩和崇敬，我们关于他的观念就越富于想象或是理想化。当然，我们从看不见一个人，我们看见的是能够刺激我们的想象从而构成脑海里的鲜明的个性的一些外观特征。从社会学或心理学的角度看，宗教的理想人物与其他理想人物之间没有根本的区别；他们也是建立在思想基础上的个人观念，产生听凭大脑处理的思想材料。他们被用于满足精神交流的需要，这种精神交流为人们的崇拜、服从、信任以及自我发展的热情提供施展领域。就他们作用于人们的思想和情感，因而对生活发生影响而言，他们就是第三章讨论的直接社会存在，因而是真实的。像关于其他人的观念一样，关于宗教理想人物的观念也不依附于可见的躯体，这是个非常重要的事实，但这个事实没有心理学或社会学的意义，而只有生理学意义。也许，我们可以这样说，只是从生理学的角度看，上帝的观念才是神秘的；从心理和社会的角度看，上帝是与其他的关于人的观念同类性质的观念。这是一个完全可以证明的事实，而且也不难理解。这对任何一个正视现实的人来说都是显而易见的。我认为，关于人格的概念，作为对于经验的富于想象的解释，下起幼稚的儿童对周围环境所抱有的简单而直观的看法，上至成年人特有的高尚而丰富的神的观念，全都是同一系列的概念，在这个系列中，人和神没有不可逾越的鸿沟。所有的观念都

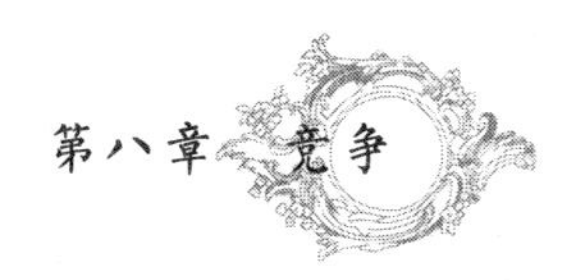

是人的观念，而如果你愿意的话，也可以说，所有的观念就是神的观念。

如果有人坚持认为，除了能够看得见、摸得着的东西之外，一切都是虚无，那么他们就应该先去研究人格和社会；因为这些事物是根本看不见、触摸不到的。躯体虽然为形成人的观念提供了重要的帮助，但它不是本质性的。我从没有见过莎士比亚，也没有任何有关他的容貌的鲜明印象。他对于我的真实性来自他留下的文字、对他富于想象的理解，或研究他的书籍。同样，信奉宗教的心灵会凭借对整个生活自发的理解，既自然又简单地得出神的观念。上述两个观念虽然都是真实的，却都无法凭感官确立。

第九章　领导才能或个人优势

领导才能明确和组织模糊倾向；权力建立在服从者的意识状态之上；领导的精神特征：出众的才能和意识的宽广；为什么一个人的名望和权力往往超过他的实际情况；希望和信任带来的优势；神秘感；真诚的愿望和外表形象；领袖人物真的起领导作用吗？

然而，我们怎样选择我们的崇拜对象呢？是什么因素赋予一些人的领导才能，而另一些人得不到领导才能呢？我们能够说明个人优势的理论基础这类问题吗？不过，虽然我们不能指望对这些探索生活和趋向的实质性问题取得一个完满的解释，但试图去解释它们，起码有可能把我们引到有益的思路上来。

显然，优势理论涉及人们意识、暗示、判断上的差异，涉及唤起人们的情感、思想、行动以致塑造整个生活的功能。有些人的生存似乎只是

徒然增添人口，但同时还有一些人，我们总是情不自禁地想到他们。他们为周围人们的信念提供了依据，以致同时代的人或以后几代人的生活都由于他们而发生了显著的变化。造成了人与人之间这种差别的直接原因显然是由于，在某种状态下，在产生个人印象的人和接受这一印象的心灵之间，存在着某种潜在的或诱发的因素。而在其他的情形下二者之间则缺乏这种因素。如果我们能更深入地研究，找出产生潜在或萌发暗示的原因是什么，那么我们就一定能清楚地阐述领导权威的问题，并借此搞清楚所有的社会趋向问题。

我们生而具有大量的只有朦胧的心理趋向，它们广泛而强有力，但未成熟，需要得到指导——informe，ingens，cui lnmen ademptum。[①] 人们认为此类本能的经验是种族漫长社会发展的结果。因此一般来说，它是种族延续的进化机能的表现。种族的进化过程为人们了解他所来到的这个世界建立了可能性，为人们参与人类的活动铺平了道路。我们除了这些不同的情感上的趋向之外，还具有思想上的直觉、理智，它们似乎完全与情感趋向不同，它们具有根据生活提供的环境来协调和组织本能倾向的功能。

在个人生存的各个特殊阶段，我们都或多或少地发现，上述因素与来自社会的暗示一起，完全渗入到不断成长发育的有机个体之中。个体精力、激情以及他对人类生活的某些趋向，都隐藏在他的内心深处，无论是他自己还是别人都无法测度，但是它们却是以往社会生活的全部精髓，这类成分的存在使人产生一种要生存、要去感知、要去行动的朦胧要求；然而，倘若没有放松和引导这一本能倾向的外来刺激，他就无法使自己的需求得到满足，或者他起码会处于一个不正常的状态，他的内

① 拉丁文，意为：无定形的、强大的、模糊的。——译者注

心储存着易燃的因素，只有碰上适当的火花，它们才能释放出来。而这个火花通常就是某个人的暗示，某种能释放生命力、把骚动着的生命能量转化为力量的激发因素。

毫无疑问，我们不能指望任何完整的关于释放生命力的理论，也不能指望存在着什么现成领导权威的模式。我们对人类趋向的奥妙了解甚少。对此了解最多的人可能要算是诗人，但是我们无法精确地运用他们的知识。此外，这个问题还因诸如性别、年龄、种族、个人嗜好、个人以前发展状况的不同而变得更加复杂。然而，进化的观点使我们相信，唤起生命力并赋予人们以权威的因素在种族的历史中曾起过重要作用，因为仍在发挥作用而沉积下来并且诉诸本能。这样说基本上符合实际情况。

形成优势最主要的条件是，在被支配的人身上，存在着未得到引导的精力。这个条件来自于人的内在要求。并不是从外部强加于人们的。精力充沛的大脑必然要工作，于是它需要一个向导、一种思维模式来促进它的运转。忽略人的最初需要就是行动这个事实的关于生命力的观点都是错误的。每一个健康的有机体都要释放出能量，这就必然需要有一个释放能量的途径。在心灵扩展期间，人们由于生命力旺盛，便会在思想上采取一种要超出所有现实和熟悉的事物。而去追求未知的事物形式，无论现实的且为人熟知的事物以什么样的形式存在，它的现实性和为人熟悉这两种性质，就完全决定了它的欠缺。所以，我们都有着向外的冲动，一种有待于组织和区别的取得所有进步的原动力。正如我们已经看到的那样，这种状态便在青年中、在一般人的想象和热望中产生了对崇拜的渴求。只要我们的心扉是敞开的，并具有进取的能力，那么，就存在着对我们具有魅力的人，我们怀着崇敬而热切的心情想到他们，尽管魅力迟早会从他们身上消失，只剩下平凡的东西，但新的魅力又会

出现在其他人身上，渴望新生活的年轻人所具有的意志、渴求、探索、期望，是建立在被鲍德温教授称为社会共同性的变化极之上的。任何时期的理想主义都需要看到他人的优越之处，并不懈地去追求它。“爱我们的人对于我们是可贵的，但把我们的一切看作是无价值的，弃我们而去的人更可贵，因为他们提供了另外一种生活，为我们建立了我们以前从未梦想过的天堂，因此他们给予了我们来自心灵深处的新生力量，驱使我们去实践新的、从未尝试过的行为。”停止崇拜标志着衰退。

绝大多数人都能够回想起一个他们从某张脸庞——可能是一张他们以前从未见过的只是刚刚对之瞥了一眼的面孔——或从某个声音中，得到的模糊的然而却异常生动的个人感觉印象。这些个人印象常常铭刻在他们的脑海里，以致成为他们生活中的重要因素。不妨这样讲：当我们接受这些神秘的影响时，我们通常是处在一个特别容易受影响，渴望把旺盛精力发泄出来的状态。在我们的朦胧的遗传感情的沉积中潜存着力量，在某种难以预料的情形下，我们感到一瞥所传送的个人暗示便成为信号，成为揭示潜在趋向的关键，就会把我们的精力释放出来，使本能得到宣泄。这很像电流储存在电瓶里，不会起化学反应，只要它一旦与闭路的线路接触上，就会立刻释放出来；我们的心灵也紧紧地抓住释放生命力的暗示不放，绝不让它跑掉。

> 他的脸庞彻夜在他的眼前闪现。
> 犹如在黑暗中发出夺目的光焰，
> 寂静中他那充满崇高思想的倾诉，
> 唤她从睡梦中醒来。

毫无疑问，作为由个人组成的民族，他们越是富于活力和进取精神，就越需要理想和一个能向他们提供榜样的领导。激昂奋发的民族，如盎格鲁－撒克逊人，他们的生活离不开期望和景仰的东西，一旦失去信念，他们就堕入放荡和绝望之中。他们永远不会满足于现有的平静而平均享受的生活，认为那不过是一种古希腊式的观念。有人说，事实也确实如此，北欧人比南欧人较少英雄崇拜，他们很少盲目、热情地追随普遍流行的崇拜对象。不过我倒认为这意味着，前者在他们的个人判断上更严肃，更具有独立性，更少地去对昙花一现的英雄给予过高的评价，他们更具有从各式各样的个人观念中概括出理想的抽象能力，而且一旦树立起理想，便能长久地坚持下去。他们的理想实际具有更强烈的崇拜，而且这归根到底恰恰是在于个人暗示对于崇拜的确定性。由此可见，我们凭借对思想倾向的确定，就可能寻找到领导权威。威廉·詹姆斯教授说："如果我们纵观历史，寻找所有人类思想的复兴和发展的重要时期的共同特征，就会清楚地看到这一点；每一个这样的时期都告诉人类，现实的最深刻的本性与你所拥有的力量相适合。"① 此原则显然也同时适用于个人的领导权威。

我们天生就趋向于行动，自降生人世始，一切具有暗示及引导性的行为，都有控制我们的力量。运动、声音、触觉、颜色等一切运用感官的行为，都会吸引婴儿的注意力。婴儿最初之所以对成人和动物感兴趣，是由于他们比其他的客体提供了更多的富于变化的感性刺激。人们走动、谈话、笑、咳嗽、爱抚他、给他食品。于是，他们与其他的刺激现象——诸如小汽车、发电机、风车、一束阳光及色彩鲜艳的衣服一起，在婴儿的心灵中确立了威望。稍后，当他开始有了控制自己活动的能力时，就热切地欢迎一切他能够参与的、给他激励和引导的活动。他

① 《心理学》，第二卷，第314页。

喜爱那些能动的，或者他可以用来做游戏的玩具——手推车、救火车、积木等等，在他的心目中，与他有共同兴趣的人的威望不断增加。他还特别欢迎其他的孩子，尤其是年龄比他稍大并比他更机灵的孩子。在成年人当中，他最佩服的是那些从事他能理解的职业的人，也就是那些他能对之加以评价的演员和生产者——如木匠、园丁、厨房里的仆人。R 发明了一个令人愉快的词“thinger”来形容这类人，当他做出了同样的成果时，就会自豪地宣告自己也是一个 thinger。

据观察，这个阶段的儿童已经学会对行为加以考虑，能从一般的运动中分辨出哪些行为是有目的和有效的；他也获得了关于权威的概念。他自己不断试着去做一些事，并知道去佩服那些做事比他强的人，或那些启发他去做新奇事的人。似乎在他看来，他的父亲坐在桌前写字是一种呆板而无吸引力的表现，而摇晃桌子或在桌子上挖个洞的人才是英雄。这种分析还可以用来解释，岁数更大的儿童对马戏团演员以及对通过阅读了解到的海盗和暴徒的明显的反常的崇敬。这些儿童向往明显的有力量。在他们看来，学者不比杂技演员或警察更具有值得钦佩的价值。但是长到十岁的孩子就很少这样看问题了。

权威观念和代表这个观念而控制我们的个性典型，实际上是人们自身性格变化而产生的结果。在一定的成长阶段中，富于想象的男孩都把某个著名的英雄看作是理想人物，他坚持把这个角色作为自己在朝气蓬勃的少年时期进取和竞争冲动的象征和焦点；他对英雄人物的崇拜和同情就是要通过想象满足自己的这些本能冲动。继战士式的英雄形象之后，政府中的一些演讲者和政治领导人常常成为男孩们的崇拜对象。这些著名人物的生涯几乎是既有权势又有名望，即使在和平时期，他们也不完全远离理性的志向。在男孩子以后的生活中，这些简单的理想典型可能会略微地让位于更有特征的其他典型人格。因为他的精力被导向了对职业中的特殊目标的追求。每一种职业都有值得崇拜的对象。只有具有特殊职业训练和习惯的人，才能够理解那些职业中的象征着权威观念或有效行为观念的英雄们。在工商界中崇拜之风颇为盛行，那些赚了大笔钱财的人受到敬佩是理所应当的，因为成功赚钱本身就包含了个人的卓越才能；同样，知识比较充实的人也有着他们相应的、高雅的权威概念，对于他们，艺术家、诗人、科学家、慈善家可能是代表了最为成功的行为的人。

人们一定可以观察到，就一般性的权威而言，那些较简明、更富于戏剧性或者可以形象地加以想象的各种权威，具有能更长久地发挥作用的优越性。而只有那些认识到人脑的较高思维能力的少数人，才会赞赏达尔文的权威；在达尔文的隐居生活中，没有戏剧般的事件发生，不存在任何能引起生动想象的事情。可是大家都能看到坐在军团司令部里的或站在军舰甲板上的格兰特、纳尔逊①、莫尔特凯②，能聆听到他们指挥的大炮的轰鸣声。他们利用眼神和众人共同感觉到的情感的起伏，来吸引人们。人们在对这样的权威的服从中，总感到陶醉。无论我们多么孤独，但我们的想象是极其丰富的；对我自己来说，无论何时，只要一想到一个人在世人的注视下正发挥着更大的作用，就会感到激动。我想，所有的人在读《雪利敦旅行记》③ 这样的作品时，大概都会充满着强烈的感情。雪利敦目睹了战败时的溃乱、动荡、惊恐，看到了那些竭力想制止溃退的军官们的焦躁和他们对当常胜将军的渴望。尔后，他沿

---

① 纳尔逊（Horafio Nelson，1758—1805），英国近代史上著名的海军将领、军事家。他亲自指挥的特拉法尔加大海战，一举歼灭了拿破仑的舰队。——译者注

② 冯·莫尔特凯（Von Moltke），十九世纪中叶意奥普战争期间普鲁士军队的高级将领，具有非常出色的军事战略才能。——译者注

③《雪利敦旅行记》一书的作者雪利敦（Richard Brinsley Sheridan，1751—1816）是爱尔兰政治家、剧作家。——译者注

路来到离温彻斯特二十里远的地方，在这里他又分享军队胜利的狂热。他看到勇敢的、受人爱戴的领袖终于率先驰骋在原野上，以他的出现及转败为胜的战绩重新振奋了每个人的精神。与之相比，其他类型的权威就显得分散和不那么引人注目。这样的权威伴随着看得见的勇敢、危险和胜利的戏剧般的事件，人们怀着一致的心情注视着它；正是这些因素使它显示出与其他类型权威的不同。

虽然，要求权威应具有戏剧性或形象化的这种需要，在性格像孩子般的南欧各民族中，要比在较稳重、具有更抽象想象力的条顿人那里更强烈。但显然所有民族都有这样的需要。连那些最有理智的阶层的人在动情时，也会有这种需要。因此，通常人们想象中的英雄，尤其是战争英雄，完全能够作为引起群众感情共鸣的鼓动者，在人数众多的群体中唤起人们相互间的友谊和共患难的情谊。对英雄的崇拜和钦佩，可能是所有早期文明社会中的人们共同具有的主要情感，是联系社会群体的主要纽带。甚至在我们这个时代，崇拜的作用也比我们预料的要大得多。美西战争①期间，我们很清楚地看到，全体美国人对军事行动的热情，因而恢复和巩固了民族的集体主义生活。

如果我们问，一个领袖特殊的精神特征是什么，唯一的回答似乎是，无论如何他必须是一个重要的人，或者起码看上去是如此。他必须代表着人们所向往的事物，并凭借牵动人们思想而正当地占据领导位置。

显然，他必须是一个出类拔萃的人，在其他人的想象中，他只有被设想为一个优秀者，他才能在某一方面作为一个楷模突出出来。被人们视为第二流的东西，不会成为理想的象征。如果一种个性不能把我们的

---

① 美西战争是美国于一八九八年发动的争夺西班牙殖民地的战争。战争结束后，美国夺取了菲律宾、关岛等大批土地。——译者注

视野限制在某一点上，我们就会超越他，而去达到我们自己力所能及的目标。崇拜的对象既可以是恺撒·博尔加①、拿破仑，也可以是杰西·詹姆斯②这样训练有素的强盗，只是他必须具有典型性，必须代表着某类事物。我们看到，无论品质多么恶劣的领袖，也总是把自己的领导权威系于某种强有力的、积极的和优越的因素及人们进取的本能上。

作为一个重要人物，也就是一个领袖，既要有引人注目的个性，还要有能唤起共鸣的影响能力，他要同时具备这两个不同方面的个人能力，而不是割裂这两个特性。

这是因为，一个人只有当他有了鲜明的个性，他才能成为当然事物的代表。自主是领导权威中一个非常基本的特征：只有当一个人相信和珍视他自己的**特殊**倾向时，他才能蕴育出有价值的东西。他自己的特殊趋向不同于其他人的倾向，处于萌芽阶段就会遭到别人的反对，他必须把自己从他人确定的、强加给他的意图的支配下解放出来，而从自己的潜意识的朦胧底层培养出崭新的东西；这意味着他必须有一个强烈的自我，一个坚强的、专注的“我”。爱默生关于自主的文章，阐述的就是重要人物的信念。

另一方面，他成功地展示出他的特殊倾向，让众人响应，这一点则要靠他的同情能力与人类生活的倾向保持联系。一切领导权威都是通过向他人传播思想才产生的。只有他提出的观念与其他人的观念具有一致性时，人们才会接受。我们欢迎某个新观念时，不是由于它与我们的观念不同，而是我们自己自然而然地以新的眼光看待它。

---

① 恺撒·博尔加（Caesar Borgia，1475—1507），意大利教皇亚历山大五世的儿子，曾任罗马帝国督军宫廷长官和教堂卫队首领。他主张增强罗马教皇的政治权力。——译者注

② 杰西·詹姆斯（Jesse James，1847—1882），当时美国西部有名的歹徒之一。——译者注

我们常常看到，个人权威并非取决于显而易见的行为，而是取决于他对成功的期望和权威的显现。这些因素在他采取显示权威的行动之前就存在了，而且似乎是无缘无故地控制了人们的思想。许多具有洞察力的作家都强调过这种直接的且又莫名其妙地产生个人效果的神奇因素。譬如，爱默生反复指出，最高层次的事物是不证自明的。绝大多数善于行使权力的人都有几分这样的直接权威，一些人，诸如拿破仑、克伦威尔、俾斯麦以及安德鲁·杰克逊①都曾卓越地拥有它。这样的直接威信并不只有一种单一的类型，而是以无数不同的形式和程度存在着；思想家与活动家一样，也可以享有这样的威信。但丁、弥尔顿、歌德以及其他思想家，他们享有彻底支配人们思想的权威，他们在所接触到的所有易受影响的人们心中，激起了对他们的崇敬、信任和追随他们的倾向。这样的人仅仅是我们日常生活里为大家所熟悉的突出代表，绝大多数具有稳定品质的人，也都时时显示出具有支配力量的素质。的确，几乎还没有人无能到这种地步，即他对其他人丝毫没有影响力。

直接权威的产生显得很神秘，但它似乎只不过是由于本能的对人的判断、对力量的感受，以及在前面的章节论述过的对耳闻目睹的个性特征的同情和理解所造成的。别人用他的力量打动我们，因而建立了权威。他会要么凭借明显的行动，要么凭借他的个性特征，让我们的想象相信，只要他愿意去做的事，他就一定**能够**做到。人们在一般的社会交往过程中通常以后一种方式，利用我们的想象的推判来对我们施加影响。显然在许多情况下，怎样才能辨别出一个人是果断的、无畏的、宽宏大量而且具有内在力量，或者具有相反的品质，这个问题使我们感到

① 安德鲁·杰克逊（Andren Jackson，1767—1845），美国总统（1829—1837），民主党人，在维护国家统一、发展资本主义经济方面起过积极作用。——译者注

困惑。当然他的声誉和以往的成绩非常重要，不过没有这些，我们也足以作出相应的判断。正像《皆大欢喜》中的奥兰多①，只要他“面带成功之色”，人们就会信任他。想象是一种情报交换所，许多影响力凭借适当的标记，可以通过它顺利地发生作用。

能在危急时刻左右他人思想的活动家，譬如拿破仑，还必须具备显示领导权威的特征，特别是激励他人行动的权威特征。他个人的重要作用必须采用明确、果断、自信的形式表现出来，他的巨大的同情能力使他能迅速掌握那些与之打交道的人的精神状态，从而了解应怎样进行暗示以支配他人。当大多数人面临一个陌生的局面而陷入混乱状态时，这种人会给大家注入清晰的思想。他身上带有一种明确性，这个明确性使我们感到，他不会让我们处于漂泊不定的状态之中，而会为我们指明方向，清除我们在行动上的犹豫不决，并向我们提供释放精力的途径。再者，他能用暗示把他进取的自信心传递给我，他的自信对我们承认他的领导权威发生了直接影响。如果他还有不激起他人反对的机智，那么，使我们感到他是我们中的一员，他所作出的暗示与我们休戚相关，总之，使我们感到在他的领导之下很安全时，他的暗示就几乎不会遭到反对。

在直接交往中，自然产生的领袖总给人以能控制局面的印象。这样的人既把自己融于周围的人之中，同时又能超越他们。因而他处在一个指挥人们行动的位置上。他那智慧的暗示似乎集中了其他人思想中的精华，并能得出唯一正确的结论；他的这些暗示及时而恰当，能够在周围人中普遍传播开来。他那充满感情的信仰具有最强烈的感召力，能把其他人的信仰吸引起来。当他要驾驭他人时，他意识到，周围的人也是整

① 《皆大欢喜》是英国著名作家莎士比亚写的戏剧，奥兰多是该剧中的男主人公。——译者注

个局势的一部分，于是他尽量使自己适应他们，以便不引起他们的反对；也许他会采取粗暴手段，吓唬和羞辱意志薄弱的人——建立权威可以采用各种方法。但不管用什么样的方法，精于此道的领袖终归能实现确立自己权威的目的。

俾斯麦就是在直接交往中确立了无法抗拒的个人权威的典型。他有着健壮的体魄和威严的外表，这是当时许多与他具有同样权力的人所不具备的优越条件。不过，他的精神特征及道德特征构成了更为优越的条件。它们使他在欧洲首席外交官的会议上，以理所当然的优胜者姿态出现在会场上。M. 德布勒维茨说："简直难以想象德国首相对显赫的外交官们拥有的权威，戈尔查科夫亲王试图单枪匹马地与俾斯麦较量，但在较量中黯然失色。"① 俾斯麦的举手投足、讲话的腔调无一不在表明他的"骄横"，以及只有完全自信的人才可能有的目空一切和对其权威的确信。直率的态度、愉快的情绪、对他人犀利的洞察力、敏锐的头脑、独特而鲜明的表达方式，以及在任何时候都能沉着镇静，他把众多优点集于一身，这一切使他在掌握局面时产生了特有的效果。在会议过程中，他既博得了那些他认为值得取悦的人的欢心，同时也威吓、愚弄或嘲笑了其余的人。

格兰特将军是一位丝毫没有俾斯麦那样显赫风度的人。他甚至显得无能，使人感到他有些迟钝。有人曾描述说，国内战争爆发之后，当他去指挥第一军团时，他的前任最初不肯相信他就是格兰特，直到他出示了委任文件，那个人才相信。一个早年与格兰特熟识的人曾这样谈论他："他没有商人的派头，永远是一位绅士，由于他是那样温文尔雅，善解人意，所以大家都喜欢他；但是我们都没有预料到他在社会上能够

---

① 《哈珀月刊》，第七十八卷，第 870 页。

成就一番事业。"① 然而，正是他对一批出色的人行使了巨大的权威，没有一个指挥官比他更能使他的部下俯首帖耳，更能鼓舞起他们的普遍信心。他以自己特有的方式显示了果断、自信和机智的基本特征。尽管他常常与他信任的部下商讨他的计划，但他从不显露出疑虑、神经质或犹豫不决的情绪。只有一次他召集了一个军事会议，然后又否定了会议上的决议。不过我认为那是他仅有的一次。他在执行维克斯伯克计划中所表现的信心几乎是举世无双的。众所周知，舍曼将军曾断言那个计划注定会失败，并递交给格兰特将军一份正式的劝告信，格兰特则不加理睬地把信装进口袋里，事后又还给了舍曼将军。斯菲尔德将军说："他对自己成熟的意见的自信，显示出他根本就不是一个无魄力的人，他对自己作出判断的绝对确信，对单独承担最大责任的道德勇气，对不受他人影响而按自己的判断行动并掌握全部权力的要求，以及对战争期间在军事行动中和所有军队事务中，独揽权力的必要性的清晰理解，等等，所有这一切构成了他杰出的品格的基础。"② 他也是一个极具机智和洞察力的人；他总是揣摩别人的思想，认清对手的品质和行动目的；他使他的下属感到他是理解他们的，并赏识他们身上一切有价值的东西。

尽管人们认为美国人是傲慢的，但是在格兰特将军身上体现得如此突出的这种彻底放弃外在炫耀的特点，同样符合美国人的心理。它是最受我们赞佩、最成功的人的主要特征。我们的典型英雄必须是具备一切能力而又不屑于卖弄的人。也许我们的自主、民主的生活模式使我们有了对现实的稳固而又丰富的检验手段，无须看重外表。我们蔑视不成熟民族的注重外表修饰的生活方式，而且我们那么容易获得真实现象，以

---

① 引自加兰在《麦克卢尔》月刊一八九三年第九期上撰写的回忆录。

② 转引自刊登在一八九七年九月为格兰特纪念碑献辞期间报纸上的一封信。

致我们不可能朦胧离奇地看待事物。①

公开演讲是最有利于观察个人优势的场合。当一个人在集会上登上讲台，所有的目光都注视着他时，人们就开始对他的品格和作用加以想象。如果他看上去是一个坚定而真诚的人，似乎具有与我们相通的心灵，那么在他发表演讲之前，我们就已经为他所倾倒，并且相信他的讲话一定会既正确又合我们的心意。可能我们都曾见过下述情景，当一个人出现在对他来说完全是陌生的一群听众面前时，他仅仅利用他的态度及面部表情，就造成了一种微妙的默契和听众对他认可的期待的气氛。相反，另一个人通过态度和表情则给我们留下了自负、无诚意、过于激动、冷漠和狭隘的印象，或者以其他的形式造成与我们之间的隔阂。我们会认为，他不可能讲出任何切合我们心意的内容。第一位造成默契的演讲者发言时，不断提出理解听众的观点，由于他与我们持同样的观点，不会把我们引向歧途，所以，他似乎成为我们中的一员，我们与他的相处亲切而愉快，如同一个人在老朋友中间那样自在轻松。任何一个成功的演讲者都会造成这样的印象。但是，他对我们的特点和情绪的尊重，仅仅是他对我们行使权威的前提。虽然我们具有的思想、情绪和感受他也有，但实际上，他的思想和感受比我们的要深刻得多。他明确了我们的犹豫不决之处，澄清了我们模糊不清的思想和感受，温暖了我们的心。他向我们提出积极进取的观点，并用自身的信念作为贯彻这个观点的动力。一个人只要讲话时不乏机智、具有说服力，他就是一个富于感染力的演讲者，而没有这些素质，任何其他本事都无济于事。“仅仅谈论你了解和相信的话题，沉浸在话题里，做到对每一句话都能加以解

① 豪尔斯先生评论说：“在欧洲，生活是富于戏剧性的和表演式的；而在美国，生活是直接而真实的，除非你想做一个欧洲人。”见《哈珀月刊》一八九一年九月刊《银婚旅行》。

释。”相比之下，个人的思想、品质、讲话的流利和文雅，以及逻辑性等特征，只不过是演讲术的表面修饰，充其量也只处于次要的地位，而且可以轻易地忽略掉。俾斯麦并不由于他说话“带着一副吃力和费劲儿的模样”，而成为一个逊色的演说家，克伦威尔粗野的言辞很难通过演讲课而得到改进。

有的人似乎具备作为一个出色的演讲者的各种特点，却单单缺乏机智，伯克①就是这样的一个典型。在这一方面，福克斯②与他截然相反。福克斯生性和蔼，从来不会与讲演的听众失去感情上的沟通。如果一个人一出现在讲台上会使人想到吃午饭，那他绝不是一个出色的演说家，即便他的发言内容堪称是一篇文学上的不朽之作。有名的匕首事件就很好地说明了，不与情景沟通会带来不幸。法国革命期间，伯克做了大量的演说。其中有一次，他竭力想给听众留下这场运动带有残酷性的印象，便从怀里抽出一把匕首，掷在地板上。然而，偏巧在场的国会议员并没有处在相应的心境中，所以，他出示匕首的举动招来了惊愕和奚落。福克斯则从来不会干出这类事情来。尽管伯克的优点很多，但看起来，在他的个性和做事方式中，一定存在着偏狭和狂热的，有时甚至是令人反感的因素，存在着某种缺乏敏锐的洞察力因而丧失了对环境的敏感。可是，不善结交和对环境缺乏敏感，就几乎不能确立任何面对面的权威。

作家用写作的方法对我们行使权威，其在本质上与活动家和演讲者行使权威的方法是一样的，只是传播的媒介不同，更微妙的表达代替了

---

① 伯克（Edmund Burke，1729—1797），法国大革命时期的著名英国政治活动家和政治思想家。曾是辉格党人，后因反对法国大革命，遂与辉格党分离。——译者注

② 福克斯（Charele James Fox，1749—1806），英国外交大臣，同情法国革命。——译者注

可耳闻目睹的特征，可以给人们更多的时间思考。作者和读者可以选择最适于作品产生影响或体会作品的情绪，作家也不需要像活动家那样不断地培养风度、锻炼音色。但这些毕竟只是一些无关宏旨的差别。作家行使权威时，引导者与追随者之间的基本关系、个性的潜在特征的作用，与上述权威的表现情形非常相似。读者一定会感到，作者的想法和目的与他自己的相吻合，尽管作家表达得更加完善，但其所表达的思想不仅不与他的看法相悖，甚至为他提供了扩展思想认识范围的机会，成为他自己思想的进一步展现。简而言之，如果作者要在他的领域内建立和保持唤起我们兴趣的力量，从而引导我们的思想，他就必须以一种适当的表现形式来展示他个人的重要作用和机智。他必须有丰富的人情味，起码使我们在某种心境下，能产生相投感或亲密感。他还必须创造出某种新颖而富于个性的印象，以及对于生活的崭新而富有特色的见解。此外，他还必须把自己的全部身心与“他的思想融为一体”，使自己的思想有“表现真情的力量”。他必须对某一事业持有信念，并忠实而勇敢地表达出这一信念。

我们再以达尔文为例。此例子更能说明问题，因为有的人常常想象在自然科学的著作中，个性并不那么重要。恐怕有见地且心胸开阔的人很少有读了《物种起源》而不成为达尔文主义者的。起码这些人会一时情愿地拜倒在他的权威下，感到他是一位专家。如果我们考虑一下那些赋予达尔文权威的特征，就会发现它们与前面已经指出的那些个性特征基本上是相同的。当我们阅读他的著作时，就开始根据字里行间传达来的微妙暗示，在我们的想象中塑造他的形象。首先我们发现，我们想到他时，总把他设想为一个真诚而质朴的人，一个耐心而智慧的真理的追求者。就我们自己也是质朴的真理的追求者而言，这个特征使我们与他接触时感到亲切，而忘记了猜疑。他相信的事情，我们也趋向于相信，即使我们还没有理解他所确立的论据——尽管任何人都不会由于有这样的不足而比他更能得到我们的原谅。由于在这个领域中，达尔文比我们更有能力获得真理，这既在于他具有过人的天赋，又在于他把毕生的精力贡献给了这一专门学科，所以，他的目标就是我们的目标——真理。但我们欣然接受他的权威的更深刻的原因在于，他从未渴望别人的崇敬，而只是追求真理。

许多作家，甚至很有才华的作家，在这个问题上无可挽回地失败了。那是由于他们没有给人留下适宜的个人印象，我们从他们的作品中推测出他们的某种不真诚的、急躁的心理，和某种不是为了追求真理的个人目的，这使我们忐忑不安地对他们保持着警惕，迟迟不愿追随他们，甚至当他们显得完全正确时，我们也还是如此！赫胥黎先生认为，达尔文对其对手提出的意见的过分而不必要的尊重，减低了他自己的理论的可信程度。然而，从长远看，达尔文尊重对手意见的特点反而最终增加了他的权威，许多人体会到了他那坦荡无私的无可非议的品格。人们绝不会像赫胥黎先生评价的那样去看待达尔文。我曾注意到，并不存在任何非常有效地驱使人们去相信进化论，或阅读《物种起源》的具体方法。斯宾塞①主义萌芽并成熟起来了，但达尔文主义却永远焕发青春。

没有人怀疑达尔文的超群的智慧，而他的自信或执着同样值得我们钦佩。这种品质特征完全不与他的谦虚品质相悖。在他的理论中，他的信念似乎就是真理，所以，我们在他的著作里所看到的他的自我，完全与追求真理的奋斗交融在一起。达尔文就像乘船向西航行数月，驶进无名海域，登上渺无人迹的目的地的哥伦布一样，进行了开拓性的研究。

---

① 斯宾塞（Herbert Spencer，1820—1903），英国哲学家，英国实证主义的集大成者，提出了社会进化论。——译者注

凭着坚定的自信，他终于取得了胜利，并把获得的真理应用于研究地球的地质演化史或人体及人脑的发展上。他具有坚定信念的另一个有力例证是，他曾不顾讥笑而断言，兰花长有一个十一英寸长的细颈，这证明有一种带有相同长度的舌头的蛾子存在；尔后人们便发现了这种当时无人知晓的蛾。①

为了从另一个角度来说明这个道理，我们不妨以查尔斯·兰姆②为例。兰姆也首先以与我们志趣相投的性格吸引了我们，我们在与他交流感情的过程中，感到他是亲切和富于人情味的。他怀有的感情，我们也有，但他的感情更深刻，他带有更深切的同情，带有更丰富、更辛辣的幽默，以及更准确的感受。他也通过接近新颖的事物和受人们欢迎的现实中的时尚来丰富生活，并且总是勇敢而彻底地表现自己。若认识不到他是一个以自己的方式表现出有个性、果断、有信念的人，就不能算是真正地了解了他。

上述分析同样也可以适用于其他领域的许多作者——具有各自特点的诗人、历史学家、道德学家，以及画家、雕塑家、演员。领导权威是各式各样的——根据有关个人的品质、人们对这些品质的相应看法、以及这些品质与相应的看法之间相互沟通的方式，等等。尽管如此，每一个领域中建立领导权威的原则都有相似之处，而并不像我们有时想象的那样，在不同的活动领域中权威的状况之间存在着根本性的差异。即使它们之间有一些差别，我们也不妨把这些差异看成是特殊的现象，而不是普遍的现象。在各个领域中，我们总能见到具备丰富而诚恳人性的人——起码，在那些选择了最引人注目的特殊表现方式的领域里——作

---

① 根据 W. H. 吉布森在一八九七年《哈珀月刊》第五期上发表的文章。

② 查尔斯·兰姆（Charles Lamb，1775—1834），美国杂文作家、文学评论家。——译者注

为该领域的代表。我们也总能发现他们对于开拓思想和情感做出的有益贡献，以及他们对此所抱的忠诚信念。

上述著名原理很自然的结论是，个人的名望和权威常常超出他自身的实际情况。这就是说，冷静而无偏见的研究表明，人们把具体的形象和名字与个人观念相联系，而在那个名字和形象的背后，却常常没有多少支撑那个个人观念的思想基础。其原因在于，伟大而著名的人物只是起一个象征的作用，而且在其他人头脑中的实质性问题还不能深化到下列程度：你是什么样的人？换句话说，我能够相信你是什么样的人呢？你能让我体会到什么或成为什么人呢？你作为我的本能趋向的发展过程中的象征，能持续多久呢？富于科学精神的历史学家可能坚持询问你是什么样的人，因为他要得到满足的本能是一种使事物与理性相符的需要。但是在那些相对比较富于感情的人中，很少有人有这样强烈的理性需要。他们更关心的是另一些问题。科学的观点从来不会是人类大多数人所持的观点，在我看来，科学是流行观念的批评者和惩罚者，而不是他们的向导。

这样，我们可以说，所有著名和可敬的人，作为个人，他们都有几分神性。因为，有关他们的概念的构成是个人理想化的结果，他们是人们靠想象塑造出来的、所要追求的个人象征。

或许，中世纪的教皇统治的历史为此提供了最好的说明。众所周知，作为宗教世界所信奉的教皇观念与作为熟识教皇的人所看到的教皇本人之间，存在着巨大的差距。抑或一时，抑或很长一段时期，血肉之躯的教皇往往是一个腐化或无能的人，而恰恰在那些期间内，作为欧洲人思想中的教皇观念，却在世俗或精神力量的推动下流传兴盛起来。教皇只是人们为满足自己信仰的需要而设制的一个比较完美的象征，只是为支撑宗教徒用共同想象编织的神圣外衣而设立的活模型。就像年轻姑

娘需要恋爱一样，人们需要去信仰一个超世俗的权威；也正像年轻的姑娘会把她的爱奉献给求爱者中最引起她好感的那个人一样，人们采取了服从教皇统治这样的最有效的形式。像布顿斯先生在他撰写的《神圣罗马帝国史》中清楚描叙的那样，在很大程度上，中世纪的国王或其他显赫的执政者也都有相似的情形。这个描叙在某种程度上还适用于所有身居王位或其他要职的人。声望可以代表也可以不代表他们的真正品质，但是它永远表明人类要求他们做什么样的人。

同样，当某个人确实具备某种优秀品质时，他的权威也并非仅仅建筑在他的这些优秀品质上。权威一旦靠这些有关的品质确立起来，它就会趋向于把领袖作为一个整体包裹起来，从而引起人们对他——一个具体的人产生崇拜。无疑，这是由于权威总是作为一个单独的有机整体出现在我们面前，并作为一个整体通过感觉呈现到我们的思想上的。我们很难割裂它，很难对它进行详细考察。因此，当一个杰出人物的错误和弱点比他的优良品质更容易模仿时，那么就时常会出现像米开朗琪罗那样的情形。他的许多追随者往往比表现他的优点更突出地表现他的弱点。

此原理的另一方面含义是，具有信仰和希望特征的人的权威，能有效地发挥作用，而那些在其他各方面都很出色，唯独缺乏信仰和希望的人则不能有效地行使权威。世界上那些要求奋进和发展、试图干一番事业的人、年轻人，以及所有精力充沛的人都需要理想的目标，并为之而奋斗。他们不会追随任何一个对此倾向不予以鼓励的人。人们对领袖的首要要求不是他的正确性，而是希望他能引导他们，为他们指出一条前进的道路。理想主义者提出的政治的或经济的改革纲领，可能是行不通的，或被证明是荒谬可笑的，但是仅仅凭指出纲领的这些缺点，是永远无法成功地反驳那个纲领的。一个消极的提议很难彻底奏效，必须靠一种竞争性的理想主义，不是提出某种较少招致非议的建议，而是提出一个更值得追求的目标。这个目标必须能使进取的本能有发挥作用的余地。譬如，要当好教师就必须具备这一条件。我们可以看到，两个教师中，一个具备高超的判断力、清晰的思路、稳定的性格，而且在专业上也更有造诣，但他却无法具备另一个教师那样的影响力，因为他缺乏另一位教师所具有的火热的理想。一个具备所有的美德，单单没有信仰；另一个有了信仰，就具备了一切。可以这样说，一个人一旦停止学习——不再开放和向前看——他也就不能再对人有所启迪了。

要为这个简单但重要的真理提供大量的例证是很容易的。我认为，所有充满活力的心灵都热爱推翻传统思想的高大藩篱，向我们展示绚丽前景的书籍和人，因为这些书籍和人使我们精神充实、面向未来。然而，很可能一提到一些富于感染力的心灵，他们就会过多地给人们留下认为自己的体系已达到最终境界的印象，从而失去对人们的影响。因为这样的话，他们就只不过建立了新的禁锢。也许爱默生最令人钦佩而有创见性的见解就是，在他看来，开放性和更新性是不可征服的。我们在他的《自然的方法》一书中，以及他的其他文章里，都看到了对这一问题的精辟阐述。他使我们意识到，已达到的东西永远是短暂的，一切都应寄希望于未来。同样，我们还能举出这方面的最突出的例子。早期的基督徒把他们的信仰建立在一系列的希望之上，他们的充满希望的信仰与罗马思想体系中的一连串的颓废观念形成鲜明对照。据说，这正是基督教吸引绝大多数教徒的最直接、最根本的原因。①

① 罗马制度意味着思想上的一系列的颓废，意味着大量有趣和有希望的生活观念的毁灭。迪尔借助现代纪实小说的题材，在《罗马社会》里记述了有关史实。摇摇欲坠的专制制度下的囚徒们——晚期的罗马人对前途没有任何展望，只有怀旧。任何思想上的进步和开放，对他们来说都是无法想象的。

另外，由于人的理想化和想象的特点，神秘感也成为形成个人权威的很重要的原因。我们拥护权威，总伴随着在启发性的暗示下获得思想上的扩展和更新；我们感到自己正在从熟悉的事物转向陌生的事物，被一种从未体验过的力量引导着，而不知道自己要走向何方。这种感觉的实质恰恰就是神秘感、新奇感、不安全感以及对朦胧的可能性的兴奋。

人们常说，对于一个处在热恋中的青年，他所爱的人是一个谜，他仿佛被笼罩在绚丽的彩霞之中。无疑，这是因为热恋者在自己的思想上，已经历一种微妙的变化；他的生动而朦胧的情感正在升华成为一种脱离了遗传本能的黑箱的意识；他被从旧的停泊处抛出，却又不知被载向何方。当然，这个引起他强烈而莫名其妙感情的人——或许对于其他人来说，完全是一个平平常常的人——是这个体验的象征和起因。歌德引用词句以女性本能来形容新生活的神秘和魅力时，似乎就蕴涵着这样的意思。

无论什么样的优势，它对我们发挥作用的情形是十分相似的：我们总是怀着兴奋的、变幻不定的、充满新意的感觉；我们的想象活跃起来，对富于吸引力的个性进行积极的想象；这些个性的最细微的言行都会得到我们热情的注意，并对我们产生影响。总之，神秘感和理想主义是如此密不可分，以致一些人所具有的优势带有一种令人深不可测的感觉；相反，一个人一旦失去了神秘感，他就会马上停止对人们想象力的刺激；当我们完全了解他，以致他不再能向人们展示崭新的生活时，他便开始成为一个平庸而陈腐的人。

确实，个人优势的背后恐怕并没有什么重要的东西，完全是神秘莫测在其中起着巨大的作用。英雄永远是想象的产物。恰如某些富于想象的画家所意识到的那样，过分细致地观察临摹对象，反而会妨碍内心的想象，不利于创作。所以，人们一般不会崇拜他熟悉的人，却拥护某类偶像或戴着假面具的人，因为后者的麻木或呆滞反而提供了一个有利条件，即它不会自动地拒绝人们的想象赋予它的品性：它任凭想象自由驰骋。正如前面已经提到的，权威的关键问题主要不是你是什么样的人，而是你能使我成为什么样的人，你能够使我们形成什么样的自我发展观念。神秘的力量就在于，它给予人的思想以一种模糊的刺激，然后，听凭思想去琢磨出相应需要的细节来。让我们再来看看人们坠入情网时的情形吧：一些年轻的姑娘，像《丹尼尔·德龙德》① 中的格温德林，或《一位女士的肖像》② 中的伊莎贝尔，对某位性格沉稳、对她态度冷漠的人所倾注的感情，远远胜过对其他有更高尚的品质却缺乏神秘感的人。这是小说和生活中的普遍现象。

关于这个道理还可以举出许多其他的例子。泰勒先生③在他的《原始文化》一书中，收集了大量事实，说明原始人敬畏精神病患者、白痴、癫痫病患者。我们可以用神秘感解释原始人的行为。那些精神失常者以不寻常的方式表现了个性的神秘；他们似乎是人，但却又与我们不同，这一点使人们惊恐不安、困惑不解。所以，在科学说明这些人与正常人之间的真正差别之前，人们常常把他们想象得很神秘，这是很自然的。这类事实可以用来具体说明我们对不可知力量的想象。同样，一副奇特的、略带几分令人难忘特征的容貌，对演说家或各种领袖来说往往

---

① 《丹尼尔·德龙德》（Daniel Deronda）是英国女作家乔治·艾略特写的长篇小说。书中所描写的人物格温德林是一位自信而有激情的女人，她为了财产和地位做了亨莱格兰的妻子，但却倾心于心藏为犹太民族复仇的秘密并对她态度冷淡的丹尼尔·德龙德。——译者注

② 《一位女士的肖像》为美国著名作家亨利·詹姆斯（1843—1916）所著。——译者注

③ 泰勒（Edward Burnett Tylor，1832—1917），英国人类学家。于一九一八年出版《原始文化》一书。——译者注

成为一个优越条件，因为它有助于集中人们的目光，吸引人们的注意力。人们都认为像萨伏那洛拉①那样的面孔使他获得了比他自己实际所能造成的大得多的效果。另外，当我们想象有某种权力隐藏在某人背后的时候，他的沉默的魅力就体现了深不可测的权威。不管一个人是否了解有关威廉的优秀品质，沉默者威廉②的名字就使他感到震动，他似乎看到了一个颇为神秘的人，这个人令人不解地拒绝用通常的途径进行自我肯定，没有使用任何惊人的方法，就达到了他的目的。冯·莫尔特凯也是这样的人，他少言寡语，然而却在两次短短的交锋中，以自己的才华，使法兰西和奥地利两国的威风扫地。格兰特的沉默寡言无疑也强烈地刺激了人们的想象——他早期获得的成功已表明，他确实有才干——确保他赢得了远远超过联邦政府其他将军们的权威和人们对他的信赖。各种形式的个人含蓄的效果是一样的：一个看上去总是很有主见、不轻易暴露自己更深感情的人，就比较容易给人造成有力量的印象，会由于深不可测而成为可敬畏的人。因此，我们看到很多人都装出或打算装出令人摸不透的样子。

着意保持沉默，
以显示智慧、深沉、严肃，
竭力装扮自己。

---

① 萨伏那洛拉（Griolamo Savoharolo，1452—1498），意大利政治家和宗教改革家，一四九四年领导佛罗伦萨人民起义，反对美第奇家族统治，后以异端罪被处火刑。——译者注

② 沉默者威廉（William the Silent，1533—1584），奥林奇－纳索亲王。神圣罗马皇帝查理五世支持他当了荷兰等地的总督。一五六七年，他支持尼德兰人反对西班牙人的斗争。——译者注

据说迪斯雷利①“就是一个凭借天性和计谋的神秘人物”。我们都了解自己熟人圈子里的一些人的神秘特点。

那么我们再来看看文学作品中有个性的表达吧。一本书在被草草地读过一遍以后，内容就昭然若揭了，人们会断定它索然无味。而如果书中的重要线索只是略微显露出一点端倪，那我们要经过一段时间的领悟，才能彻底地把它搞懂。当然这段时间一过，它既已竭力满足了我们的神秘感，它的权威也就随之消失了。我认为，能深深地打动我们的作品总是如此，首先引出神秘感以及对尚需探索的事情的意识，然后是恍然大悟的兴奋，最后是产生喜爱之情或者反感和不信任感。一个中年人或性格发展成熟的人，可能并不期望从文学作品中得到任何新东西，只是想证实和恢复自己过去的观念。人们可以在一目了然以致不会引起任何想象和兴奋的作品中得到满足，但是年轻人和有抱负的学生却不会满足于此，他们要在文学作品中寻求刺激，因为他们最有发展潜力，而发展总需要刺激的伴随。歌德的格言是，没有神秘，就没有力量。他的作品之所以有着经久不衰的生命力，其可以归因于，他从不过多地为人们是否能理解他这样的问题自扰，而是尽可能充分地写下他内心深处的体验，让人们自己去慢慢体会。勃朗宁②等许多著名作家也都是如此。

神秘感在造型艺术中也同样适用。不过，艺术上的最恰当而适宜的神秘类型不是一种理性上的神秘——尽管一些艺术家非常具备这种神秘的能力，如达·芬奇③，他凭着不可思议的个性魅力征服了观赏者——

---

① 迪斯雷利（Benjamin Disraeli，1804—1881），出身于犹太商人家庭，曾任两届英国首相。——译者注

② 勃朗宁（Elizabeth Barrett Browing，1806—1861），英国著名女诗人。——译者注

③ 见 J. A. 西蒙兹的《意大利文艺复兴史》中“杰出的艺术”，第 329 页；哈默特在特纳生活期间，怀着观察艺术之谜的兴趣，第 352 页；又见拉金斯的《现代画家》，第五篇，第四、五章。

而是一种感性的神秘。这是一种诉诸感性印象的有深奥根源的、朦胧而微妙的吸引力，是一种唤醒未被意识到的、和谐的感性生命的力量，就像我们从初春温馨的气息中得到的感受一样。我认为，从这种意义上讲，一切有强烈感染力的艺术都存在着神秘的、奇妙而和谐的效果。即使并非所有的人都能认识到这一因素对于绘画、雕塑以及建筑的重要性，但起码会把它理解为是音乐的真谛。

我们不妨把神秘与精致的宗教理想主义之间的密不可分，这个众所周知的事实，看作是神秘感与个人权威之间有着必然联系的更广泛的体现。如果拘泥于细节材料必须满足想象的要求，那么显然，想象无法形成最完美的个性形象。

尽管权威取决于我们对一个人的看法，而不是取决于他自身的品质，但是，给别人留下实在而真诚的印象，这仍然是至关重要的。他所留下的印象只有完全符合实际情况，才经得起推敲。因此，长期对他人行使权威的人，其本身必须确实信仰他所主张的东西。这样的信仰才能作为富有感染力的暗示，对别人的思想发生影响。

> 他侃侃而诉，他的目光
> 专注地投向我，我渐渐
> 与他融为一体，信仰他所信仰的一切①

一旦我们看出一个人的言辞与他的品质不符，对他的整个印象就会破灭，他会变得令人厌恶。表里不一的人不仅令人反感，人们甚至会连他具备的优良品质也一起抹杀掉。对有权威者来说，没有比被人发觉虚

① 丁尼生：《圣餐》。丁尼生（Alfred Tennyson，1809—1892），英国诗人。——译者注

伪或令人怀疑更致命的了。而且在直接交往中，一个人又很难把这些致命弱点掩饰起来。当马丁·路德来到罗马，看清楚教皇的真实品格之后，就开始致力于摧毁教皇统治的活动。

一个人通过自己给人的虚假印象能够对其他人产生多久的影响，取决于不同的环境。正如前面已经指出的，一个人的真实品质可能是一种与他所产生的印象没有任何确定联系的从属因素。印象只不过是想象的产物。在领袖与追随者之间不发生直接接触的情况下，这是不可避免的；而这也就多少解释了为什么当权者，特别是竭力想掩盖自己固有的弱点的当权者，总想利用仪式和人为的神秘气氛把自己包围起来，其目的是防止与他人过分亲密地接触，以便给人们的想象留下理想化的余地。在那些同我们一样自主而注重实际的人们中，各种仪式的影响力会有所减弱，因为他们具有头脑清醒、很少崇拜传统的特点。但是仪式永远具有巨大的影响作用。譬如，陆、海两军的纪律就是确认，有必要存在区分上下级的礼仪。这是因为礼仪有助于在军队中建立起权威。正如罗斯①在他的著作《社会控制》② 中论述的那样，社会上有大量的人利用同样的方式来作自我掩饰的手段。利用外表形式作自我掩饰，是对思想幼稚的人行使权威的手段之一。

现在我们谈谈有意伪装。一般认为，所有的人在他们没有实践经验的事情上，以及在强烈地诉诸于情感的事情上，都容易受到愚弄。显然，这个道理可以用来解释卖假药、商业诈骗以及不断出现的与鬼神交流的谣传等类事情。虽然人们应该相信自己，甚至对于骗子来说也是如此，但我们中的很多人易受愚弄的特点很突出。这一点表明，发展人们

① 罗斯（Edward Alsoworth Ross，1866—1951），美国社会学家，著有《社会控制》《社会心理学》等书。——译者注

② 第 248 页。

智力的文化机构的工作还很不完善。

也许，对此问题的周密而正确的思考会引出这样的结论，每一个人在一定程度上都是一个伪装者。在想给他人留下好印象的愿望推动下，我们多少都有一点故作姿态。因为我们作为社会性的、富于想象的存在，必须注重自己的外观，而在某种程度上我们很难不借助某种外表来造成我们所希望形成的印象。只是当这种符合性采取了故意和有害的伪装的形式时，人们才能发现它的许多荒谬之处。史蒂文森在关于丕普斯的文章中说："当我们向同伴表明自己时，无论是用笔头表达还是用讲话表达，我们都必须略微地装饰一下自己，在特定时刻，我们要通过某个特殊方面把握住自己的特点和行为；为了适应不同关系的性质和需要，我们与这个人愉快相处，对另一个人则保持严肃的态度。"如果我们永远不打算使外观比自己的本色显得稍微好一些，我们又怎样能"从外部向内心发展呢"？向世界展示我们比较好的一面的这种普遍冲动，在各种职业和阶层中都有固定的表现形式。每一种行业或每一个阶层的成员，通常在一定程度上都无意识地用一些冠冕堂皇的形式进行伪装。不仅神学和慈善事业中有伪善之辞，而且法律、医学、教育，甚至科学界也都存在着伪善之辞——说不定科学界尤其如此。既然如今越有特殊价值的东西越易于得到承认和赞赏，那么就会有越来越多的无价值的东西来冒充它；随着神学的没落、科学的兴起，伪装虔诚逐渐被装出具有精确而严谨的方法所代替。

不过总的来说，尽管伪装的现象相当普遍，但它永远也不是主要的。它只不过是寄生于人类理想主义之上、依靠人类信任的冲动而生存着的附着物。人类在选择自己领袖方面的正确直觉是一切有效的社会组织的唯一保障。纵横观之，人类的这种正确直觉似乎是存在的。历史上的伟人基本上名副其实，而不是骗子，他们的个性真正代表了人性的较深刻的需要和发展趋向。所以，人们追随他们，完全是正确地表达了他们自己的愿望。

我们已经看到，一切领导权威的建立既需要有个性和自我意志，又需要从众。就其同样要参与生活的总潮流而言，每一位领袖还必须是一个追随者。他对我们的领导是诉诸我们自身的倾向，而不是靠把外在的东西强加给我们。在一定意义上，伟人是他所从事活动的那个社会状态的象征和体现。如果社会状态不佳，伟人的事业便无从谈起。

那么，领袖的确起领导作用吗？即如果他不曾降生于世，历史的进程将会出现本质的不同吗？杰出人物是历史发展的原因吗？还是即使他们幼年时就夭折了，历史仍然会照原样发展下去呢？难道历史发展的总趋势是不可抗拒的吗？难道它必然要由伟人来体现吗？显然，很多人持这样的看法：根据社会进化的观点，所有伟大的运动都是由巨大的、非个人的趋势造成的，而孤单的个人则往往是微不足道的。

但如果人们接受我一再阐述的，关于特殊的个人与社会整体之间存在着某种联系的观点，那么他们对上述问题的回答则必然是，个人就像某种有机整体中的一部分，是一个独立起作用的因素，领袖确实起了领导作用，一旦为数极少的伟人退出历史舞台，历史的进程就必定会呈现明显的差异。

至于历史发展的总趋势，若把它与个人对立起来，仿佛它是一个分离出去的东西，这是十分荒谬的。总趋势只有通过个人才能出现或继续存在，社会上的“非个人趋势”的概念不过是一种理论抽象，实际上并不存在这样的东西。无论是在一定程度上为我们大家所共有的特性，还是表现为鲜明的独创的或天才的形式的特性，都是生活中永远带有创新倾向的变化因素。当然，只要我们相信规律和延续性的普遍存在，就

不会把特性看成是一个无中生有的创造物，而会认为它必然是社会因素和遗传因素重新组合的结果。然而从总体上看，人类总是趋向于创造新生活，没有一个人会非常呆滞地在历史发展的总趋势中随波逐流。我们要让世界的面貌多少不同于原来的样子，我们不会被动地随着它走。

至于有才华的人，他们身上的创新倾向可能非常强烈，以致能以这种倾向为指导，重新组织大量的生活因素，使之朝着一个独特的方向发展。很难设想看到这些事实的人会怀疑这一真理。如果达尔文、林肯、俾斯麦不曾生活在世上，我们从上世纪所接受到的生活方式还会是同样的情形吗？以达尔文为例，无疑他的伟大取决于他代表和实践了的一种存在的倾向，这个倾向是由他周围的环境及其他人帮助他建立的。但是这种倾向经他表现出来，就不再是以往由模糊的进化论观点和零散的不严谨的实验了，而变成了常识，变成了理所当然的知识，变成了彻底达尔文的理论。他的个性和劳动为世界所公认，而倘若没有达尔文，也就没有这一切。对基督教的创始人我们也只能持同样的观点。不管我们是否相信基督的精神领袖的性质，我认为，对基督教理论的真正的科学研究一定会得出这样的结论，基督教创始人改变了历史的进程。

若不曾存在过领袖人物，那些靠领袖人物指导、激发或组织的群众的模糊本能，可能会发展缓慢和不起作用，也可能以完全不同的方式发展起来。没有人能推断出，若不曾有过拿破仑这个人，法国革命后的那一段时期，或者自那时以后的全部法国历史将会有怎样的不同。的确，领袖人物只是一个象征，他是利用生活中的已存因素进行活动；但是他对这些已存因素的独特运用却成为了历史发展的动因，因而他是一种创造。也许只能在其结果能够让人确信的意义上，才能说他是进行了创造。拒绝承认领袖人物的作用的观点是荒谬的，这就如同说采石场里的大理石与经过米开朗琪罗雕琢过的大理石没有区别一样。

对于这类问题的困惑即使不是完全地，也主要地是因为，我们中的绝大多数人把“社会”“历史趋势”看作是脱离“个人”的存在，而忘记了这些一般与特殊的关系，仅仅表明了同一具体事物——人类生活的不同方面。在研究领袖人物的过程中，我们可以逐个考察队伍中的每一个成员，探讨一下为什么其中有的人能够鹤立鸡群，成为上尉、上校或将军，他们有什么特殊的地方。研究历史趋势时，我们可以不考虑这支队伍里的单独成员，而观察兵团或它的师和纵队的运动，仿佛它们都是不涉及个人的各个整体。然而实际上，这些整体与个人是不可分割的：一方面，领袖人物往往是某个历史趋势的核心；另一方面，只要仔细观察就会发现，一切社会运动又都是由有这样的核心的趋向造成的。人类不可能在任何方向上都齐头并进，总是存在那些走在前面的引路人。

我无须再补充说，领导才能并不能最终说明一切，它完全是被人们加以研究的永远难以把握的人类生活的诸多方面中的一个方面。如今我们已不再热心寻找对事物的最终解释，只要能对不断变化着的事物有所发现，我们就相当满意了。我们也不再希望知道，事物何时出现、何时终止了。领袖人物是历史发展的动因之一，但像我们知道的其他动因一样，领袖人物同时也是一种结果。无论他是什么样的天才，他的一切必然根植于种族的历史之中，如果我们能够了解这一真相，那么无疑我们可以像解释其他任何事物一样，说明他的存在。

第十章　良心的社会方面

正确的即是合理的；这一观点的意义；正确的即是前进的；正确的即是习惯的；正确的不是与个人相对立的社会性；在某种意义上正确的是与正确感相对立的社会性；正确的是个人影响力的综合；个人权威；忏悔、祈祷、公开；真理；权威对想象的依赖；良心反映社会群体；良心中的理想的人；关于正确的某些观点是普遍的。

我同意一些伦理学家的观点：我们判断为正确（从正确这个词的广义上讲）的，其实就是合理的。意识是无数具有不同原因的冲动发生冲突的场所，但它却始终在努力使那些冲突形成某种统一或协调。这一协调或融合的努力包括仔细而严格的推理，但它要比这种推理更具一般性和持续性。它主要是对已有材料的一种无意识或下意识的处理，即对这些材料进行不断的比较和重新

安排。这个过程总是趋向于把这些材料组织成某种统一体。所谓正确的，也就是得到这种检验的东西。良心的约束力只适用于那些思想，即最终能维持其作为心理本能所要求的有序整体一个部分的地位的那些思想，而这种心理本能一般又是能够成功地建立起这种有序整体的。当意识对某种事情做了充分检验之后，那种所谓正确的东西就会表现为一种心理需要。我们不可能否定这种需要，否则我们的精神完整性就会遭到破坏。

根据这种观点，有关是非的判断绝不是孤立的，或者在性质上也不是完全不同于其他判断的。这种判断所具有的特点，似乎主要在于先于它们存在的心理冲突所造成的紧张。我认为，只要对经验做稍许认真的研究，就会发现，通常所认为的那种存在于良心和其他心理活动之间的截然区别，在现实生活中是没有根据的。在对事物的判断中，存在一种逐渐变化的过程，即是从任何人都认为是不道德的判断，经过有些人认为是道德的而另一些人认为是不道德的判断，直到被普遍理解为是道德的判断。同样，道德情感在个人之间有很大差异，即使是同一个人，道德情感在不同情况下也是不同的。

被每个人视为道德的判断，也许就只限于这类判断，它们表现为一种激烈的和某种持久的思想斗争，这种斗争就是用想象去权衡互相冲突的个人观念。必须选择出一个行为的原则，而此时却有多种选择，每一种选择都有不同的强烈冲动为其基础，在这些冲动中，至少有一些是源出于同情的，于是便引起了意识的紧张甚至痛苦。在决定作出以后，意识就又具有了某种被称作义务感、责任感或正义感的特定情感。然而，对于哪种情况会引起这种情感，还有不同的看法。我们易于认为，所有须认真对待的问题都是一种是非的问题。对一个艺术家来说，故意乱画一笔或乱凿一下就是一种道德上的错误，是一种道德上的犯罪，而一个好木匠放过一个坏榫而不加修理，则会产生自责的心理。

正确的判断很可能被易于激动、性格暴躁的人看作是想象中的声音，因为它告诫他们应当做什么。这一事实说明了思想的基本社会性或对话性；本书在前面的章节中对此已作讨论。从某种意义上说，我们的思想常常是想象的对话，生动的思想尤其如此。另一方面，就这一点来说，道德生活平淡的人，很少会或者根本不会觉察到良心的结论和其他判断之间的区别。

当然，如果正确即是合理这一观点中的正确仅仅意味着形式推理的结果，那么这一观点就不准确了。对正确的判断和形式思考的结论经常是对立的，因为，我认为，后者相对来说是狭隘的、片面的和一般的意识的产物。而从广义上讲，前者是理性的而且在心理上占有支配地位，其前提要丰富得多；它涉及生活的全部内容，涉及充满了具有悠久历史的不表达内心思想结论的本能；而且还涉及个人尚未归纳的经验。用表面上推理的结果去支配我们全部精神存在的最后结果，是迂腐和不负责任的表现。我的意思并不是说两者之间（它们应当共同协调）总是存在着对立。而仅仅是肯定一点：当存在对立时，良心必须被认为是具有更为深刻的理性。

另一方面，错误（也就是不道德的）也同样是不合理的。所谓不道德，实际上就是意识就某一问题做了充分检验以后，表现为心理上的孤立和不协调。所谓不道德的，乃是我们所不可遵循的，否则我们就会产生自欺感和自损感。违背良心意味着对意识完整活动的否认和分裂，并使我们的人格分裂为二。违背良心就是在意识不完善和分裂的状况控制下行为，从而使人格降低，导致人格分裂。显而易见，非正义的或无节制的行为会产生自责感，因为这种行为的思想不能平静地存在于意识之中，它的性质决定了它在意识中早已确立的思想体系中，根本就不可

能有其安逸的位置。

因此，有关是非的问题，正如它在每一个个人意识中所表现的那样，是一个有关如何对冲动进行最为完善的和可行的组织问题，而这个问题则是意识所必须予以解决的。正确结论的产生就好比一个决策团体对某项重要的公益措施作出决定所依赖的过程一样。该团体成员必须为一些更为重要的情感、偏见、传统、利益等等付出时间，从而产生有关措施倡议者所具有的说服力；这些成员还必须为协调这些相互冲突的力量付出时间，从而形成一个该机构能够通过的措施。当最终作出一个决定时，以前的冲突越是激烈，就越能获得一种慰藉感，甚至该决定的反对者也会认定问题已经得到了解决。那些不能取得道德感情统一但却总是感到两个分裂人格冲突于自身的人，就好比某些国家，在这些国家中，政党之间的斗争极为激烈，所以它们根本不能达到互相谅解。

当然，这种思想过程，只是产生正确观念的大致渊源；它还是产生冲突的大致渊源，通过这种冲突，各种冲动的竞争力都可得到估价；最后它还是业已实现的各种冲突力量相结合的渊源。在这个过程的背后，隐藏着种族和个人的全部历史，在这个历史中，发生了人的各种冲动。诸如爱情、野心和报复等本能性情感，习惯的力量，改变的需要，个人的优势，等等，都与最后的综合有关联，而且必须加以调和或抑制。因此，在一种强情感的情形中，如报复，下述两种结果就必定会发生一种：成功地满足了报复性冲动——这种冲动或多或少是掩饰起来的，因为这种冲动被判断为是正确的。如果否定的思想被证明更为有力量，那么报复就会被越来越强的认错意识压制下去。如果我们认识到，某人非常强烈地感到某种特定冲动是错误的，那么我们通常就可以推断此人曾在某一方面同它做过斗争，而不管这种冲动是其本人意识中存在的诱惑，还是在他人的行为中表现出来的恶意。

在不需要采取直接行动时，解决道德问题的惯常方法，就是让这个问题停留在意识中，对它集中注意力并且予以反复思考。这样，这种新的情形逐渐与所有与它相关的心理力量联系起来。更温和但更坚持不懈的倾向，平静而又坚定地同难以驾驭的冲动连接起来，像蜘蛛丝似的缠绕着它，并使它处于纪律的约束之下。H. R. 马歇尔先生在他的杰出著作《本能和理性》中所提出的行为准则中多少论及类似上述的情形，“抑制直接导致反应的冲动，以使冲动秩序由强度较小但意义更为广泛的冲动来确定，那么这种抑制行为对于指导你的生活来说会具有极为重大的意义”。①

但是我想，正确的就是深思熟虑的这一点并不是绝对的规律。正确的观念往往来自深思熟虑，因为非理性和精神分裂的危险，在大多数情况下，出现在某种积极冲动暂时占支配地位的时候，比如在愤怒时，就会动手打人或恶语伤人。但是理智即包括深思熟虑，也包括作出决定，有些人在沉思默想方面的冲动压抑了作出决定和行动的冲动，以致危及生活的和谐。这样的人很可能会认为，正确的就是决定性的。看起来大多数人都这样认为，给予人以正确感的较大的理智，乃是深思的结果，但是无疑，它却是在清晰洞察瞬间所获得的结果。

正确即合理这一观点的主要意义，就是否认是非问题与其他思想问题在性质上存在明显的差别；良心的结果只不过被当作是一种较为全面的判断，获得这种判断与获得其他判断的过程并无二致。这个问题还未涉及构成所有判断基础的思想和社会问题，例如，关于冲动的本质的问题，关于什么决定了冲动的相对强烈性和持续性的问题，关于产生判断

① H. R. 马歇尔（H. R. Marshall）：《本能和理性》，第 569 页。

的竞争和同化过程的特征的问题，以及关于社会秩序通过对传统的作用而间接影响冲动或者通过暗示直接影响冲动的问题，等等。

在这些问题背后，是一个关于所有问题的问题，一切思路都将最终归属于这个问题。这个问题就是关于组织或重大程序的问题。任何有关社会的或思想的特殊问题，都是它的一个侧面而已。我们无论从哪个视向角度去看生活，都能看见某种持续着的过程，而且我们也可以颇为容易地把它称之为组织、发展，等等。但是我认为，任何对此问题做过深刻思考的人都会认为，我们对于这些术语背后的事实只具有模糊的认识。

我之所以论及这些问题，仅仅是因为我想否认现在就要领悟它们的试图，并指出本章的目的仅限于观察社会或人的因素在我们称之为良心或道德判断的特殊类型的组织中所起的作用。

想寻找到任何其他或高于良心的正确标准是徒劳的。感觉正确的**就是**正确的，“正确”这个词就是这个意思。很显然任何一个与正确感相悖的正确理论，必定要被判定为虚假的理论。而当有人主张良心可以变化时，我们只能这样回答：正是由于这个理由，正确的才不能成为一种普遍的和最终的规则。像生活的所有侧面一样，这是一个我们尚未彻底理解的、发展着的事物。

对于考虑自己行为的个人来说，他的良心是唯一可能的道德向导，即使它与其他任何人的良心不同，但对他自己来说这却是唯一正确的：违背它就是道德上的自杀。如果更全面地对人们普遍的行为进行观察，那么，他可以在良心的某个共同方面发现正确观念，而他自己的良心便是这个更大的整体中的一个部分；从个别角度看，各人有不同的良心，比如一些罪犯的良心就可能表现为退化或罪恶——而这并不会使他感到惊讶，因为科学教导我们去想到这一点，即在生活的各个方面，都存在着退化的问题。但是，无论他心胸多么开阔，他仍必须用良心指导他的行动；所以，**我**所认为的，或者概括刚才所说的**我们**所思考的，不管以哪种形式出现，都必须是有关是非的仲裁者。其他的检验标准，只有在良心接受它们的情况下才是有效的。

看来，对这个问题的一切科学研究必须主要依靠调查具体正确观念的条件与关系——即是什么样的人在何时、何地、为什么产生了正确观念。尽管研究社会或道德的科学能够揭示足以帮助良心作出权威判断的事实和关系，但它们不可能成为道德的终极渊源或标准。

对于那些精力充沛的人来说，正确即合理这一观点与正确即是**发展**的观点，是十分一致的。促使去行动的冲动，去达到目的的冲动，去释放产生于较为模糊的内部能量中的生命力的冲动，乃是需要的需要；它构成了更为特殊的冲动的基础。这种发展总是必定计入我们正确的判断之中，因此良心不得不对之作出考虑。若是否定这种最持久和最根本的本能倾向，精神生活就不可能和谐；所以，积极的意识所寻求的平衡从不是一种静止的状态，而是一种**动态平衡**，而且对这种平衡的感觉也是与正确感相关联的。我们的这种情形可以被比作为一个杂技演员在滚动着的球上做平衡动作，要保持平衡，只能在不断向前移动的条件下才能够做到。正确的观念绝不会连续两天都精确地相同；而一旦达到某种特定的正确状态，思想的重心就开始向前移动并离开它，以致我们只能通过实现一种新的调整来坚持立场。这样，纯粹的否定对一个有活力的人或社会来说，就永远不会是正确的，因为人的意识不会对与其自己本性极为不适合的情形感到满意的。好的自我必定是爱默生所说的“扩大的自我”，同时，正确必定标出一条小路通向“希望的荒原”，在和谐的自我肯定中发挥能量。

也许，这一思想在任何地方都不如M. 盖伊奥在其精辟著作《伦理学概论》中所作的陈述和说明更具说服力。他认为，责任感在某种意义上是一种行动的力量感，而这种力量感本身又趋于产生义务感。我们能做，我们就必须去做。“义务是一种内在的扩张——一种变思想为行动以达到目的的需求。”① 甚至痛苦可以被视为日益发展的意识所要求的更大的生命力的一部分。“莱奥帕蒂，海涅，或莱瑙都是在痛苦中创作出他们最优美的诗歌，因此他们很可能不会愿意用这些痛苦的时光去更换一种较为惬意的生活。但丁也忍受了……我们之中又有谁没有经受过类似的遭遇呢？痛苦有时就是幸福。”② 善行和所谓的自我牺牲也是这样。“……慈善不过是丰富之后的自然流溢，这就像母性太强，便无法使其局限于家庭之中。母亲的乳房需要新生命吮吸其乳汁；具有真正仁慈之心的人必定是慷慨的和乐于助人的。”③ “青年男子满腔热情，随时准备牺牲，因为，他事实上必须牺牲自己的某些东西——他需要减少一些自己的能量，他的生命力是那样充溢，以致不能只为自己活着。”④

那么，正确就不仅仅是我们有时所认识的那样，仅仅是具有约束力的纪律，而且也是温暖的、新鲜的和向外发展的东西。我们有点含糊和冷淡地称之为精神发展的东西，在其最佳状态时，乃是扩张的多样化的和美妙的整体的一种表现，正确的行为则是其中和谐的一部分。

另一方面，当我们说正确主要由习惯决定时，我们只强调了连续性与变异性这个发展着的结合体的一个侧面，当然，这是从精神生活的各

① M. J. 盖伊奥：《伦理学原理》英译本，第93页。——译者注
② 同上书，第149页。——译者注
③ 同上书，第87页。——译者注
④ 同上书，第82页。——译者注

个方面而言的。我们知道，习惯在思想、感情和行动中确立了抵触较少的界限；在形成正确判断的时候，就像在形成其他判断时一样，习惯的这种作用是不可或缺的。显而易见，不应当把习惯与创新冲动对立起来，而应把其当作所有冲动的一个侧面，因为，从某种观点来看，新奇的事物总是习惯的一种新的组合。这在很大程度上类似于暗示和选择、创新和模仿的关系。在这些关系中，并不存在一方和另一方的对立，或一方对另一方的改变。其实具体的事实是，只存在着一个充满活力的行为的不同方面。而各个方面不能单独存在。

一个人的生活在道德或其他任何方面是否明显地具有可变性，抑或恰恰相反，只不过是出于重复或习惯，取决于他的意识状况及其有关的环境是否有利于其思想体系的迅速改变。因此，如果他年轻、朝气蓬勃，并具有开放和感受力强的天性，那么，在一般的条件下，他将很可能去接受思想中的新鲜因素，作出新的综合，而不是循规蹈矩。与此相同，昔日生活的多样化可以阻止心理常规的进一步深化，并使那些与当前的强烈而新奇的影响相联系。

显而易见，野蛮人的**严格**习惯或传统道德，是其社会生活局限性和千篇一律的反映，在复杂的社会中，甚至也可以发现类似的道德形式，比如在中国，用平均思想代替竞争意识使得社会制度变得呆板。而另一方面，我们社会中较为活跃部分的变动，使我们不可能仅仅靠习惯来控制。没有独占统治地位的习惯，而且各种倾向是混合的和相互冲突的，因此，人要么必定是明智和道德的，要么是退化的。他或者作出一个新的综合，或根本不作出任何综合，二者必居其一。

所谓原则，似乎只是一种良心的习惯，一种最初由多种冲动的综合形成的规则，但是变得有点机械，且独立于其起因之外——这便是习惯的性质。随着意识的加强和成熟，社会对新颖的东西越来越不愿接受，

感受日益迟钝，意识中习惯和原则占了优势；社会情感，后来是行动的血肉，在一定程度上消失了，却换上了一副显示道德原则的骨架。责任感也越来越少地表现为一种强烈的同情冲动，而更多地表现为有关明确的行为准则的消极和呆板感。当一个人逐渐把某些事情当作责任接受的时候，即使这种事情有痛苦和需要克制，他也会获得一种愉快的解脱感和使命感。这就像遵从某种外界的权威，即使会导致死亡，在精神上也比陷于困惑要好得多。

具有纪念性的或英勇的行为，很少是在作出决定性选择的时候出现的，而更可能是在产生这种行为的思想习惯变得有点机械和无意识之后发生的。把在战斗中敢于赴死的战士，冲入燃烧着的建筑物的消防人员，在行进着的火车结冰的顶上履行其职责的制动手，或迎着风暴和大雾行船的渔民，想象成通常处于一种英雄主义的精神状态之中，可能是一个错误。这对他们来说是日常工作；这些行动已经变成习惯性的思想和行动体系的一部分，要去打破它将是痛苦的。有了社会义务感，死亡就不显得那么恐怖了。作为一条规律，在紧急关头，人们没有时间去进行复杂的思想活动，而且无论选择是英勇的还是怯懦的，无疑都是十分简单的。即使存在思想的矛盾冲突，也是短暂的，并且，某一种意识占支配地位之后，在行动上就会机械地服从，而不会考虑结果。

研究儿童的“责任感”的人，不难看到，它主要来自不愿摆脱习惯，即不愿摆脱心理常规。寻求原则或统一思想乃是精神的本质所在，这种精神乃是占支配地位的本能，而且这种需要在很大程度上为思想习惯所满足。这些习惯性思想或许是通过那些宣布和推行这种规则的长者反复灌输而形成的，或许是由强调某种暗示而排除其他暗示的环境的随意压力而获得的。然而，不管这种规则是如何产生的，它却能满足一种精神需求，而且如果它没有遭到其他冲动过分强烈的抵制，那么它很可能被视为是强制性的，因为它是一种连续一致的思维方式。正如萨利先生所说，"事实上，儿童极其信奉规则"。①

研究儿童的著作为我们提供了许多有关孩子经常极为忠诚于规则的事例，甚至连一个进行断断续续观察的人都必定能证实这种情况。因此，当一个五岁的孩子去做客时，被要求"闭上眼睛、张开嘴"，他这样做了之后，就有人把一颗糖放进他的嘴里。当孩子尝到糖果的味道时，他就会把糖吐出来，申辩说："妈妈不让我吃糖。"这既不像是装模作样，也不是这个孩子不喜欢糖果，也不是他害怕受到惩罚或责备；他只不过是处于一种对精神一致性的需求的控制之下罢了。在家庭中已经宣布并实行了不吃糖的规则，孩子也已经把它作为自己思想体系的一部分，要是破坏了这个规则，他的道德感或者心灵内部的和谐就会遭到破坏，这种破坏的程度是糖果的滋味所无力弥补的。又如，为纠正一个轻度的畸形，一个男孩最近几年来几乎每天晚上都接受被称作"弯足"的有点痛苦的治疗。习惯于此之后，如果有人建议不要再做时，他有时会抗议，甚至会哭喊。我认为，像这种对于规则的一种道义依附，会随着年龄的增长而削弱；我对这种看法的解释是，随着接触到越来越多的冲突的规则，使得简单机械的统一不再可能实现，而心灵仍然追求协调，因此就得去发挥其更高一级的组织能动性，并试图实现一种更广泛的统一。同样，文明人也是因为这个道理而不会再像原始人那样简单地依附于规则和习惯；他们的复杂生活已无法以那么简单的方式加以统一，所有东西也已不再能被标刻在一根木棍之上；然而，如果他要达到生活中的统一，他就必须在更为复杂的行为标准中去寻求统一。在相同的情形下，习惯的即合理的，因而也即道德的，而在复杂条件下，就不

---

① 《童年的研究》，第 284 页。

再是这么回事了。

当然，这种观察问题的方法，不能用来解决这方面的所有疑难问题，但是，在我看来，它确实把习惯和其他道德放到合理性这一共同基础上去考虑了，并明确地表明它们之间的尖锐分歧纯属虚幻。

那些与我考虑同样问题的人，会反对这种观点：正确在一般意义上说是与个人相对的社会性。如早已阐明的那样，我认为把这二者看作根本对立的观点是错误的。我们人类的全部思想和行为，要么是个人的，要么是社会的，要看你如何看待它，两者都不过是同一事物的侧面而已。由于人们总是倾向于混淆语言与事物，因而总是企图去区分它们。这种情况不仅发生在伦理学领域中，在任何其他领域，也是同样。其他人所考虑的事，通常也总是涉及是非问题；而伦理学的结论，显然是对某个问题的个人见解。无疑，关于正确就一定是由社会环境的暗示所代表，错误则更多的是个人冲动为代表的看法并不是合理的一般原则。

无论如何，去获得正确的观念永远是一种不具任何偏见的个人的冲动，永远是一种自我确认。这并不妨碍它作为一种社会特征。“伦理上的自我”起码是一种为伦理的自我。自我，如果它还包含更多的内容，那意味着它是更丰富的、更高度组织起来的个性表达。我想，大家都会承认，强烈的责任感包括自我感，因而，我们带着强调的语气对自己说：“我应该……”而如果我们没有感到某些事对我们自己有点特别，或与我们所受到的某些影响相矛盾，我们就不会有责任感。从各个方面来讲，有必要强调这一事实，即伦理上的自我往往就是公众自我这一事实；但是同等真实和重要的一点是，伦理上的自我也永远是个人自我。

简而言之，伦理上的思想和感情，像我们所有较高层次的生活一样，都有个性和社会性这两个方面。在这两者中，没有哪一方面显得更为重要一些。如果其社会性达到最高程度，那么个性也就同样达到最高程度。

我们也可以用同样的理由去反驳一切在概括说明道德意识时，把自我与他人对立起来的观点。这是一种错误的观点，它模糊和物质化了个性的观念。模糊的原因就在于物质化。我认为，我们若不把个性理解为基本上是意识的或精神的，与形体并无相似之处，我们就不可能清楚地了解个性。实际上，自我和利他，自我和同情，是相关的，并往往混合出现在道德判断之中，不能在其中分出有多少自我，有多少别的东西，它们是所有冲动更为完善的综合。正确观念的特征不是自我或利他、个人或社会的矛盾，而是意识的统一，以及伴随它的特殊感觉。

唯我主义只是在我们用它描述某些自我的狭隘或不稳定性时，才被认为是错误的；而利他主义，如果我们把它当作是对他人的敏感，而它表现出同样的自我的狭隘或不稳定，那同样是错误的，比如那些歇斯底里的人。如前所述，当利他主义用来表示——正如它经常被用来表示的那样——与被称作自私的冲动相对立的特殊冲动时，我认为这个词毫无意义。这种错误的用法是上面提到的关于个性的模糊物质观所产生的。高层次的意识，在或多或少明显涉及其他人的意义上说，是利他主义的，但是，当这些意识十分强烈时，它们，即便不总是，也常常是自我观念，或是唯我主义的。

例如，一个人是否对乞丐施与，乍看上去像是一个利己与利他的矛盾，因为有两个生理的实体出现并且显而易见联系着斗争着的冲动。仅仅就生理实体的意义而言，实际上的确存在着两个物质实体，但是从精神的、社会的或道德的意义来看，就不一定是这样了。

让我们接着看一看“利他主义”和“利他的”这两个词的各种可能存在的含义。以后面这个词作为最适合我们意图的词，使我想到三种

含义，都是模糊的流行用法表示的意思：第一，由他人的外貌、言谈或其他特征引起的行为；第二，符合他人的利益；第三，善良或道德。

在第一种意义上使用这个词，不带有任何道德上的含义；给乞丐钱是利他的，但这个词也适用于其他许多行为，因为大多数行为都是涉及其他人的。而其中必定有很多行为是所谓自私的。去打一个惹我们生气的人，去偷一个我们忌妒的人的东西，去冒犯一个迷人的女人，以及种种应受责难的、由他人的出现所引起的行为，照原来的意义讲都成了利他主义的，这肯定违反把利他主义作为唯我主义的对立原则的初衷。

如果我们在第二种意义上使用这个词，即符合他人的利益：给乞丐钱，可能是，也可能不是利他的，同考虑周到的善行相比，我们可以说给钱常常对被施与者有害。也许有人说我们至少打算有益于他或使他满意，这是主要的，并且这里有一个有关在行动者头脑中，行为是以“我”为参照还是以“你”为参照的问题。在此，我要再一次提醒注意我在第三章中关于“我”和“你”的本质的人的观念，和第六章中关于利己主义的本质的论述。在我看来，我们有关人的冲动不能用这种方法分类。难道还有什么比一个不能拒绝给其子女难以消化的甜食的母亲的行为更自私吗？她把甜食给孩子，不仅使孩子满意，而且满足了体现在孩子身上的肤浅的自我。不给乞丐钱，就其从希望有益于他人的意义上说，同给钱一样，可能是利他的，希望保存钱的那个自我，无疑是某种意义上的一个社会自我，而且这个自我非常可能有比乞丐更高的社会意义：他可能希望为一个患病的孩子买一束鲜花。

我几乎无须进一步解释为什么给钱不一定就是道德的。试图用为别人的利益而损失自己的利益这一点来实现道德，不仅在理论上而且会在实际应用上带来不可救药的混乱和错误。

总之，在利他主义这个词中，很难发现任何明确的道德含义。

个人和群体在道德思想方面的联系与在别的方面的联系是相同的，个人的良心与社会良心不是相互独立的东西，而是一件事物的两个方面，即道德生活。当在人为隔离的情况下——把我们的注意力放在某一个特定的人身上，道德生活可能被认为是个人的，而当注意到某些共同的侧面时，比如公众对一个道德问题的意见则被认为是普遍的。假设一位国会议员参与表决同西班牙作战之议案，对此议案他应如何投票？从个人方面来看，这将是一个个人良心的问题，这对全部其他议员也是如此。但是，投票作为一个整体，作为一个综合，显示这一群体的道德倾向，它就表现为社会的良心。这种区别纯粹是人为的，个人良心上的每一个判断都是社会性的，涉及对各种社会影响的综合。而各种社会良心又是个人良心的集合观。道德生活，是由不同的部分组成的一个整体。如果这完全难以领会，只是因为这个整体的庞大。除非我们能够了解组织，否则我们绝不能掌握更多，因为我们看到的所有事实都体现为组织。

如果我们的意思是说精神层次较高的、更体现个性或想象的冲动，在意识上要比感官占有更重要的地位，那么，在我看来，认为正确观念是社会与感官对立的观点就是对的。如此直接的原因似乎是，一个享有较高生活水平的人的思想充满了生动的个人情感或社会情感，纯粹的感官对于他们来讲不可能是合理的，除非感官和社会感情联系在一起，或至少不是对立的。解释思想过程是心理学家的工作，但是很明显，在良心问题上，社会因素大大超过感官因素，因为它们是主要力量；也就是说，从整体上看，它们的数量是如此之多、如此鲜明和坚持不懈，以致它们决定了总的思想体系，而良心则是这个体系的最完美的表达。

也许，我们可以用人类和动物的关系来说明较低级思维和较高级思

维的关系，这样可以较为完满地阐明我们的意思。从整体上看，前者是如此有力量，尽管并不总是以个人面目出现，以致在所有国家里，它决定了生活的总的组织结构、建设城市和铁路、砍伐森林等等，以适应其自身，而只偶尔顾及其他动物。而后者的数量仅仅维持在对人类有用，或至少不致十分麻烦的限度以内。因此感官冲动都要由它们与社会情感支配下的思想体系的关系来判断。吃的乐趣，本身是无害的，然而它一旦损伤了更高级的官能，或去违背正义、正派等原则，就会被判定为错误的。可以认为，一个遇到海难的人，会宁可饥饿而死也不愿杀害吞食他人，因为这种行为违背了社会思想的整个体系。同样也可以认为，一个士兵，乃至任何一个人愿意尽职求荣而不愿苟且偷生。

个人影响对我们关于正确的判断的作用在性质上与它对其他判断的作用在性质上并无区别：它只是触发生动的念头，它也对道德的综合产生影响——这类似于一个人提起一个重物，这样他的重心就会改变，于是他不得不改变立足点。

如上面所说的那样，儿童受新的个人影响越多，道德规则和习惯在他们的生活中也就越缺乏控制力量。如果他们的同情心有些迟钝，或他们是孤立的，他们的思想自然而然会变得刻板；而且也许在个人影响干预不到的事情上，所有的孩子一般都会受习惯的约束。但是，在大部分情况下，我们发现大多数孩子从很早起，就在道德判断和感情上带有强烈的同情和个人色彩，被羞耻、钟爱、愤怒、妒忌和取悦他人的心理控制，意识已经不得不在强烈的情感中努力获得和谐，这些情感是由生命的遗传本能的作用而产生的，每一个冲动都指示着一定的行为，并且参与了对正确的判断。

正如上面所提及的，假设一个拒绝糖果的孩子具有他实际上不具有的有关个人态度的生动想象力，那么，他的情况便可能更为复杂。他不能拒绝，这不仅因为糖的吸引而且希望得到给他糖的朋友的欢心；而另一方面，他也可能为想象中他母亲责难的面孔和声音所阻止，而不敢接受。因此，将近十六个月的 M，试图去抓她哥哥的脸时，被严厉地斥责为调皮。不久以后，当她和哥哥一同坐在床上时，她母亲离她不远，看到她重犯了自己的过错，在没有受到责备的情况下，她自己低下了头显得谦卑和内疚。显而易见，她有了关于错误的感觉，一种负疚心理，也许这是由于回忆起早先类似的行为受到指责所带来的羞愧。

那么在这里，我们就有了一种对我们每个人和他每天各方面的生活起作用的道德力量的一个简单表现形式——想象中他人的同意或不赞成，会引起本能的情感，并将情感的力量投入对行为的具体判断之中。当一种行为与我们喜欢并愿意继续保持下去的社会情感相联系的时候，这种行为就非常可能被认为是正确的；但是如果这种思想感情是我们所不喜欢的一种，那么这种行为就可能被判断为错误的。皮瑞兹说，孩子的道德感“在他理解了对他所做的或正要做的某些事情发出某种声调和作出姿势所带的惩戒性含义时就开始具备了。这种有罚有奖的制裁逐渐使他产生了具体的善恶之感”①。

一个孩子若是对赞扬或责备不敏感，而且兴趣主要在物质世界中，或者仅仅间接地涉及他人，那么这个孩子肯定显得似乎完全没有道德感，没有过失感或任何个人的错误概念。对由于不同感情冲动之间的矛盾或者与动物本能之间矛盾所引起的尖锐的精神危机，他不会有什么体验。R 在早年就是这样。当时他居住在安静的环境中，有点脱离其他孩子，没有暴力的或格外的调皮冲动，头脑整天被积木、沙土和其他不受

① 皮瑞兹：《生命的头三年》，第 287 页。

个人情感影响的兴趣占据，对责备不敏感，也不拿它当回事，因此他给人以无道德感和从不内疚的印象。M 的例子正好相反，从第一个星期起，她十分明显地表现出她是爱冲动的、好争吵的、敏感的、有同情心的；为获得认可设下圈套，对抗批评，易于愤怒、内疚、后悔、高兴。她生活在一个鲜明的个性世界中。

具备后一种性格的人过着更强烈的道德生活，因为由敏感和富于想象力的性格所导致的多种强烈冲动，必然在心灵上引起搏斗而造成危机。意识必须建立的个人感情上的伦理标准似乎与规则和习惯有较大的差别，就必须纳入道德综合的材料而言，这是事实。颜色和内容，道德生活的所有具体组成部分，宛如人们各具不同的性格一样是不同的：正确的观点在每个人的意识中未必都一样是其思想的一部分，而是一种全面的、综合的思想状态，是一种人格特征的表现。

当然，正义观是正确观点的一部分，而且产生于试图调和冲突本能的精神愿望。正如鲍德温教授所指出的，孩子对他的简单的冲动之间的矛盾迷惑不解，诸如那些喜欢食物和玩耍的愿望与更富想象力或同情心导致的其他愿望之间的矛盾。为了解决这种矛盾，他很容易掌握一个 tertium guid①，一个帮助他解决问题的调和的法则或规律。

就个人影响对我们的道德思想的作用而言，我们成年人的生活与儿童并无明显区别。如果说有些进步，那是因为经验丰富和组织较好：在与世界的健康交往而获得的同情心或想象性的冲动中，精神内容变得更为丰富（如果没有这些经验，我们关于正确的判断一定是狭隘和扭曲的）。这时，这些材料可能会被完好地排列成序和分类，我们会有更大的力量在不同的成分中构造正确的观念，作出统一思考。当取得统一思

① 拉丁文，意为中介。——译者注

考时，能较快承认它，并且更加坚定地用得到的思想去指导我们的行动。也许，在大多数情况下，三十岁以上的人由于其道德判断的果断和坚定，可以获得某些东西，却在想象前提的广度上有所损失。但是我们建立道德判断的过程与儿童是一样的，我们关于正确的观点仍然是我们整个性格的一种缩影。不管怎么说，我们独特的感情在某种程度上将会表达出来，并且或多或少会随着社会环境中发生的每一重要变化而改变，除非我们的思想僵化和衰退了。

对于意识的很大部分也许是最大的部分来讲，正确的概念主要是作为个人权威表现出来的。简言之，那就是我们所感觉到我们应当做的，也就是我们想象自己的领导或导师要做的，或希望我们去做的。这是由基督教大量地反复灌输和推行的观点。它并不反对或不同于作为一种意识综合的正确观念，而仅仅意味着钦佩、尊敬或某些其他强烈的思想感情，给予了某种范例的暗示以如此之大的力量，以致多少是完全支配了思想。权威通过良心起作用，一旦超出良心，其作用便不复存在。此外，人们的良心和权威的关系并不像表面上的那样，只是一方面的，即我们的指南总是我们自己的想象的创造物，并且定是用与我们天生的性情志趣相投的一种方式在解释自己。因此，弗拉·安吉利科笔下的救世主是一个样子，而米开朗琪罗的上帝则是审判恶人的上帝，它完全是另一个样子。

个人权威对视觉想象丰富但思维能力并不强的人来说，有较大的控制力。这一类人通常被称作“感情型”的人，他们具有一触即发的活跃的个人情感，但不具建设性能力。他们可能服从于某种支配性影响而很少去选择或再创造。他们的个性主要表现在对主人的选择上面；一经选择，他们就完全忠实于他了。如果他们改变主人，他们同时也就改变道德。他们像其他人一样，也在追求心智的统一，但他们是在对某个具体人格的忠诚上寻求到这种统一的，这使他们避免去面临他们无法解决的抽象思维的困难。然而，这样的人通常感觉到被其他人的稳定性格所吸引，他们通过选择一个不变的个性把自己的想象固定住，并因而感到放心。

当然，这种情况只是发生在那些缺乏思想活力的人身上，他们不能完成更高智力层次的、表现为道德判断的综合。那些有这种活力的人充分利用许多范例。如果他们承认某个人的优秀，那个人可能只是被含糊地印在心目中，事实上成了他们自己的道德结论的象征。

个人形象或影响对我们形成正确观念的直接作用，可能比我们认识到的更为巨大。乔治·埃利奥特在《密窦玛镇》中说："这很好，当我们想到自己为这些丑恶的事情受责难时，这些丑恶看上去就会变得更加可憎……可是，侵犯那些从不抱怨或没有人为他们抱怨的人，我们却又是多么愉快，这真让人惊讶。"这就是说，其他人唤醒了我们内在的社会自我感情，给予了认可或非难我们自己的行为的思想感情以生命和力量。一个敏感的人的自我；在一种占统治地位的个性面前倾向于变成他认为别人对他想象的样子，这一早已提到过的规则是我们所有人道德判断中的一个基本因素。如果与一个朝气蓬勃的人相处，他会使我们渴望向上并使我们为退怯而羞愧，他使我们真正感到更高层次生活的必要性和较低层次生活的单调和不可取，在他面前，每个人都会感受到道德的更新。

在一篇有关法国艺术的文章中，狄奥多尔·察尔德先生讲到达哥农在巴斯蒂昂 - 勒帕热①去世后说过的话："我将来每画一张新画，都将

① 巴斯蒂昂 - 勒帕热（Jules Bastien - Lepage，1848—1884），法国乡村风俗画家和肖像画家，其作品在法国和英国受到广泛模仿。——译者注

考虑他是否能对之满意。”对于罗伯特·路易斯·史蒂文斯，一个美国作家也说过几乎与此相同的话。而这些事例是具有典型意义的：我们的较高层次的自我，我们与众不同的正确观点和选择，均是依赖于想象他人的观点而实现的。我认为，想象中没有优秀伴侣就不可能生活好。那些把个人榜样的道德力量作为反对抽象思想的道德力量的人当然是正确的。在极度困难的精神危机中，我们可能要依赖我们习惯于看作指导的某些人的思想，在我们面临的问题和大师的思想之间，我们被迫回答一个问题：他对此会想些什么呢？我们所求助的人可能就在房间里，或在遥远的地方，或是一个我们从未谋面的作家，或一个宗教中的理想人物。我们曾经想象的那些强有力的、善良的人，位于我们的心目中，并增强了我们有价值的思想。他们是自由的、崇高的，他们能减少我们的痛苦。

当然，他人的影响也经常是从反面来的。一个我们厌恶的人使我们感到他所坚持的一切都是错误的，并且我们对于任何不良品质的反感会因为我们同表现这种不良品质的人密切接触而触发。

忏悔以及公开内心秘密的其他各种形式的道德力量，都依靠同样的基础。在我们自己对别人打开心扉时，我们一定要去想象我们的行为会使他如何作想；我们实际上是在取得有关我们自己的一种外在的看法。向谁忏悔会产生很大区别：我们心目中这个人的品质越高尚，则我们所得到的关于我们自己的看法就越有启发和帮助。甚至在日记里写下我们的思想，不是对某个人，而是对一个模糊的对话者的形象进行忏悔，也会使我们受益匪浅。

也许，这与祈祷十分相同。在一个较高的意义上来看，祈祷就是将我们的道德困惑向我们能够想象的最完美的理想人格去求教，以致不知

不觉地将我们自己的思想与理想人物的思想融合为一体。看来社会心理学有力地证明了祈祷是较高层次生活的一个基本方面这一观点。通过这些，我想说明，思想，特别是鲜明的思想的本质是对话性质的，而激情几乎必须或多或少明显采取一种同理想人物进行交流的形式。

不管如何公开我们的行为，都会把新的和强烈的因素注入良心之中；但是这种公开是否有益，则取决于公众的特点；或者，更为明确地说，取决于公众对我们的态度是贬抑还是褒扬。在许多情况下，受众人贬抑会毁灭一个人的个性，因为他或她，会立刻接受存在于其他人的意识中的被贬抑了的自我形象。我们会羞于向某些人承认我们的过失，而也许还有另一些我们不喜欢对他们陈述自己美德的人。当然不应该认为，在大多数人面前公开我们的行为就是好事。尽管对于有些事这样做可能是好的，比如像填写税务调查表，那是与我们对社会的明确义务有关的。在大部分事务中公开自己的行为还会有些庸俗化的效果，助长与他人的一致而不会有益于独立的生活。如果一个学者的研究室是在市场上，使勤劳的市民能够看到，他一天有多少小时明显地无所事事，他很可能就会缺乏勇气去从事自己的职业。简言之，我们需要有个人隐私以对付贬抑的影响，而去接受那些使我们获得信心的影响。

甚至讲真话也不产生于意识对准确性的需要，尽管这种需要在某些人那里是强烈的，它产生于一种因欺骗自己同类人的不公正感，以及被人怀疑不诚实时的羞耻感。因此，“实话对朋友，谎话对敌人”，这一谚语被非常普遍地遵循着，不仅被野蛮人和孩子，也或多或少地为文明人所遵循。大多数人感到不愿精心去制造一个谎话，但几乎没有什么人会为欺骗了那些被自己认为对之没有责任的人而受到良心的谴责。众所周知，商人喜欢夸耀他们如何成功地欺骗对手，我们很少有人会诚实地与一个我们认为狡猾和对我们不利的人打交道，而如果我们认为他是正直和善意的，那么我们也会诚实地待他。“良心源于爱”就是这个道理。一个善于思考的观察者很容易看到，如同普遍认为的那样，不正义和不真实是谎言的本质。

所有善行和正义，所有较深刻的正确的观念都取决于一种积极的想象，这是因为我们需要回想已经消失的人。不这样，我们就会成为直接环境和较低层次生物有机体暗示的囚徒。只有通过想象，我们才有可能获得生命可以赋予的最美好的形式，才能靠优秀的影响去抵制恶劣的影响。让我们再次听听詹姆斯教授的论述：“为了荣誉和良心，我敢于冒受我自己的家庭、俱乐部和‘社会阶层’的谴责的风险，从一个基督教徒，我改变成天主教徒；从一个天主教徒，又变为自由思想家。作为一个‘按部就班的实践者’，一个接受顺势疗法的病人，或什么也不是，我总是在我心里加强决心，而且依照更崇高的、**可能的**裁判来建立真实的自我，不惜遭受许多人的反对，不惜抛弃符合他们的标准的社会自我。我这样苦心寻找的那种支持自己理想的社会自我可能是遥远的，它也许几乎没有可能出现。我不希望在我有生之年实现这种社会自我，我甚至也不期望在我离开人世以后，未来的几代人对我有所了解，当然，如果他们知道我，他们会对我表示赞赏。”① 至于精神同伴的远近，也许可以这样说，只要我们想象一个人，那么就我们的精神和道德生活而言，他就是真正存在的，只要我们能对他有鲜明的观念，那么无论我们是否看见他，或者他是否有肉体存在，都无关紧要。

因思想中出现一个新人而引起的良心上的改变，常常是极为显著的，以致原先的责任观念因一种新的暗示而为一种新的责任观念所取

① 《心理论》，第一卷，第315页。

代。现在，让我们举一个可能为所有习惯于精神替代的人所熟悉的例子：一个学生被困于作业中的难题，然而却认为他必须解决这个问题；在这种观点背后有着一种强烈的义务感，只要不遭到反对，他会坚持认为这个工作属于其责任。但是，现在，一位朋友可能会来建议他立即停止苦思冥想，他说他如果再坚持下去的话，不仅会伤害自己，而且还不可能有效地完成工作。这就是另一个正确的观点，对此，大脑迫切需要作一次新的综合。于是他会感到他的责任就是停下工作。

由于关于正确的观念取决于个人的建议，因此，它总是反映一个社会群体的思想和感情；事实上，我们总有一些真正想象的人，这些人从而对我们的冲动和我们的良心产生影响；而在这些能够影响我们的人的圈子之外的人，对我们来说并没有真实的个人存在而言。这个圈子的范围大小，取决于许多情况，例如我们的想象力，以及交流手段所及的范围，通过这种交流，我们可以获得对他们的个人符号印象。

在人们普遍有些文化的今天，许多人从书本上获得了最深刻的印象，而有些人，发现读书这种交流比其他交流更具选择性和刺激性，这就造成了他们忽视现实中的人。这些人在看小说时，会对小说中所提出的道德问题产生极为温柔的情感，但在有血有肉的现实生活中却表现得相当迟钝。事实上，有想象力的人的一大部分思想感情纯粹是通过书本的交流而产生和培养起来的，并且仅仅是间接地与普遍称之为经验的东西相联系的。不应该认为那些书生气的人的思想感情纯粹没有价值。对于我们来讲，要获得生活的最高理想，在很大程度上要依赖这种方法，因为这些理想要依赖那种同我们在现实生活中没有机会面对面进行交流的许多优秀人物进行的想象交流。确实，许多人的良心扩张已成为近年来的一个明显的事实。我们对于国际关系和我们不同的种族，以及我们自己所属的阶级以外的其他社会和工业阶级的道德感情的产生，若没有廉价的印刷业和快速的交通工具的帮助，是不可能的。比如我们对大城市中的平民具有的理解和义务感，主要是因为有了像《另一半人是怎样生活的》的作者对这些人的生活的生动和个性化的描述，使我们得以对他们进行想象。

不用说得更多，这已足以使我们说明良心总是群体性的（而不管这种群体怎样构成的），因此，我们的道德情感也总是反映我们的时代、我们的国家和我们个人想象的特殊范围。另一方面，我们关于正确的观念忽视了那些我们通过同情而不认为是我们自身一部分的人，而无论与他们实际接触多么紧密。对诺曼底征服者来说，撒克逊人是一种低等动物，我猜想，诺曼底人对撒克逊人的思想感情的想象不及一个农民对他的耕牛的想象。诺曼底人对撒克逊人，也就当然不可能感觉到人的责任。这同过去的奴隶主对奴隶是一样的，有时同现在的雇主和雇佣劳动者也一样。在侵略中国期间，欧洲人对待中国人的行为让人震惊。在对待那些他们认为并不与他们同类的人的时候，道德义务完全丧失了。在能进行创造性想象的意识中，良心的社会方面可能采取理想人的形式。这些理想人的品行常常被当作行为标准。

各种形式的理想化，不应该被认为是和经验以及记忆明显相区分的。看来，情况可能是这样的，意识不会对提供给它的材料麻木不仁，但其真正的本质是选择、安排、协调和使之理想化。亦即是说，整体总是对个别的部分发生作用，总是趋于使它们成为自身的一部分。我们特别称之为理想的东西，是这种活动相对复杂的产物。由于它过去总是存在于我们意识中，所以它不只是旧有经验的一种简单重复，却总是为我们目前的感情所润色，总在某种意义上被理想化，并且我们对未来的考虑和设想也是一样，所以对于健康的意识，预想势必成为希望。因此大

脑永远是一位艺术家，用一种对它自己相宜的方法对事物进行再创造。而专门的艺术门类，只是对某种一般倾向所作的更为详尽的表述而已。

一种理想乃是想象的一种较为确定的、和谐的产物，是经验成分协调一致和适宜的再现。个人理想乃是所有关于人的经验的协调适宜的再现。它的积极作用是体现和刻划我们的追求，并且通过这种做法使它成为努力的明确目标。善的理想只是具有经验的好人的下一步行动的目标。毫无疑问，如我曾指出过的那样，实际中的人与理想中的人两者之间没有鸿沟，只是个人的思想同物质实体之间联系的明确程度并不一律相同。

我们人格理想的明确程度是不同的。它们可能不过是我们经历过并知道其价值的零散想象，或者是有更完整形式的明确的理想人。甚至可能有多种个人的理想；一个人可能怀有他自己的理想，而他每个亲密的朋友也各有不相同的理想；或他的想象可能设想出他自己的几个理想，以便对应他各个侧面的发展。

“理想人”这个词表示的意思比大部分人意识中对优秀的个人品质的追求更为统一和一致。难道不就是感情中的理想成分，个人的经验片断和过去的交往，在新情况下与新的着重点一起回到想象中来了吗？我们时时推测别人的勇气、慷慨、耐心和正义，并判定这些是好的。那么，当我们发现我们自己要求具有这些品质时，我们就可能想起自己从前这方面的体验；而这样的记忆使这些思想感情更生动，并在良心上给予了它们以更大的权威。因此，一个正在犹豫是否走私应缴税货物的人，在困惑之中大概会考虑一个被他人认为是正直的人在类似条件下会怎样感觉和行动。

这种较高层次的个人观念的建立是不能加以准确描述的。这个过程主要是在下意识中进行的，大脑根据自己在本能上对一致性和愉快的需要，不断地对过去和现在的经验加以美化、条理化，但是却很少能产生明确清晰的理想。它的经验材料既存在于直接的个人交往中，也存在于书本和其他媒介之中。“书籍、纪念碑、绘画、谈话，都是他用来塑造的轮廓的画布……”“所有关于智者的话，其实都是在对每一个读者描绘作者自己的观点，描绘他还未达到但可以达到的自我。”① “几件逸事，一些人物的性格、风度、面孔、几件小事，除了它们的表面意义之外，在你的记忆中别的意义。不要用普通的标准去衡量它们，它们关联着你的天赋。让它们有自己的影响力，不要拒绝它们，随便翻点文字作品，不必寻找惊人的语句。你心目中认为伟大的就是伟大的。灵魂向往的永远是正确的。”②

这种含糊形式的理想主义没有第一、第二和第三人称。它只是一种优秀的个性的印象，可能会随时冲动地表现在你的行为、我的行为，或他的行为之中。我们产生了某些感情，而情感发生的原因决定了它的道德水准。我们有时的说法显示出这样的意思，似乎对我们自己和对别人运用同样的标准需要异常的努力，在某种意义上说是这样，但在另一种意义上，这样做比不这样做更为容易和更普遍。思想过程最简单的功能就是把外来观念仅仅作为外来观念接受，不问它们来自何处，并且通过良心的标准去判断它们的正误。在一个人的自我和其他人之间的各种非正义和个人错误，一般来讲，并不是因为想象他人的观点并拒绝给予其以重视；而是因为根本不去想象它，根本就不允许别人的观点接受裁判。扩展想象才能使美德产生影响。一个体会着别人的思想和感情的人很少会拒绝承认别人的思想的合理性，因为他已经使这些思想成为自己的一部分。正如我们所见，对于一种思想感情来说，没有第一人称和第

① 爱默生：《历史》。

② 爱默生：《精神法则》（*Spirtuot Laws*）。

二人称的区别；如果意识中存在着某种思想感情，那么所有的人在相同的意识状态下都会有这种思想感情。

然而，这也许是实情：几乎每一个人的想象中都不时有一个特殊的和较为明确的理想自我，这个理想的自我涉及他所具有的“我的”感情，并且他不会用此来判断别人。像一切理想一样，这是对经验起作用的思考性想象的一种产物。当想象设计出来的模型用以适应每一次新的充满活力的热情时，它代表了我们自己所愿意看到的自己的形象。这种设计模型的想象在青年时代有旺盛的和富于变化的生命力。梅布尔·W. 利罗伊德在对孩子们看的连环画故事的研究中，举出许多有趣的事实说明这种读物实际上是一连串对自我理想的描绘。这些连环画故事是作者后来对儿童时期的系列想象的回忆和描绘。据说三分之二的故事表现了这些理想，而作者自己就是这些理想的主人。[①] 这种想象的特点一直保持到老年，E. W. 爱默生先生在他的《居住在康科德的爱默生》[②]一书中提到过这一现象，“诗人在日记中经常提到一个名叫奥斯曼的人，他代表一个理想的自我，一个他所渴望的更为完美的爱默生。”

我认为，我们的理想自我总是建立在别人对我们的看法上面的。我们不能得到任何关于我们自己的明确观点，除了用这种方法，即把自己置于其他某个人的位置上。如此获得的印象被再三牵动，像其他思想的材料一样，并且，依照想象能力的强弱，或多或少被重新组织并表现为一个理想。

对某些人来说，这个理想是十分明确和可见的。我听到过关于“看着你自己”的说法。我曾听见一个女人说另一个女人，“她总是穿着晚礼服看她自己”，这意味着她自己的理想是在社会中穿戴得体或显得出

① 《美国心理学报》，第七卷，第 86 页。

② 同上书，见第 101、210、226 页。

众，这就是说这个理想的自我有着她自己的可见的形象，而这个形象在众人面前表现出理想，这无疑是一个别人眼中的自我。关于这一点，我在第五章中曾讨论过。一些人如此频繁地“看自己”，并且如此明显地努力去实现和保持这种形象，使得他们常常表现出是在扮演一个角色，好像一个人正在演出他自己为主角的一个剧本，而且以其一生的精力去演这个角色。也许这是具有丰富想象的人所不可避免的。

一旦形成了理想的自我并熟悉了它，理想的自我就像任何理想一样，只不过更直接一些，成为对按它的方向发展的刺激或对倒退的惩罚。一个已经变得习惯于把他自己想象为崇高、慈善和受人尊敬的人，在他的心里真的有这么一幅图画，这是热情的产物，是一件艺术品。如果他的行为违背了这种想象，他就会产生憎恶和羞耻感；就像图画上有一道裂缝，一个难看的、不成形的洞，破坏了图画的美丽，他自己会觉得不堪目睹，只能痛苦地去修复。这种痛苦就是后悔。而理想越是清晰和坚定，遭到破坏后，痛苦就越大。

理想的人或具有道德信仰的人，最好地体现了心灵对优美人格的追求。任何一个研究心理学的人都不能说这些人在根本上不同于其他理想的人，或者他们大量的个人思想有明显的区别。我应该说，在不同文明阶段的民族之间，在具有不同知识水平的人之间，在某个个人发展的不同时期之间，任何对理想主义的比较研究，都不会不得出这样的结论，即野蛮人或孩子的最基本的理想化冲动，是与最高的宗教概念一致的，没有很大的不同。当然，这一观点并不是要贬低文化发展的意义，而是要把普遍生活的这一部分充分显示出来。

所有个人的理想都是从交往中获得的，并且所有获得普遍认可的理想，都有社会组织和历史。每个历史时代或民族，都有其与众不同的个人理想。这些理想从总的思想储存库中注入个体的思想。信仰宗教的人

就有这种特征。宗教思想是公有的和渐增的，它逐渐建立起来并在某种程度上成为一种准则。用这种方法，他们可能获得富有、清白、尊严和权力，并且可能最终被视为高于一般人甚或超越人类之外。如果这些人成为所有人都要服从的权威，那么后一种情况必定发生。他们是超人的教条，如同法院的程序和仪式一样，能确保建立一定距离外和不易接近的权威。

宗教组织的一个主要功能是通过制定精神准则或教规系统，使道德综合更容易获得，因为，它会不断地刺激一个人的较高的思想感情，并且提供一种暗示的范围，去帮助他组织他的思想。要达到这一点的最主要的途径是反复灌输个人理想，虽然讲授教义对这一目的也是重要的。显而易见，有组织的道德思想的合理功能的一部分，就是对行为和个人理想进行思考，例如，有关生命的起源和意义——意识不管有没有向导，都必须探索的问题，关于这个问题，向他们提供明确的思考方法，帮助他们尽可能实现意识的统一，并把他们从无目的和涣散的状态中解救出来。当然，这些理想一定是同普遍的意识状态协调一致的，比如，它应同已确立的科学成果一致。不然，他们就会徒然增加心神烦恼。而一个**可靠的信条**是一件杰出的东西，缺少了它，是真正的道德缺陷。

在理智动摇的时代，比如目前，理想可能既无序又破碎，上帝的面容模糊了，如同在不平静的水面上所映出的破碎了的太阳一般。宗教信条变得不可信了，因此，在新的信条产生和传播之前，人们或者自己创造信条——这项工作很少有人能胜任——或者经受精神危机，或不去想这些问题，如果他能做到的话。这些状况意味着某种程度上的道德退化，虽然这可能是有益的运动的一部分内容。人类需要个人理想，并且需要这种理想清晰和鲜明。如果没有这种理想，人类就没有清晰、和谐的道德思想。它是个人想象力的金字塔的自然塔顶，当需要时，人们会不懈地努力，去换掉这个塔顶。当塔顶再次出现时，它以它的轮廓所表现出来的东西一定是新时代思想的面貌；但是，某些人认为塔顶不能更换的观点，似乎是根据不足的。

对于不同社会道德观点的比较研究，如W. G. 萨姆纳对社会习俗的研究已经澄清了这个事实，即所谓正确的意义事实上是以群体而定的，而“习俗能使任何东西成为正确的，也可以使任何东西成为错误的”。偷窃、吃人和许许多多我们谴责的行为，都可以被认为是允许的、值得赞扬的甚或是必须履行的义务。至于礼仪，比如服饰和社交方式等则完全是由传统决定的。一些非洲人以向人吐唾沫作为友好的表示，这就是他们的一种传统。

但是，很明显，毕竟有一些正确的观念事实上是人类普遍接受的。我在此可以举出我所发现的三个观念。所有的部落都把这三件事情作为必须履行的义务：

1. 对群体的忠诚。但丁把叛徒打入地狱最底层，他的审判表现了人类的一种普遍感情。

2. 对群体成员的仁慈。

3. 对群体习俗的信奉。

因为这些观念产生于社会生活的普遍条件，所以具有普遍性。所有的人都生活在协作的群体中，而且没有忠心和对同一群体成员的善意，他们就不能成功地合作。而保守主义必须受到保护，尤其在没有文字的未开化的人中间，因为这是保持稳定和保护经验成果的手段。

道德所起的作用是深刻的。在道德的不同表现形式下有着一种相似性基础，它与生活进程本身中所具有的相似性相对应。

第十一章　个人退化

这是关于是与非的问题；与发展观念的关系；对“个人退化”的判断以及该术语的意义；个人退化中的遗传和社会因素；退化的意识特征；退化的理智；群体退化；犯罪、精神病与责任；有机观点对责任的作用；对惩罚的作用。

我讨论这个题目只是为了运用前几章里的观点来提出对待这个问题的大致方法。

个人退化的问题是关于是与非的问题，而且最终是决定于良心的。退化者可以被定义为这样一种人，其人格明显地落后于某个群体所确立的占支配地位的道德思想标准。把所有事物都分出好坏用以指导选择活动，是人类意识的本性；这种本性既是共性的又是个性的，因此不论个人还是群体都有其所好和其所恶，都有其好坏的标准。一切生命，尤其是意识生命的选择和组织功能都

涉及界限的规定。简单说，就是对所有事物形成某种好恶倾向。我们在看待事物时，我们不可能不喜爱一些，也不可能不讨厌一些；我们用好、坏等对立词汇表示我们赞成或反对的倾向，这与我们对事物的兴趣是成正比的。没有比人更能引起我们的兴趣了，因而有关人的是非判断总能吸引我们的热情，引起我们重视。正义和邪恶，高尚和卑贱，好和坏等上百个名称表示的意义在所有时代和所有社会里都被明确和认真地区别着。

虽然个人品质的好与坏一直是人类思考的对象，但是近来进化论的观点使我们对这一问题的思考更为深刻了。自然法则就是选择，发展看来不是对原已存在的要素的利用，而是特别发展其中的某一部分，同时相对地忽略或压抑另一部分。若是这种说法过于强调了发展过程本身之外的支配性理性，那我们可以简单地换个说法：已有的各种要素对进一步的发展所起的作用大不相同，其中某些部分对发展几乎没有什么意义，甚至起着阻碍的作用，而另一些部分则显得像是发展的核心。这个观点可以被运用到生理过程，比如我们身体器官的活动；运用到物种的发展，像达尔文用令人信服的具体材料表明的那样；也可以运用到一切思想过程和社会进程上。所以，若就其功能或倾向来观察各种社会和思想的影响，就能发现它们在价值上不是相等的，而且分布在不同的水平线上。有些高于某个标准，有些则低于某个标准。这样，我们不仅具有实际的看待人的好坏的标准，而且还有一种能够表明好坏标准是进化的附随物的哲学观点。这是自然的一般运动在思想上的反映。

如果我们更详细地考察一下进化论的观点，我们就可以发现，退化和缺陷是隐含于变异观点之中的，而变异这个概念是达尔文主义的出发点。所有生命形式似乎都呈现出变异，即所有的个体是互不相同的，他们与自己的父母也有差异，而这种差异是没有规则可循的。有些个体能更好地适应实际生活环境，有些则要差一些。物种的变化或发展就是通过一代又一代的繁殖，留下合适的或幸运的变异体，正是产生适应者的过程证明了不适应者的存在。任何物种中明显不适应环境的个体都可以被看作是退化的个体。

把这些观念过于粗糙地运用于人类的意识和社会生活是不行的，但是毋庸置疑，人们个性之间的差异至少部分是不可预知的。这种差异使得有些人成为领袖人物和天才，而使另一些人成为低能者和退化者。我们不可能只具备那些优秀人物的品质而丝毫也没有另一些人物所具有的倾向，然而我相信，个性的差异是可以在很大程度上用理性来控制的。

各种人性的缺陷都有着哲学意义上的共同点。这是我们给予各种缺陷的形式以一个统一的名称，如“退化”的首要原因。第二个原因是对事实的详细研究，越来越加强了这样的结论，即诸如犯罪、行乞、白痴、精神病和酗酒等现象，在很大程度上有着相同的起因。这些现象实际上是一个事物整体的各个方面。我们在对遗传的研究中发现了这一点，它表明以上现象中的一部分或全部可以通过遗传在同一血统的不同个人甚至几代人身上出现；我们在对社会条件的研究中也发现了这一点，即在社会条件恶劣的情况下，比如在大城市中的贫民窟里，这些现象就更加普遍。采用某一特别术语的第三个原因是，这些现象需要我们作出客观的研究，而这一点可能在尽力摒弃使用不相宜的含义的词汇的情形下得到实现。普通语言中的许多词汇，如坏、恶劣、罪等等，反映着看待这些事实的特殊的观念。比如：宗教观念上的正义和罪恶，法律观念上的罪行和无辜，而“退化”一词则表示着科学的非情感性。

与其说我喜欢退化这一用语的正确性，不如说我找不到一个更加便利和不太易受到非议的词了。这个词当然是来自拉丁文中“de”和

"genus"组成的"degenerare"，大致的意思是从某种形式或标准上跌落下来的状况。在英语著述中，这个词用得也很普遍。如"倒退的时代"、"不肖的儿子"① 等等。近来，这个词开始被用来描述一切智力障碍和缺陷。我不认为这种用法有什么错误，除非我们对智力和道德水平落后的人究竟是否**落后**于更高的标准持有怀疑态度。若讨论这个问题，一定会争论不休，但却意义不大。

我用"个人退化"这一术语来描绘那些品质和行为明显地低于把群体普遍情感视为正常的标准的人所处的状况。虽然我得承认这是个模糊的定义，但它或许不会比其他任何关于意识和社会现象的定义更模糊。虽然无法给社会活动和意识活动制定一个严格的标准，但是有很大一部分人的缺陷是明显的，如那些白痴、弱智者、精神病患者、嗜酒者和罪犯；没有人会怀疑研究由这些现象所构成的整体的重要性。

说到底这是一个社会问题，即：退化只存在于个人与群体中的其他人的某种关系中。形成缺陷的智力上或身体上的特征造成个人不能适合正常社会职业。在这里我们就看到了问题的实质。在一个人的实际职业中，尤其是在群体对他所持的态度中，我们便能发现对这一问题唯一可见的检验尺度——而且是不稳定的尺度。我们一致同意罪犯是退化者，很大程度上是因为他的异常性非常明显而且造成麻烦，必须采取特别措施，即社会的审判机构对他作出确定和正式的处置。然而，就是这种决定性的判决，有时也要经受人类更深刻更成熟的思想的检验。于是有些被处决的罪大恶极的要犯，如约翰·布朗②，在今天却被作为英雄而

---

① 原著中都用的是 degenerate：退化。此处为翻译通顺，换上"倒退的"和"不肖的"两个词。——译者注

② 约翰·布朗（John Brown，1800—1859），美国废奴主义先驱，因为争取解放黑奴被判死刑。——译者注

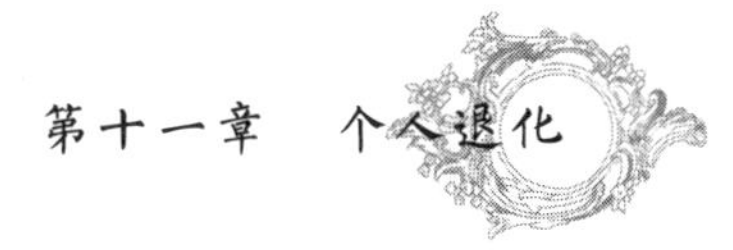

崇敬。

简言之，包括退化的观念在内的关于什么是错误的观念以及它的对立面——关于正确的观念，都是不稳定的。两者都是对于不断发展和始终充满选择的生活的反映。发展不可避免地带有不确定性，因此这些观念有着暂时的实际作用，但本质上是可塑和变化着的。

考察退化的原因，应当说，退化与人格的各个方面一样，其根源在于产生个体生命的遗传和社会因素的结合。遗传的和社会的因素都呈现着变异；人与动物一样，个体之间都存在着差异。而且，他们还不可避免地受社会秩序变化的影响。他们表现出的品质和行为与实际差异就是因为这个变化体组成了一个新的变化体——人。

在某些事例中，非常明显，造成退化的原因是遗传缺陷，而在更多的事例中则有充足的理由认为应该责备的主要是社会环境。在第三类事例中，也许是最多的一类，则不可能真正区分两类因素的作用。确实，把遗传和社会因素区分开来并且单说它们中的一个是造成某种个人品质的原因是不严格的。个性发展一旦开始，这两个因素就不可能再是独立的了；它们相互作用，而且个人品质的每一种表现都归因于它们的密切结合与合作。我们只能说，它们中的一个因素过分异常时，我们应给予特别注意。

先天性白痴被看作是遗传性退化所致，因为很明显，没有一种社会环境可以造成这样的缺陷，若要防止这类白痴的出现，我们就要在研究遗传上下功夫。而某种社会环境，如大城市中的密集居住区，总是出现较高的犯罪率，而这些罪犯又没有理由被认为是有遗传缺陷的，因此，我们就有理由说，这种退化的原因是社会因素而非遗传因素。许多这一类犯罪也许是由于恶劣的环境和一定程度上的遗传缺陷结合造成的，而这一定程度的遗传缺陷若经过更好的训练是可以变为无害的，或至少是

不会有多大危害；但是，我们要消灭这一类退化现象，就必须从社会环境着手。

健全的智力遗传，主要在于它的可教育性，即具备学会社会秩序所要求的事物的能力；先天性白痴全部由遗传造成，因为他没有能力学习这些事物。但是健全的智力并不是抵御退化的安全屏障，如果我们具备健全的可教育性，那么一切都取决于我们被教了些什么，而这一点又是取决于社会环境的。在一个良好的环境中能够引导一个孩子成为善良、有道德的人的影响，在一个罪恶的环境中则可以将他引向罪恶；问题的关键在于他学的是什么。可以说好或坏的遗传与好和坏的环境有四种组合，其中三种（坏的遗传和坏的环境，坏的遗传和好的环境，好的遗传和坏的环境）都会导致退化。只有当两个条件都好的时候才会有好的结果。当然，这里说的坏的环境是从它对个人的特殊影响来说的，而不是根据其他什么标准。

因为一个人的社会环境可以改变，而他的遗传基因则不能改变，因此在处理原因不明的大多数退化的事例中，我们假定社会环境出了问题，并通过改变社会环境而改变人。在对退化问题进行理智的处理中，人们越来越多地采用了这个原则。

一个被认为在某种意义上低于同一社会组织中的其他成员的退化者的智力特征，表现为缺乏对思想进行高层次的组织的能力。并不是一个人的正常先天智力再加上一个别的东西，比如错误、罪恶、疯狂等等，就形成了退化。退化的人缺乏赖以产生同情和赖以把各种冲动依照一般生活的需要而进行组织的能力。恶劣的冲动有愤怒、恐惧、淫欲、傲慢、虚荣、贪婪等等，这些冲动正常人也有。然而，其主要区别是，罪犯多少缺乏高层次的智力组织能力——社会组织的一个方面——因为这些冲动应当隶属于社会组织。以宗教戒律中的七种大罪——傲慢、嫉妒、愤怒、懒惰、贪吃、好色为例，不难看出，它们都是人的正常和自然倾向缺乏约束的表现。比如前面章节曾经讨论过的愤怒冲动，便是一个佐证。

默里思医生说："要详细地描绘我们见到的退化的不同形式，乃是无止境的徒劳工作。这就像去描绘地震摧毁的城市里的建筑一般：也许在某处的一所房子大致完好，另一处竖立着一些残垣断壁，而有的建筑则损坏殆尽，简直没有两块叠在一起的砖。"①

极低的智力几乎是谈不上智力的组织功能的。一个白痴没有个性，没有完整的或有效的个人存在。没有对智力进行组织的能力，就不会有自我控制或稳定的意志，行为也就只能反映某种占有支配地位的动物冲动。饥饿、性欲、愤怒、焦躁以及层次多少高一些的原始而天真的友爱情绪都会以最简单的方式表现出来。这里当然不会有什么真正的同情。下意识中对他人的意识活动的感觉，不会形成任何高级意识或遵循社会标准的愿望。

我们可以在更高一些的精神层次里把不稳定的变异和稳定的变异区分开来，这一点当我们在谈唯我主义时就曾提出过。的确，退化与唯我主义极为相像，它们具有大致相同的性质，都可以按社会意义被定义为达不到普遍承认的行为准则，从智力上判断则可被定义为意识中缺少某些活动领域和缺乏组织。

有一类退化者的最明显的和最棘手的特征是，他们只是意识不健全和缺乏个性，另一类则具备起码的健全的意识和完整的目的，只是他们意识中的同情范围狭小，不能与周围的生活建立完善的关系。

---

① 《病理心理学》（*The Pathology of Mind*），第 425 页。

性格外向并且敏感的人，若缺乏驾驭外部材料的能力，必然导致意识的不稳定性、随意性和没有方向，最明显的例子就是那些患歇斯底里症的人、间发性痴呆和精神失常患者以及在冲动下犯罪的人。达纳医生说："歇斯底里症的根本问题在于患者的意识屈服于即刻的外部影响；意识范围受到局限，只有视觉范围那般大。意识活动被个人感情控制，昔日的经验丝毫不起作用，因此患者极易于感情爆发。歇斯底里患者不能思考。"① 很明显，可以说所有不稳定的表现都具有某种类似的特征。

另一方面，内向的人的意识则倾向于反复咀嚼他喜爱的思想而拒绝接受新的思想，这种类型的人总是表现出迟钝和思考领域狭小。特别顽固的唯我主义，表现有贪图享受、贪婪、狭隘、冷酷的野心，对阴暗事物的狂热，自高自大，等等。这些人犯罪也是因为他们对社会准则的习惯性的冷漠而非一时冲动所致。

由于智能组织的最完善的产物就是良心，因此作为整体的智能生活的缺陷，势必也会造成良心的缺陷。我们可以说，在低等智能的白痴的良心中，没有足以产生理智的智能系统。智力更高一些的但理智不稳定的退化者则是有良心的，但是其判断力和持久力都很不稳定，控制力也较差，这些缺陷都与其意识散乱的程度成正比。我们能很容易地想象出明显不能自我控制的人。很明显，我们可以看出他们的意识状态就是这样。良心对他们的呼唤常常不过是瞬时情感的回声，因为他们不能综合长时间的经验；而且这种呼唤常常被淹没在大量的稍纵即逝的本能冲动里，使得他们的行为丝毫不受理性的控制。他们由于不能达到其标准而容易受懊悔的折磨，但创伤并不很深重，而且很快就会消失在他们的浅

① C. L. 达纳（C. L. Dana）：《精神疾病》（*Nervous Diseases*），第425页。

薄生活中。他们中间那些并非不可救药的人，也许在惩罚中最能获益，因为剧烈的痛苦能够帮助他们对那些他们知道错误却摆脱不掉的恶习产生感情上的厌恶。他们也是这样一些人，虽然迫切希望避免不稳定个性带来的痛苦，但却极易盲目崇拜某个外部的和教条的权威。他们没有统治自己的能力，于是渴望一个主子，而且只要他是一个主子，即能够掌握和控制他们不能自已的感情的人，他们便会匍匐在他面前，亲吻他的权杖。

对那些缺陷是呆板僵化而不是不稳定的人来说，良心是存在的并且能用来控制生活。问题在于这种良心不能与他人的良心相协调。他们本来就不具有达到某种目的的冲动。那些主张良心可以控制错误的人一定会对此感到吃惊。但这的确是事实，如果我们把正确的视为被具有广泛同情能力的人所接受的行为标准的话。良心是唯一的道德指南——任何外部的权威只能通过我们的良心影响我们的道德感，而这种影响又始终会限制我们的个性。如果一个人的个性退化了，那么他的正确观念势必也是退化的。实际上，那些最狠毒的、最狭隘和最狂热的人或是那些最残酷的人，良心世界都是很平静的。我敢肯定，任何熟悉这种人的人都会承认这是事实。良心邪恶表明其思想混乱以及思想与行为的不一致，但上面那类人的思想和行为却是一致的。压榨穷人的放高利贷者，使天真的投资者破产以肥自己腰包的、没有廉耻的商业骗子，刺杀国王或枪击总统的狂热的无政府主义者，把复仇当作责任的肯塔基山林强盗，在皮肤上刺纹以纪念自己罪行的歹徒等等不义的人，他们的良心不仅不谴责他们的罪行，反而指导他们的犯罪行为。这类情形是很多的。

某些人认为，任何犯罪或错误都产生于懊悔，这种观点是基于这样一种尽管是自然的，但却是错误的假设，即所有其他的人都与我们的良心很相似。性情敏感并有良好思考习惯的人会认为若是他自己犯下这样

的罪行，他一定会受悔恨的折磨，于是他设想犯罪的人也是一样的情形。可是事实相反，违反普遍道德情感的作恶者中很可能只有很少数的人受到良心的谴责。若是一个人一贯的生活情操是高尚的，而犯罪行为只是一时感情失控造成的，比如非预谋杀人，他就会受良心的责备；若是他的全部生活与他的犯罪并不矛盾，他就不会受良心的责备。所有的权威专家都承认，大多数罪犯以及不法行为者的行为都是他们思想的合乎逻辑的结果。他们的犯罪行为绝不是从天而降、突然发生的。当然，如果我们将良心这个术语只适用于那些有丰富和高层次的情感的人的意识中的智力综合，那么这些人则应该说是没有良心的。但是从广义上说，只要他们的意识是完整的，他们就是有良心的，只不过这样的良心反映着他们的狭隘和错误的生活。事实上，这一类人也常常（如果说不是总是）有他们的行为标准，小偷也有他不愿违背的荣誉准则，如果违背了，他也会悔恨的。智力组织是不可能不产生某种道德综合的。

在很多情况下，退化行为是由于个人生活在持有退化标准的群体中而产生的，这倒不是说他本身就固有缺陷。一个小孩可能是因为受了启发或鼓励而逃学、偷盗货车上的物品、砸玻璃窗等等，这正如其他孩子受了别的影响去从事体育和童子军的活动一样。一个坏孩子肯定是跟着一帮坏孩子学坏的。任何不良行为都是这么产生的。一个退化者如果是人，那么他就跟我们一样是一个社会成员，他在退化的群体中就一定会受那个群体的影响。那个群体培养了他的良心。群体信奉的原则他也一定信奉，而不顾社会上其他的人会怎样评价这个原则。如果某个高等学院有喝酒、赌博、考试作弊的老传统，新入校的学生也一定会这样做。

大多数坏事是那些相信自己是正确的完全正常的人干的。他们的良心受到某个群体的道德准则和道德感的支撑。德国人就是这样投入世界

大战的。

我们这样看待退化并不是要否认退化实际上所具有的各种形式上的差异，比如说犯罪和精神不正常之间的差异。这两者之间的界限划分是专断的和不稳定的，正如对许多事例分析的结果所表现的那样。心理病态性犯罪的存在也证明了这一点。但是，它们的区别本身以及对它们的处理办法的不同，一般来讲则是很有道理的。

我们对待犯罪和精神病态度的不同，主要是个人观念和本能冲动的问题。我们能够理解犯罪行为，或者是我们自认为我们能理解。我们同时也对之产生仇恨或敌意的同情；但我们不能理解精神病态行为，因而也就不仇恨这种行为，而是带着怜悯、好奇或厌恶去看待精神病人。如果一个人将另一个人打倒，掠走他的钱物或是为了复仇，我们就可以想象出这个违法者的思想状况，理解他的动机。我们的良心会谴责这种动机，正如我们自己去做这种行为时我们会谴责自己一样。事实上，所谓理解一个行为**就是**去想象我们自己做出这个行为。但若是对某个行为的原因无法想象，那我们就不会去想象，对整个行为也就不可能有自己的印象，而只能机械地去猜想它。我们对偶然伤害我们的人和那些有意要伤害我们的人之间作出区别的情况，也是这样的。

其次这是一个便利的问题。我们认为那些我们能够想象自己去做的恶事应该被惩罚，因为我们通过我们的同情能力认识到，若不设法惩治，这一类事情还会发生。我们希望对盗窃犯审判，剥夺他的名誉和自由。我们知道，若不采取惩治的手段，其他人就会有胆量做出更多的偷盗行为；但是我们对那个幻想自己是恺撒的人，只会怜悯他，因为我们觉得他或类似的人对我们没有威胁。人们不愿意用对待精神病人的方法去对待那些容易被仿效的行为，就是这一区别的现实基础，而且我认为

这个基础是合理的。我认为，不论进行暴力或欺骗行为的人的意识状况如何，一般来说，对那些不能分辨是非而是根据自己来判断别人的人，最好还是让他们明白这种行为的结果是道德和法律的处罚。另一方面，当一个行为者的行为与一般思维习惯偏离太远时，那么它只能是一个遗憾和好奇的问题，而且除了采取一些似乎是有益的办法外别无他法。

这种分析方法也同样可以适用于对承担责任或逃避责任的整个问题的分析。这是一个想象交流和个人观念的问题，认为一个人应负责任，就是想象他与我们有相同的本能情感，但没能像我们做的那样成功地控制自己，或至少是没能像我们认为应该做到的那样去控制自己。我们想象自己如果也做出他那样的行为，那么我们就会判断那样做是错误的，从而认为他是错的。逃避责任的人则被认为是一种与我们不同的人。从他的行为看，他不具备人性，不可想象，而且不足以成为我们仇恨情感的对象。我们谴责前者，即是说，我们对他有着同情性的仇恨，我们谴责表现在他身上的我们自己。但是在后者身上我们根本看不到自己。

这里需要注意，我们在谴责别人的时候不可能不谴责自己，这是一个道德感冷漠的问题。有人觉得对这一类问题的冷静分析倾向于冷淡主义，但我不这么认为。社会心理学家在道德情感中发现了人类生活的重要事实。假使一个社会心理学家本身没有生动地体验过这种情感，那么他应该坦率地承认自己缺乏人性。事实上，如果的确存在冷漠主义者的话，即不能很好地理解道德情感，他一定不适合研究社会科学和伦理科学，因为他缺乏对这一类科学必须依赖的事实进行理解和观察的能力。

如果把认为错误不仅仅是来自个人的意志而总是和遗传及社会有关的观点应用到责任的问题上，有什么实际作用呢？我认为这样做不是要取消责任，但是却在改变它的性质，使它成为一个有机的整体，其中包括每个人，因为他的意志都与错误行为有关。这个观点旨在让更多的人负起责任，减轻而不是取消对直接做出错误行为的人的谴责。当一个孩子在未竣工的建筑物中偷盗铜装置被抓获时，少年法庭的法官首先会惩罚这个孩子，然而还不能到此为止，还应该传讯给孩子做坏榜样的那个流氓团伙的头头和未给他适当照顾和管教的父母。法官还可以责难学校当局，因为它没能让孩子对健康的工作和娱乐发生兴趣；责难市政府和该市有影响的阶层没能给他提供更好的成长环境。对间接原因进行研究，旨在使拥有财富、知识和影响的人承担更多的责任，以利于创造一个更好的社会环境。深入研究这个问题的人不可能不看见，责难和惩罚对于在不道德的环境中长大的人是没有多大用处的。改进的希望主要在于唤醒那些有能力摆脱不良环境影响的人的良心，从而铲除罪恶的根源。

有机的观点并不主张取消惩罚，因为它对作恶者或那些可能成为作恶者的意志是有影响力的。然而有机的观点认为教育和培养比惩罚更为重要。如果我们使得一个人的整个成长过程变得健康些，那么一切罪恶的病菌就不能侵入健康的躯体。

使惩罚有效必须依赖下述两项条件：

1. 惩罚必须公正，必须使违法者和旁观者明白这是社会为保护它的成员必须采取的措施。如果惩处过重或是带着模糊的反感和敌视，犯人就会觉得受欺侮，旁人就会觉得这是残酷折磨违法者。我们的许多惩罚措施就属于这一类。

2. 惩罚必须确定，否则那些有犯罪动机的人就会趁机行事。目前，大多数违法者都漏网了。犯罪分子将惩罚仅仅看作是碰运气时可能会遇到的一种危险。

第十二章　自　由

自由的意义；自由和纪律；作为社会秩序一个方面的自由；自由带来的约束和退化。

歌德在其自传中谈到自由时说，这个字眼是如此美妙动听，即使它带来的是错误，我们也离不开它。这个词确实不能和我们的高级层次的情感分开。如果现今对这个词的普通用法还没有准确的意义，那么这就是我们为什么更有理由来给它下个定义的缘故，使它成为人类珍爱并为之奋斗的某种事物的象征而继续加以使用。

一般的关于自由的观点是消极的。这种观点认为自由是没有限制的。从目前流行的看待事物的个人主义观点出发，社会秩序不仅被看作是背离个人自然发展的，而且是这种发展的障碍。有一种观点认为个人在大多数方面是可以自我完善的，如果他不受限制，他就可以得到很好的发展。然而，没有限制的自由肯定是不存在的；脱离了社会秩序就没有人的存在，人只能通过社会秩序来发展自己的个性，并且随着社会的发展而发展。没有限制性条件的自由是不可想象的。若要这个词在社会学中获得明确的意义，就必须摒弃那种认为社会和个人是根本对立的观点，而让这个词表示某种既有社会性又有个性的东西。这样做并不需要去费力反对那些已被接受了的实践的观点，因为我们只是在理论上而不是在实践中反对那种流行观点。对自由的社会学解释，并不排斥违背传统观念的意见，而且可能会在深度上给这个概念增加含义，使其更具清晰度和有效性。

从前面几章的讨论中，我们可以对自由下这样的定义：它是**获得正确发展的机会**。正确发展就是朝符合我们理性的理想生活发展。一个儿童带着具有模糊倾向的天性来到世界，他的各种倾向有待发展，而他的发展则依赖于社会条件。如果他被扔在荒岛上，即使他能继续生存下去，他也不会获得真正的人性。他将永远不会说话，没有社会情感或任何复杂的思维。但若是最初他周围的环境就有利于扩大和丰富他的生活，他就可能获得在现实世界上最大限度的发展。若是现实条件对他正起着这种有利的作用，我们就可以说他是自由的。因此，任何一个人，在他的各个发展阶段，都可以按照他周围环境有利于个人发展的完满与和谐的程度，而被称为是自由的或是不自由的。我们这样考虑问题不是把个人和社会整体分开，而是承认他在社会秩序里可能占据各种各样的位置，其中有一些位置比另一些更适合他。

这种说法无疑是有几分模糊的。什么是个人完满的与和谐的发展？什么是所谓正确的因而是自由的发展？发展的可能性无疑是多种多样的，而且在实现这些可能性之前它们是无法想象的。这样看来，我们的观点最终没有给我们提供一个可以遵循的确定原则。这样说基本上是正确的：发展是不能界定的，不论是种族的发展还是个人的发展都是如

此。它是，而且必须是一种理想。我们对它的认识只能是部分的和不确定的。事实上，我们不应该再把自由看作是某种确定的和终结性的东西，也不应该再把它视为某种可以被把握或一经把握就能一劳永逸地解决了的问题。我们应该学会把自由看作是发展的事物，看作是不断从黑暗中显示出自己面目的事物，就像雾中登山者眼里的景象。每当我们试图界定我们的理想时，我们就会遇见这种模糊性和不完整性。什么是进步？什么是正确？什么是美？什么又是真理？我想，现在已经没有人再去努力寻求这些事物的正确的、最终的定义。我们已经意识到各种美好的事物都是进化着的而不可能有最后的获得。它是一个过程而非一种状态。

对自由最好的定义莫过于对它进行有益的思考；在我看来对它进行最有益的思考就是对比一下一个人现在的状况和他可能达到的状况。因为我们的生活经验能使我们想象出这两种状况。这种观点是因为把自由定义为机会而产生的，这些观点倾向于刺激和指导实际的努力。如果这个词有助于我们意识到这种观点有可能将那些病残呆板和不幸的儿童变为健康、聪慧和充满希望的孩子，那就更好了。从另一方面来说，把自由定义为没有束缚，对一个控制过严的社会是合适的，但对我们国家和我们这个时代则不是特别合适的。

哲学常告诉我们，善的各种形式不过是同一事物的不同侧面。对于自由、进步和正确这些概念，这个观点是非常实用的。因此，自由可以被看作是体现在个人方面的进步。这两者的相互关系表现为个人和社会秩序的关系，这一点我们已在第一章里论述过了，它们是不可分离的。如果我们暂且不将个人的现状和他可能达到的状态相比，而比较作为整体的全人类的现状和它可能达到的状态，那么我们也可以产生进步的概念。进步若不带来解放就根本算不上进步；而另一方面，没有成为社会

总体进步的一部分的自由，从广义上说，就不是自由。再者，任何关于自由的可行的观念，都必须和某种正确标准联系起来，就像在证券交易所，人们各自不同的目的必须在一定的规则约束下相互妥协。违背正确的准则就是不自由，从整体上讲就是限制个人的发展。把疯子和罪犯放出来或是让孩子在街上游逛而不送去上学，绝不是对自由的贡献。对正确、自由和进步等情形的唯一检验标准是良心意识，正如对美的唯一检验标准是经过训练的审美观一样，它与良心一样是一种智能的结晶。

就纪律而言，自由绝不是对它的排斥，而是对它的更高级和更理性的运用形式。自由的纪律是通过诉诸人的理性、良心和自尊心而对个人起控制作用的；而不自由的纪律却只能作用于意识的较低层次，倾向于贬低他的人格。自由是你能适应的合乎理性的约束。

因此，自由属于那些有较高责任感的个人和国家，属于社会中的某些个人或某些作为整体的社会。

在我的一生中，我目睹了我们国家社会组织中的自由的增长。家庭惩戒方式逐渐趋向于用规劝和示范取代家长的权威和棍棒。在学校里，依靠惩罚维持的机械教育方法，也被同情、培养兴趣和竞赛所取代。在教堂里，我们不再被教义、教规和对地狱的恐惧所压迫。我们之所以被说服，完全是因为我们的理智和同情心。政府总的来说也更多地依赖教育、调查和公众舆论，更少地依赖军队和警察。在陆军和海军里，严格的纪律和对军官的惧怕已经部分地被爱国热情、伙伴间的友谊和竞赛以及称作“士气”的精神面貌所取代。在监狱里，诉诸犯人的理性、责任感和荣誉感的管教方法在增加，这些方法旨在提高犯人的人格境界而不是降低他们的人格。

自由的增长在工业社会里造成了最大的问题，但即使在这样的社会

里，我们依然有理想，有热情，依然试图在工业社会秩序中解放个人。这一切给我们以希望，即目前在很大程度上不自由的社会组织会逐渐得到解放。

只有糟糕的社会秩序才是和自由对立的。自由只有通过社会秩序或在社会秩序中才能存在，而且只有当社会秩序得到健康的发展，自由才可能增长。只有在构造较为全面和较为复杂的社会秩序中，较高层次的自由才有可能实现，因为没有别的途径为众多的人提供选择有利于自己和谐发展的机会。

我们说我们在现今的美国是有自由的。那么这种自由又表现为什么呢？在我看来，这是很明显的：一个孩子可以接触到能够影响他的大量的、不同的事物，并且运用他不断发展着的选择和同化的能力，在我们社会的总的和不确定的限制中，逐渐发展到他可能达到的最好的地步。孩子一出生就有了这种自由：他出生在一个良好的家庭中，家长对他的智力的培养与其出生第一周就表现出来的特殊个性极为吻合；然后是良好的学校教育，使得孩子有机会通过书本和教师接触和选择所有优秀人物积累下的文化遗产；免费的专业教育和职业教育，以及交通的便利，都给自由增添了新的内容，并使得学生能够接触到全世界的优秀人物；公共图书馆、杂志和好的报纸也为这种交流自由提供了条件。任何扩大人类选择领域但不会给其造成混乱的事物都会增加人类的自由。事实上，所有社会组织——政府、教会、企业等除了增进人类自由以外不应该再有别的功能。如果它们没有在总体上增进人类的自由，它们就违背了正义，从而也就需要改造。

虽然高层次的自由只有通过复杂的社会秩序才能存在，但这绝不是说复杂的社会秩序都是自由的。相反，从过去的历史看，庞大而结构复杂的社会，如罗马帝国，都是建筑在相对更机械或更不自由的原则上的。在当今的时代，庞大而复杂的帝国，如俄国和中国，也许比结构最简单的英国殖民地都更缺少自由。有些人严肃地反对把社会的进步视为仅仅是社会功能的分化和协调，如赫伯特·斯宾塞。但是，美国（这个也许在总体上是最复杂的由分工和协作组成的社会）却向我们表明，社会的复杂性与自由并不是矛盾的。为了对这个问题进行更深刻的探讨，就需要我们对社会组织对生活的影响作更详细的研究。我在这里不打算这样做，但是我坚持认为，在自由的原则上建立庞大而复杂的社会的可能性，取决于交流的便利与迅速，而这些条件只是在今天才成为现实的。历史上早期的庞大帝国多少是需要机械地加以组织的。

在复杂而又活跃的社会里，经常有人忍受不了复杂和紧张，而在退隐生活中寻求自由。梭罗隐居在瓦尔登湖（Walden Pond）畔就是为了寻找自由。然而，他们这样做并不是要脱离他们当时的社会组织，他们也不真的是想脱离；如果他们退隐获得了成功，那就是说他们和社会组织形成了更为满意的关系。梭罗躲在小木棚里依然是一个真正的社会成员，他之所以还是社会成员，是因为他这样做也是依靠他的书籍，依靠他的朋友和他的记忆，依靠他对自我感觉的语言表达来实现的，就像康科德的爱默生和剑桥的洛厄尔一样。我相信，若是他愿意同我讨论这个问题，他一定会承认我说的是事实。实际上，说梭罗是一位隐士并不是他自己的意思，而是对他的生活的浅薄的观察者强加在他身上的称号。虽然他不赞成当时的政府和教会，但若是没有这些社会组织，或是没有这两个社会组织联合的产物——哈佛学院，他就不可能从事他的职业。他和其他人一样，也是从生活中选取材料。他利用这些材料对自己的和谐发展进行了设计。他只不过是用一种特殊的方式充分发展了他的特殊倾向，尤其是避免了不符合他天性的群居的生活方式。他在社会秩序中获得了自由，而不是脱离了社会秩序。就爱德华·菲茨杰拉德[1]和其他隐居者而言，我们同样可以这样说。无疑，今天的公共生活对许多敏感的人来讲如同一种奴役，而这些人却没有那些隐居者的决断去逃避这种生活，遁入一种更安静、舒展的生活。

由于自由不是固定的和可以一劳永逸把握住的事物，而是一种发展。因此任何社会，比如我们这个社会，都是部分地自由，部分地不自由的。从它有利于每个孩子可能获得最好发展的方面来看，它是自由的；当它在这方面有缺陷时，它就是不自由的。若是孩子受到的抚养和教育是低质量的，学校里没有良好的教育，地方政府腐败，公共图书馆缺乏，个人交往中不能接触到多种文化，那么生活在这样的环境中的人民就是不自由的。一个孩子出生在贫民窟里，生长在一个不道德的家庭里，然后十岁或十二岁就被驱赶去干封闭式的扼杀智力的工作，那他获得健康、智慧和道德感的自由不会比一个中国小孩读莎士比亚著作的自由更大。任何社会疾病都是对人的奴役。

这种关于自由的观点虽然模糊，但却十分符合我们普遍的情感。这是一种公平观点，即对每个人都给予机会。没有什么比听到某人或某个阶级没有得到公平的机会更能引起我国人民普遍的愤慨了。但是目前我们对现状过于满足了，我们倾向于认为有了《独立宣言》和普选，就一劳永逸地获得了自由，我们所需要做的就仅仅是让每个人去发挥他最大的能力了。我们最好能意识到我们通常崇尚的自由从来没有全部地实现过，而是每天受着新的威胁。投票权仅仅是自由的一个方面，至现今的条件下，也许还不是最重要的一个方面。我们要保护和增进自由，必须严肃认真地去思考和行动。洛厄尔《纪念颂歌》中的几句诗在此很

---

① 爱德华·菲茨杰拉德（Edward Fitzgerald，1809—1883），英国诗人、翻译家。——译者注

有意义：

我们追求的温柔的理想，
向我们严厉地逼问。
她处在威胁之中，
委屈地哭泣：
你爱的只是我的名号
而不是我本身。
说真话吧，
我要你用青春作许诺。

根据我们对自由的看法，我们应当去研究全部历史和所有国家的状况，并从这些研究中为我们自己的社会秩序创设一种理想的环境。这种理想的环境将鼓励每个个人去享有任何他人所曾有过的文化和去充分地发展自己。总体生活的狭隘和不平衡表现为个性发展的萎缩和不健康。社会秩序不应夸大人性中的某些方面而因此牺牲另一些方面的发展。它应该有利于发展我们所有的高尚的倾向。正是为此，十九世纪对物质生产和物理科学的过分重视，在今天可以被认为是部分地侵损了人性中精神和美学的方面。我们今天正在努力地消除这种损害。未来的自由应该创造更加丰富多彩并且宽容的环境，允许不同的人通过有选择的发展塑造他们自己。教条主义和强制集中的时代似乎已经过去，让人民更多地按照自己的良心来指导自己是可行的。这种良心反映着他们亲近和愿意归属的群体的道德准则。

低层次的控制向高层次的控制的转化，要求提供更多的选择机会以

及对人们能用理性作出正确选择的信任。这毫无疑问需要增强个人的道德感。但是道德约束的加强并不总是和它的承受力成正比的，承受不了道德约束，对个性来说多少意味着绞杀，从而会产生退化。

上述分析的结果是，自由的增加总是伴随着某些退化①。其中的一个原因在当今表现得很明显，即从整体而言，自由增加太快。妇女和儿童以及家庭生活变得更自由，生活条件更优裕，但是随之而来的是离婚率和宠坏了的儿童的增加。我们都知道，民主也有它的缺点。教会废除教条和非理性信仰在总体上是道德的进步，但同时也造成了许多道德败坏的事例。据认为，解放了黑奴反而使他们增加了蠢行。许多国家自杀事例的增多，部分是由复杂社会的紧张造成的。准确地说，并不是自由本身造成退化，因为一个人若是受到了超出他承受能力的紧张，他真正的自由是减少了而不是增加了。但我们还是要说，任何为增加自由而进行的运动绝不能被认为只具有造成退化的作用，当然它肯定会对某些人起相反的作用。

我们也没有理由说，这种附带的道德退化是不可避免的，是进步的必需代价。相反，尽管这种退化永远不可能被全部消除，但在很大程度上是可以矫正的。任何旨在帮助个人迈向文明的社会组织和社会力量确实可以于某种程度上在这个方面做出贡献。

---

① Degenerate 一词一般应译为“堕落”，但根据作者前面为避免未经分析的道德判断所使用该词的意义，此处仍译为“退化”。——译者注

现从事孤独症公益、特殊教育、儿童教育和阅读推广工作。主编孤独症生活类电子杂志《2, April 星日》；已出版《蜗牛不放弃：中国孤独症群落生活故事》，著有长篇童话《仙女灯》等。

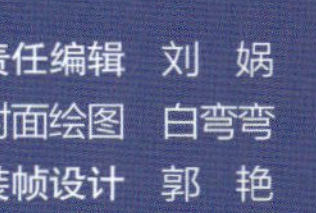

责任编辑 刘 娟
封面绘图 白弯弯
装帧设计 郭 艳

我们在一起，互不嫌弃，好好过日子，顺便还改变了一点点别的。张雁讲述的正是这十多年来改变的故事。

——蔡春猪（作家，编剧，《爸爸爱喜禾》作者）

爱与救赎之书。父母和孤独症孩子之间有多少深刻又复杂的羁绊，在挫折与挣扎当中，我们看到无条件之爱的可能性。

——叶倾城（作家，主持人，心理咨询师，情感专家）

我喜欢这本书中那种难得的良善，不是积德行善的善，而是把别人（包括孤独症人士）当人，也把自己当人的良善。这种良善是我们当前所稀缺的，我希望它成为社会的主流。

——史杰鹏（作家，文学博士，古文字学者）

ISBN 978-7-5080-9762-6
9 787508 097626 >
定价：49.00元